本项目是国家社科基金项目"分享经济背景下模糊
劳动关系治理机制创新研究"（项目号：2017CG26）
的研究成果

U0499543

GONGXIANG JINGJI BEIJINGXIA
MOHU LAODONG GUANXI ZHILI JIZHI
CHUANGXIN YANJIU

共享经济背景下
模糊劳动关系治理机制
创新研究

李攀艺 著

中国财经出版传媒集团

经济科学出版社

Economic Science Press

·北京·

图书在版编目（CIP）数据

共享经济背景下模糊劳动关系治理机制创新研究/
李攀艺著．-- 北京：经济科学出版社，2024.3
ISBN 978 - 7 - 5218 - 5621 - 7

Ⅰ.①共…　Ⅱ.①李…　Ⅲ.①劳动关系 - 管理 - 研究
- 中国　Ⅳ.①F249.26

中国国家版本馆 CIP 数据核字（2024）第 043867 号

责任编辑：周胜婷
责任校对：靳玉环
责任印制：张佳裕

共享经济背景下模糊劳动关系治理机制创新研究
GONGXIANG JINGJI BEIJINGXIA MOHU LAODONG GUANXI ZHILI
JIZHI CHUANGXIN YANJIU

李攀艺　著
经济科学出版社出版、发行　新华书店经销
社址：北京市海淀区阜成路甲 28 号　邮编：100142
总编部电话：010 - 88191217　发行部电话：010 - 88191522
网址：www. esp. com. cn
电子邮箱：esp@ esp. com. cn
天猫网店：经济科学出版社旗舰店
网址：http://jjkxcbs. tmall. com
固安华明印业有限公司印装
710×1000　16 开　16.5 印张　250000 字
2024 年 3 月第 1 版　2024 年 3 月第 1 次印刷
ISBN 978 - 7 - 5218 - 5621 - 7　定价：86.00 元
（图书出现印装问题，本社负责调换。电话：010 - 88191545）
（版权所有　侵权必究　打击盗版　举报热线：010 - 88191661
QQ：2242791300　营销中心电话：010 - 88191537
电子邮箱：dbts@ esp. com. cn）

前　　言

近年来，共享经济作为一种新兴的经济形态在国内外迅速崛起并蓬勃发展，成为推动经济发展的重要驱动力。共享经济的出现打破了原有的社会生产模式，搭建匹配资源供需双方的互联网平台型组织就此形成，也催生出"平台＋劳动者"这种组织用工模式，该模式下平台企业与个人之间雇佣界限趋于模糊，产生了一种介于劳动关系与非劳动关系之间的模糊劳动关系。在模糊劳动关系下，平台劳动者处于我国"劳动二分法"下的制度空白地带，其劳动权益保障缺位带来了众多劳动争议、劳动纠纷等问题，影响了我国劳动关系的整体和谐。本书以共享经济的发展所催生的模糊劳动关系为研究对象，探索如何对其进行有效规范、协调和治理，形成劳动关系治理的机制、制度和法规，为新形势下构建和谐劳动关系提供理论依据。

本书首先分析了模糊劳动关系的形成、特征及其对传统劳动关系治理机制的挑战；并从平台劳动者的视角，以外卖骑手为对象，对其劳动权益、个人职业成长等情况进行了问卷调查，从而揭示出平台用工关系的现状及存在的问题；在此基础上借助扎根理论构建了模糊劳动关系的概念模型，基于共享经济重点领域的问卷调查数据，构建 Ologit 回归模型，考察不同影响因素对于模糊劳动关系的影响程度。结合平台用工关系治理的国内实践与国际经验，从生态系统观的角度构建了多元主体参与的模糊劳动关系的协同治理框架，运用演化博弈论分析了协同治理的微观机制，最后分别从宏观层面的政策制度、中观层面的行业规范以及微观层面的平台管理实践三个层面，提出了治理模糊劳动关系的对策建议。

本书的主要结论包括：第一，模糊劳动关系的出现给我国传统的宏观层面的劳动关系三方协调机制，以及微观层面以劳动合同和集体协商机制为主的劳资协调机制带来了巨大的挑战；第二，通过问卷调查与访谈法结合，发现目前平台劳动者存在劳动合同签订率低、劳动关系认定困难，社会保险覆盖不到位、社会保障水平较低，工作强度较大、劳动基准保护不足等问题；第三，运用质性研究方法和实证分析方法进行分析发现，对模糊劳动关系影响较大的因素依次是劳动保障、经济收入和话语权、个人发展、组织支持等；第四，近年来我国在平台用工关系治理机制方面存在劳动者劳动权益保障政策滞后、治理主体单一以及传统监管机制面临冲击等问题；第五，建立在传统劳动关系理论下的制度治理逻辑，很难完全进入平台的自留地，为此可运用生态系统的思维方式搭建包含政府、行业以及平台在内的模糊劳动关系协同治理框架；第六，在多主体共同参与治理格局下，政府应从设立类劳动关系、明确平台劳动者劳动权益清单等六大方面完善宏观的政策制度体系；行业层面则应推进行业工会联合会的建设，构建政府、行业工会联合会与行业协会三方参与的集中定价机制，建立行业争议调解组织及行业自律机制建设；平台企业应树立人力资源管理的生态观，从人性的底层逻辑出发，开展以满足情感需求为导向的心理契约管理，构建负责任的平台算法。

本书围绕共享经济所催生的"平台＋个人"新型关系，提出了生态系统思维下的模糊劳动关系协同治理框架，以及治理的"宏观、中观、微观"三层级新制度规则，对于丰富和发展现有的劳动关系理论体系具有较重要的学术价值，同时对于制定适应共享经济这种新经济形态可持续发展的劳动关系相关政策法规具有重要的实践参考价值。

目　录

第1章

导　　论

1.1　研究背景和意义

1.1.1　研究背景

随着移动互联网、大数据等数字技术在全球范围的发展，共享经济作为一种新兴的经济形态，在国内外迅速崛起并蓬勃发展，成为推动经济发展的重要驱动力。共享经济（sharing economy）是指以互联网平台为媒介，以移动互联网技术为支持，将社会个体的闲置资产、智能、技能、劳务等的使用权分享给需求主体的商业模式，其具有平台化、高效化、开放性、分布式的典型特征（费威，2019）。共享经济的兴起创造了一种新的社会分工方式，促使更多资源的拥有者参与到创业创新活动中，这无论对于个人还是社会而言都是一场极具颠覆性的变革。在共享经济背景下，原有的社会生产模式被打破，平台企业突破传统组织的边界，在更大范围内搭建起匹配资源需求者与供应者的供需平台，数量庞大、范围广泛的闲置资源生产者进入平台企业并直接为用户服务，由此催生了一大批外卖骑手、网约车司机等以"去雇主化"为本质特征、有别于传统标准的就业岗位。党的十八届五中全会首次将这种"平台＋劳动者"的组织用工模式定义为新就业形态。新就业形态以其自由化的工作时间、大规模的市场需求等特点，吸纳了大量的就业人口，成为缓解就业压力的重要途径；大多数新就业形态的岗位门槛要求较低，这为贫困家庭创造了大量就业机会，在贫困人口实现就业增收等方面也发挥着重要作用。《中国共享经济发展报告（2021）》显示，2020 年我国灵活就业人员规模达到 2 亿人，其中共享经济服务参与者为 8400 万人，较 2016 年增长 40%。阿里研究院则预测，"平台＋个人"的新就业形态将成为未来社会最基本的就业景观，至 2036 年，中国依托互联网就业的灵活就业者规模将达到 4 亿人。

产生于工业化大生产的劳动关系是最基本的社会关系之一，通常表现为在工作场所中资方与劳方之间形成的用工关系，这种关系的纽带是劳动契约，劳动者对雇主有着明显的人格从属性和经济从属性，彼此之间有着明确的权利和义务。但是，在共享经济背景下，一方面，"平台—个人"替代了"企业—员工"的关系，平台与劳动者之间没有明确的"雇主—雇员"对应关系，在实践中一些平台将自身定位为依靠互联网技术撮合劳务的供需双方交易，并从中收取一定比例的佣金作为信息服务费的中介组织，而劳动者则可自主决定工作的地点和时间，在工作方式上更碎片化、更具弹性，这些都意味着二者之间的从属关系减弱。另一方面，平台又利用精妙的算法对劳动者的劳动方式、劳动过程进行监控，这种支配与控制又在一定程度上强化了二者的从属关系。在这种情形下，平台企业与个人之间雇佣界限趋于模糊，形成了一种介于劳动关系与非劳动关系之间的中间状态——模糊劳动关系。在现阶段我国劳动关系和非劳动关系的"二分法"框架下，劳动者与平台难以被确认为劳动关系，致使平台劳动者难以享受现有劳动法律框架下的劳动者权益，平台劳动者面临劳动时间较长、工作负荷较大、职业不稳定性较高、社会保险缺失等劳动权益保障问题，加之平台劳动者缺乏维权途径，致使劳动纠纷逐渐增加，平台用工的风险不断积累、爆发，影响了我国劳动关系的整体和谐。

针对共享经济新业态发展带来的模糊劳动关系治理困境，习近平总书记多次作出重要指示，强调要及时补齐制度短板，维护好新就业群体的合法权益，明确平台企业劳动保护责任。因此，为协调共享经济发展，促进模糊劳动关系和谐，各级政府结合自身实际情况，围绕劳动报酬、休息、劳动安全、社会保险制度等用工治理政策进行了一系列的探索。2021年7月我国的人力资源和社会保障部等八部委联合发布《关于维护新就业形态劳动者劳动保障权益的指导意见》，从工资、工时、劳动安全、社会保险等多方面保障新就业形态劳动者权益，这也是我国首次从国家层面对共享经济等平台劳动者的权益保障问题作出规定。这一政策的出台成为我国围绕平台用工规范、平台劳动者劳动权益保障的制度构建方面的里程碑，也展示了国家在治理平台用工方面所展示出的决心。尽管目前我国对共享经济下模糊劳动关系已经进入全面规范治理阶段，但是整体来看国家在相关领域的制度建设、机制设计仍然处于起步阶段，在这一阶段仍然需要对传统的制度规范进行调整和创新。

对于共享经济发展带来的模糊劳动关系的治理，其关键在于如何在灵活性与保障性之间、促新业态发展与保就业之间、社会保护与就业保护之间找到平衡点（岳经纶和刘洋，2021；王全兴和刘琦，2019）。在此情况下，国家对于模糊劳动关系的治理仍然需要坚持包容审慎的治理态度，在多重目标之间寻求平衡（孟泉和雷晓天，2020）。有鉴于此，本研究围绕共享经济背景下所产生的模糊劳动关系，探索如何对其进行有效规范、协调和治理，既力求形成能够有效平衡共享经济发展和平台劳动者权益保护的制度规则，使广大劳动者群体真正享受到共享经济发展带来的红利，又能为我国与时俱进构建和谐劳动关系提供理论依据。

1.1.2 研究意义

一方面，共享经济新业态的出现与发展，拓展了劳资合作方式，平台企业与个人之间形成了雇佣界限模糊的新型关系，对现有的劳动关系治理

3

理论与实践提出了挑战。本研究选择共享经济发展所催生的"平台＋劳动者"的新型关系为研究对象，将其界定为介于劳动关系与非劳动关系之间的一种模糊劳动关系，通过构建其治理模式与治理机制，最终形成"平台＋个人"新型关系治理的基本理论和新制度规则，对于丰富和发展现有的劳动关系理论体系具有重要的理论意义。

另一方面，模糊劳动关系的存在使网约车司机、外卖骑手等大量平台劳动者的劳动权益处于模糊地带，劳动者的各项劳动权益缺乏有效的制度保障，尽管相关法律法规正在持续完善，但目前能够直接保障新业态劳动者的具体政策仍显不足。本研究回应补齐劳动者权益保障制度短板的现实需求，研究共享经济下劳动关系和谐化的激励相容机制，因此对于制定有利于共享经济新经济形态可持续发展的劳动关系相关法律法规具有重要的实践意义。

1.2　概念界定、文献综述与理论基础

1.2.1　概念界定

1.2.1.1　共享经济

作为一种以资源的共享及高效利用为内在理念的新型经济形态，共享经济源自费尔逊和斯潘思（Felson & Spaeth, 1978）研究汽车分享时提出的协同消费（collaborative consumption）思想，强调多人在共同参与活动中消费商品或服务。进入 21 世纪互联网时代，信息共享开始在各种网络虚拟社区出现，但并不涉及任何实物的交割及经济报酬。2011 年，信息技术的快速发展推动了优步（Uber）、爱彼迎（Airbnb）等一系列实物分享平台的出现，共享逐渐从熟人之间的无偿分享走向以取得经济回报为主要目的的陌生人之间的资源使用权分享，"共享"的内涵外延得以扩展。

在这种背景下，博茨曼（Botsman，2013）首次提出"共享经济"的概念。

　　然而，在共享经济蓬勃发展过程中学界对其并未形成统一的定义，狭义定义和广义定义并存。其中，狭义定义主要基于双边市场理论框架，强调共享经济是典型的双边市场，平台连接双边对等的供给方和需求方，实现个人与个人对于闲置资源使用权的交换，这种狭义的定义强调不同个体在对等的前提下进行才是共享经济的表现形式，因而共享经济也被称为点对点经济（peer – to – peer economy）（李文明和吕福玉，2015）。从广义的角度来看，共享经济的业态不仅属于双边市场，还包括单边市场，也就是说，其资源的提供方并不局限于个体，还包括组织，如交通出行领域中曹操出行、T3 等企业，它们作为资源的供给方与需求方之间并不存在对等关系，因此这类业态具有单边市场的特征。另外，用于"共享"的资源似乎也并不具备"已有"和"闲置"的双重属性，而是资源供给方出于长期盈利的需要而选择专门投资购买并用于出租的新增资源，此时交易资源也不局限于闲置资源。

　　本研究中所涉及的共享经济是指广义角度上的共享经济，因此本研究从资源供给方的角度将共享经济定义为：个人或组织通过互联网平台，将商品、服务、信息及技术等资源短时出租而获得收益的一种商业模式。

　　需要指出的是，从学术术语的演变来看，"共享经济"这一术语是在与之相关的术语分享经济的基础上发展而来的。自 2011 年共享经济被推上世界舞台以来，国内学界开始关注到这种新经济形态，不过 2017 年前国内大多数研究，如李文明和吕福玉（2015）、张传洲（2016）等都将英文"sharing economy"翻译为"分享经济"，而我国首次从政策层面出现"分享经济"提法则出现在 2015 年中共十八届五中全会公报中，之后，"分享经济"一词先后出现在国家信息中心发布的《中国分享经济发展报告（2016）》《中国分享经济发展报告（2017）》等文件报告中。不过该"分享经济"与美国经济学家马丁·威茨曼在 1984 年提出的分享经济理论思想存在较大差异。后者是 20 世纪 70 年代资本主义社会陷入高失业与高通胀的背景下，威茨曼为寻求滞胀解决的途径而提出的员工持股计划，即，使工人的工资收入与厂商的经营活动挂钩的思想。因此，为避免术语使用上的混乱，2018 年以来，国内学界及一系列政策文件中开始越来越多使用"共享经济"一词，因此形成了"分享经济"和"共享经济"两个术语混用的现象。对此，国内一些学者将其默认为是语言表达的区别，无论是"共享经济"还是"分享经济"，这两个术语都衍生自博茨曼和罗杰斯（Botsman & Rogers，2010）正式从消费者视角提出的具有协同消费特征的商业模式，即，个体超越所有权使用产品和服务。

为了与近年来大多数学者及政策文件的表述保持一致，本研究使用"共享经济"一词来表述以互联网平台为依托，通过共享实现的社会资源重新配置的商业模式。

1.2.1.2 平台企业

平台是一种在技术、产品、交易系统中具有基石作用的建构区块（building block）（王节祥和蔡宁，2018）。在这一区块内，通过界面联系，促进原本处于不同市场和领域的企业开展交易和创新活动（Gawer & Cusumano，2014）。在共享经济下，平台具有连接属性，它通过网络技术将人和商品、服务、信息等连接和匹配，使其自身具有交易功能。本书研究的共享经济下的互联网平台企业指的是以互联网技术作为基础设施，为商品或服务的供需双方提供互动和交易的渠道并从中盈利的组织（Rochet & Tirole，2003；徐晋和张祥建，2006；陈威如和余卓轩，2013）。

根据平台组织形式的不同，平台企业可划分为自治型平台和组织型平台。自治型平台是指为促进劳务供需双方订立合同达成交易的居间平台，如美国亚马逊的土耳其机器人，国内的猪八戒网、威客网等，他们主要负责撮合交易本身并不参与劳务的定价，因此具有更强的市场属性。而依托自治型平台实现就业的个体劳动者实际上可被视为《关于维护新就业形态劳动者劳动保障权益的指导意见》中提及的"依托平台自主经营的自由职业者"，其余平台之间的关系清晰，属于合作关系。相比之下，组织型平台则会分别和劳务供给方和需求方签订协议，从而参与供需双方劳务交易的组织。目前网约车、外卖配送等重点领域的互联网平台都属于这类平台（王天玉，2019）。对于组织型平台而言，其用工往往采取劳务外包或劳动者个体直接承接的方式来组织劳务活动，平台与劳动者之间存在模糊的雇佣界限，由此带来了模糊劳动关系的问题。因此，本研究所指的平台企业主要指的是依托互联网连接劳务交易双方的组织型平台。

1. 2. 1. 3　平台劳动者

共享经济的发展催生了大量依托互联网平台企业从事工作的平台工作者。根据技能高低、参与动机、工作形式等可将平台工作者分为不同类型。根据劳动者技能要求高低可将平台工作者划分为高技能劳动者和低技能劳动者；根据参与动机可将平台工作者划分为受推力驱动的平台劳动者和受拉力驱动的平台工作者（Keith et al.，2019）；根据工作形式可将平台劳动者划分为线上平台工作者和线下平台工作者（Jabagi，2019）。

本研究根据平台对劳动者控制程度的不同，可将平台工作者划分为平台自雇劳动者、平台自由职业者以及平台劳动者，其中平台自雇劳动者是平台本身运行所雇用的劳动者，如研发人员、营销人员，这类劳动者与平台之间存在从属与控制的关系，按劳动关系的核心判别标准——从属性标准来看，这类劳动者与平台之间属于劳动关系；平台自由职业者则是其具体任务的完成不依赖平台，仅依靠平台的技术与劳动的需求方连接，劳动者的劳动过程几乎不受平台控制，如自由摄影师、自由设计师；平台劳动者则是以自然人身份利用数字平台技术提供劳动服务尤其是短时劳动服务的劳动者，如网约司机、网约跑腿、网约车司机等，这类劳动者往往受到平台算法的管理。从国内外平台用工实践来看，平台劳动者也多是线上平台劳动者、低技能劳动者。廉思和牟文成（2020）将这类劳动者称为网约工，闫慧慧和杨小勇（2022）则将这种依靠互联网平台快速匹配需求方的劳动供给方其定义为数字零工。无论称谓如何，平台劳动者与传统零工一样，都没有与雇主之间建立固定的雇佣关系，但其工作又不同于传统零工的随机性、临时性及有限性。

因此，本研究所强调的平台劳动者主要是指依托互联网平台提供的信息获取劳动机会，且往往受到平台算法管理的劳动者。

1.2.1.4 模糊劳动关系

传统就业形态包括标准就业和非标准就业两种，其中标准就业是指全日制、无固定期限雇佣、双方直接构成从属雇佣关系的就业，除此之外的就业形态如临时性就业、非全日制工作、多方雇佣关系、隐蔽性雇佣和依赖性自雇等即为非标准就业（ILO，2016）。共享经济的兴起与发展催生了"平台＋个人"的平台型就业模式。根据平台及其关联企业劳动者签订的合约类型（劳动合同、劳务合同甚至商务合同）的不同，可将平台用工关系划分为如下三种类型。第一种类型，平台与劳动者直接签订劳动合同并直接形成雇佣关系，其本质无异于传统标准就业；第二种类型，平台劳动者与平台的关联企业签订劳动合同，即其以劳务派遣形式在平台实现就业，相当于传统非标准就业；第三种类型，劳动者与平台或其关联企业未直接签订劳动合同，取而代之的是其他类型的合同，并不构成法律意义上具有从属性的雇佣关系。在第三种用工关系下，平台及其关联企业与劳动者之间雇佣界限趋于模糊，产生了一种介于劳动关系与劳务关系之间的中间状态，本研究将其定义为模糊劳动关系。国际上，这种介于雇佣与自雇佣中间地带的就业形式常常被称为"依赖型自雇佣"（dependent self - employment）（国际劳工组织，2005）；而英国、德国、意大利等国家对于该就业形式下既非雇员也非自雇佣者的劳动者，即第三类劳动者，都有相应的劳动法规范对其给予保护。与这些国家不同的是，我国在劳动法制度层面缺乏选项将平台用工关系下的劳动者包括在内，由此带来了因劳动者劳动权益保障缺位产生的劳动争议、劳动纠纷等问题，影响了我国劳动关系的整体和谐。因此，本研究以共享经济所催生的模糊劳动关系为对象，探讨如何对其进行有效规范、协调和治理。

1.2.2　文献综述

伴随着共享经济兴起与发展而出现的"平台＋劳动者"的新型关系，重塑了传统的基于工作场所的劳动关系，这实际上是劳动力市场弹性化发展的全新体现。从劳动形态来看，新型关系下的平台劳动表现出劳动时间碎片化、劳动场所不固定等强调工作灵活性的传统非典型劳动的特点（田思路和刘兆光，2019）。从劳动关系来看，这种新型关系也具备传统非典型劳动关系（也称非标准劳动关系）的非典型特征，如从属性弱化、用工主体隐蔽、劳动权益保障困难等。然而，由于平台用工的实现以移动互联网、大数据等新兴科技为技术依托，其无论是在劳动形态、合约类型的表征上，还是在用工组织形式、劳动控制方式等方面，都和传统非典型劳动存在差异，已有文献将其定性为"工作性质的变革"。一些学者或从劳动需求方的角度以"传统非典型用工"和"新非典型用工"，或从劳动供给方的角度以"传统零工"和"新零工"等术语来加以区别，而国内政策文件则从就业的角度称之为"新就业形态"。

总的来说，共享经济下的非典型劳动既有传统非典型劳动的共性特征，也因重塑了劳动形态、变革了用工组织形式和劳动控制方式，而衍生出介于标准劳动关系和非标准劳动关系之间的中间状态。本书按照共享经济出现前后劳动形态演变的逻辑，在对传统非典型用工关系、共享经济进行文献综述的基础上，进一步围绕伴随共享经济兴起而出现的新型非典型用工（即模糊劳动关系）及其治理的研究现状进行归纳整理。

1.2.2.1　传统非典型用工关系治理的相关研究

1. 非典型用工的内涵及分类

尽管共享经济下的非典型用工近几年才引起学术界关注，但事实上在工业经济时代非典型用工模式司空见惯。非典型用工（atypical employment），又称非标准用工（non‐standard employment），是相对于传统标准雇佣而言的一种工作安排形式，在实践中首先起源于 20 世纪 80 年代的北美、欧洲及日本。弗里德曼（Freedman，1985）最早指出，非典型用工是相对于传统雇佣关系而言的一种临时性工作安排，因此雇员与雇主间关系的临时性是其最显著的特点。波利夫卡和纳多（Polivka & Nardone，1989）在考虑工作时间的灵活性的基础上将非典型用工定义为：非典型用工是指从事具有非正式、临时性或非全日制特征的不稳定用工形式的总称，其本质是劳动者所从事的工作的地点、时间与数量具有潜在的不可预期性。由于各国的法律、制度背景及文化差异，不同国家对非典型雇佣使用不同的称谓。美国劳工统计局 1985 年提出的"或有工作"，以及欧盟提出的"不稳定工作安排"（precarious work arrangement），在内涵上与非典型用工较为一致。在我国，与非典型雇佣最接近的术语是 20 世纪 70 年代国际劳工组织从就业的角度提出的"非正规部门就业"（informal sector employment）或非标准就业，但二者的分析角度不尽相同。

同样，对于非典型雇佣所包含的类型目前学界也尚未形成统一观点。贝卢斯（Belous，1989）根据非典型雇佣的非全日制与非连续性的特征，指出非典型雇佣包括兼职工作、雇员租赁、外包性工作、自雇佣、拥有多份工作者以及零工等。阿克塞尔（Axel，1995）按照劳动力提供对象的不同，将非典型雇佣划分为企业直接雇佣的临时工与职业中介机构间接提供的临时工，其中前者包括短期工、钟点工、独立契约工等；而后者则包括临时支援服务和租赁工。美国劳工统计局在 1995 年、1997 年、1999 年通过三次调查，将非典型雇员分为钟点工、外包工、临时支援者以及独立契约工四个种类。刘东梅等（2016）根据雇主数量的不同将非典型雇佣形式划分为无雇主型、单个雇主型和多雇主型。在现实的用工实践中，我国劳动力市场最常见的非典型用工形式则主要是非全日制用工和劳务派遣（陈渊泽和李晏，2022）。

2. 非典型用工兴起的原因及动机

一方面，20 世纪 80 年代，经济周期波动加剧，企业面临着市场环境不确定性，大量欧美企业开始倾向于采用非典型用工形式，以保持劳动力市场弹性化，从而降低劳动成本，更好应对经济周期与市场环境的变化。另一方面，知识经济时代的到来，劳资双方已经从强调忠诚、信任转变为建立在经济互惠基础上的契约关系；企业与劳动者在观念上不再追求雇佣关系的长期性、稳定性，这也促进了非典型雇佣的出现。

对于非典型用工兴起的原因，格里普等（Grip et al.，1997）认为可以从劳动力市场需求方（雇主）和供给方（雇员）的角度解释。从雇主的角度来看，雇主更倾向于采用弹性雇佣关系的最直接动因是节约成本，雇佣非典型员工不仅可以压缩工资，正规员工要求调薪的空间也被压缩；同时，企业可以借助非典型雇佣满足特殊专长人员的需求（Abraham & Tylor，1996）。国内也有一些学者认为非典型性雇佣扩大了企业边界，增加了企业在用工方面的灵活性（栗志坤等，2009）。阿克塞尔（Axel，1995）从劳动需求方的角度提出，多数公司采取非典型雇佣的首要原因是获得弹性劳动力，其次是使用具有特殊技能的高级人才专家，以及控制员工队伍规模。自愿主义学派和排斥理论，从劳动供给方的角度强调一些自雇者主动寻求非典型雇佣的机会是为规避个人所得税等成本。当然，劳动力自身素质不足的限制也是其被迫选择进入次要劳动力市场的重要原因（燕晓飞，2013）。另外，信息技术的发展、劳动法律的变革，也都刺激了非典型雇佣形式的出现。

3. 非典型用工关系的治理[①]

由于在劳动时间、劳动报酬、工作场所、保险福利等方面不同于传统固定用工形式，因此非典型用工关系具有劳动关系复杂化、劳动场所灵活化、劳动关系从属性减弱、合同期限短期化等特征（陈晓宁，2010）。法学界通常将非典型用工关系称为非标准劳动关系。从用工关系构成要素来看，非典型用工关系与典型用工关系最大区别在于前者的契约兼具劳动契

---

① 在西方，学界常混用"雇佣关系""产业关系"等术语来表示劳动关系，但这两个术语在中国学术界的内涵存在差异：雇佣关系是个体层面上工作关系为中心的劳动关系，是一种个体层面的劳动关系；而产业关系或劳动关系则更多涉及劳、资、政三方的社会劳动关系。

约与买卖合同的特征，具有开放性与灵活性，因此非典型用工关系集中了市场交易和层级管理两种制度安排的优点。虽然组织可以利用非典型用工关系降低管理成本、提升组织柔性，但可能因责权利界定困难而产生工作绩效低、歧视性待遇、保障体系缺乏等问题（房园园和王兴化，2009）。这一系列的治理难题也给微观层面的企业管理实践以及宏观层面的政府宏观政策的制定提出了挑战。已有文献主要从管理学和法学的视角进行了探讨，经济学研究基础相对薄弱。管理学学者从绩效考评体系建立、职业技能提升、企业文化、工会维权等方面建议企业完善非典型用工关系的管理。如蒋建武和戴万稳（2012）针对劳务派遣的情形提出，用工单位和派遣单位共同为员工积极提供各种劳动保障以及培训的机会，有利于三角关系的稳固，从而提升员工绩效（袁凌和李晓婷，2010）。法学学者则建议从劳动关系主体资格条件、适用范围、劳动基准、社会保险制度等方面对非标准劳动关系进行法律规制。如金荣标（2015）强调，当前我国形成了标准与非标准劳动关系的二元结构，针对二者的统一立法应以平等权为基本价值取向，采用双轨制的调整模式，对标准与非标准劳动关系实行分层调整与区别保护的原则。但是，从现有司法实践来看，我国现有法律制度对非标准劳动关系的调整尚处于边缘化状态，这与我国灵活用工蓬勃发展的发展状态并不相称（杨红梅和马跃如，2014；李培智，2011）。

1.2.2.2　共享经济的相关研究

近年来，随着移动互联网技术的兴起与发展，以优步为代表的商业模式在全球范围内成功扩散，不仅宣告了共享经济的崛起，也引起了学术界的空前关注。已有文献通常从交易成本理论、协同消费理论以及多边平台理论视角来解释共享经济现象的产生和发展。交易成本理论强调共享经济在降低搜寻成本等交易成本以及信息不对称方面的作用（Dervojeda et al.，2013）；从协同消费理论视角，共享经济现象意味着超越处于商业核心地位的所有权而获得产品和服务，即所谓的零边际成本经济（Rifkin，2014；Botsman & Rogers，2010）；多边平台理论则强调平台通过接入服务供需双方、第三方支付机构等利益相关者形成多边市场平台（ILO，2018；Golovin，2014）。通过梳理已有文献，笔者按照共享经济的驱动要素、主要特征、构成要素与机制、对就业的影响评估以及规制与平台治理等归纳已有成果。

1. 共享经济驱动要素

在共享经济兴起与增长的驱动要素中，互联网发展发挥了重要作用。朔尔和菲茨莫里斯（Schor & Fitzmaurice，2015）指出，技术进步不仅帮助人们实现点对点连接，降低了交易成本，还帮助交易双方克服了信任、声誉等一系列制约共享行为的障碍。德马伊和诺弗（Demailly & Nove，2014）等将共享经济归结为消费者参与动机变化的结果。消费者参与共享经济的原因包括低成本（Bardhi & Eckhardt，2012）、社交需要（Owyang，2014）、环保意识（Heinrichs，2013）等。还有一些研究则指出，金融危机事件的发生是驱动共享经济现象产生的重要因素。2010 年后，欧洲在房屋、汽车等领域的协同消费实现里程碑式进展，恰是源于全球金融危机后消费者对于较低的消费和新的收入机会的追求（欧洲经济和社会协会，2014）。可以看出，共享经济的出现可以归结为技术进步、消费者参与动机以及经济环境的变化因素综合作用的结果。

2. 共享经济的主要特征

共享经济是一个具有伞形特征的概念，不同学者从不同角度对其进行解释，由此产生了协同消费、点对点经济（P2P economy）、渠道经济（access economy）、零工经济（gig economy）、按需经济（on – demand economy）、平台经济（platform economy）等诸多与之相关的学术术语，这些术语分别表达了共享经济不同的特征。弗伦肯和朔尔（Frenken & Schor，2017）将共享经济相关的 6 个术语作为关键词，将其定义为"个体允许其他人临时使用其未充分利用的实物资产的一种消费行为"，并指出，共享经济是点对点交易、使用权获取与循环商业模式三种经济趋势之间的交叉形态。因此共享经济的基本特征包括：（1）从行为特征来看，共享经济强调短期使用权转移，共享经济通过采用以租代买、以租代售等方式实现

"两权分离"，在实现资源利用效率的最大化同时也带来了权属关系的新变化（Belk，2014）；（2）从主体特征来看，共享经济强调大规模、多样化个体的参与，尤其是超大规模的需求者群体正是共享经济得以发展的前提（Morgan & Kuch，2015）；（3）从经济特征看，共享经济已经从较早期的无偿共享发展到现在的交易物品、服务等有偿经济行为；（4）从技术特征看，共享经济强调有介质的交易行为，互联网技术打破了供需连接的中间环节，使双方可以直接沟通、交易，大大降低了交易成本，因此共享经济是一种渠道经济（Hamari et al.，2016）；（5）从雇佣劳动的角度，共享经济打破了劳动者长期受雇于某一特定的组织，因而其也具备零工性质，是一种零工经济。

3. 共享经济的运行机制及分类

共享经济的构成要素包括资源供给方与需求方、共享平台、未充分利用的资源（Mair & Reischauer，2017）。这也是共享经济区别于传统经济形式的重要特征，其运行机制是：互联网平台获取资源需求方的具体需求，通过后台算法为其匹配出合适的供给方并确定最优价格，从而实现快速高效的交易。共享经济基本实现路径如图1.1所示。

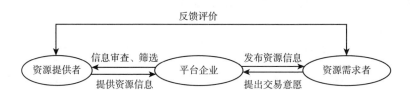

图1.1　共享经济的基本实现路径

在共享经济的分类方面，学界尚未形成统一的划分标准，角度不同划分的类型也有所不同。科达农和马滕斯（Codagnone & Martens，2016）将共享经济划分为三类：第一类具有双边市场的特征；第二类则是纯粹的分销商模式；第三类介于双边市场和分销商模式之间。共享经济的积极倡导者博茨曼（Botsman，2010）根据分享内容的不同将共享经济划分为三类：一是产品服务，如美国的优步、爱彼迎；二是针对二手商品转让的产品再流通市场，如我国的咸鱼二手交易平台；三是基于技能、时间的协同生活方式，如我国的猪八戒综合型数字企业服务平台。《中国分享经济发展报告（2016）》将共享经济分为产品分享、空间分享、知识技能分享、劳务分享、生产能力分享等五类。还有学者根据分享的目的不同，将共享经济分为商业的和非商业的（Zervas et al.，2017）。

4. 共享经济对就业的影响评估

共享经济的兴起与发展，不仅对全球经济快速发展产生了推动作用，也使得微观层面企业组织架构和生产方式发生变革，这种变革对就业数量和就业质量都产生了重要影响。

从共享经济对就业数量的影响来看，共享经济的发展具有显著的就业带动效应。根据国家信息中心发布的《中国共享经济发展报告（2021）》，截至2020年我国通过各类共享经济平台提供服务的人数达到8400万人，同比增长约7.7%。马晔风和蔡跃洲（2021）对共享经济不同领域新就业形态群体规模测算表明，新就业形态占总就业的比重已经达到7%~8%。从本质来看，这种积极的影响实际上是互联网技术的进步所产生的岗位创造效应引致劳动力需求增大。但是，也有研究发现，共享经济对传统行业的冲击使一部分人面临失业的风险（Zerva，2013）。黄浩（2021）认为技术进步特别是人工智能的应用必然在传统经济领域造成大量就业岗位消失，短时间内会产生大量的摩擦性失业，这实际上是技术进步带来的就业替代效应。

从共享经济对就业质量的影响来看，学界主要从微观层面探讨了共享经济对新就业形态劳动者经济收入、工作时间、工作稳定性等方面的影响，所得出的结论也并不相同。一部分研究认为共享经济等新业态的发展能够使劳动者从传统工作解放出来，有利于劳动报酬的提高（杨伟国等，2021；何勤等，2019）、工作环境的改善（夏炎等，2018；潘文轩，2018）以及工作时间的缩短（毛宇飞等，2019），从而提升就业质量。但还有一些观点认为，共享经济平台的网络效应会带来自然垄断，容易使财富向少数富裕的人集中，从而加剧收入不平等。如弗伦肯和朔尔（Frenken &

Schor, 2017) 针对美国三大互联网平台的实证研究就表明, 共享经济增加了社会底层群体与中产阶级之间的收入分配差距。马名杰等(2019)的研究则发现, 共享经济使劳动者工作和生活的界限模糊, 提高了就业门槛, 从而加剧了就业不公平, 这些都不利于劳动者就业质量的提高。崔岩(2021)通过调查外卖骑手的职业状况, 发现由于个体劳动技能欠缺、平台企业规避与劳动者建立长期劳动关系以及政策制度不完善等因素的影响, 大多数平台劳动者的就业脆弱性较高。

5. 共享经济的规制与平台治理

共享经济作为一种新兴商业模式, 在提升闲置资源利用率、节约社会成本, 增加就业、促进环保的同时, 也因垄断、公共产品、外部性等引发了市场失灵, 由此带来了市场准入、税收征管、竞争秩序等方面的社会治理问题(戚聿东和李颖, 2018)。但是, 由于共享经济在运行机制等方面有别于传统经济, 传统治理理念、原则及办法并不适用, 因此如何形成适用于新经济的治理理论成为研究焦点。

学界较早期的研究重点关注宏观层面上共享经济的规制理念, 即对共享经济应鼓励还是禁止。按照已有研究的观点, 共享经济具备了创新提升社会福利的重要属性(Hu & Zhou, 2016)。因此, 政府对共享经济的规制应遵循创新友好理念(蒋大兴和王首杰, 2017)。针对共享经济的不同关联主体在劳动、税收、信用、竞争等领域的规制形成的新问题, 一些学者主张决策者应由政府借用公权对现有规制框架进行调整或建立新的规制规则以管理共享经济这种新经济形态, 从治理模式看, 其本质是一种政府规制模式。还有一些研究则主张平台的自组织治理, 如沈超红和胡安(2018)通过模拟共享出行的实验表明, 政府的规制会限制共享服务的供给, 不利于共享企业的创新, 理想状态应该是平台的自我监管。库曼(Kooiman, 1993)将这种自组织的治理称为"元治理"。郭传凯(2017)针对网约车的监管提出了"对自律监管的再监管"思路。整体来看, 这些理论观点与我国共享经济发展所处的起步崛起阶段对监管的要求相适应。

但是, 在技术的加速发展与国家鼓励政策的影响下, 共享经济自2019

年进入爆发式增长期，互联网平台的网络效应、规模效应、外溢效应日益显现，大数据"杀熟"等新型垄断行为、数据安全、劳动者权益、消费者权益等风险愈发突出，学者们开始围绕如何监管互联网平台进行探讨。在监管原则方面，有学者建议，平台的监管应从先前侧重发展的逻辑转向规范与发展并重，并根据平台不同发展阶段适时调整监管的力度和方式（周文和韩文龙，2021；李三希等，2022）。在监管模式方面，一些观点认为，互联网平台具有市场和企业的双重属性，这决定了单中心的政府管制、平台自治都存在内生性监管能力不足的缺陷，而政府、平台、用户等多主体协同参与的监管范式则能够实现不同主体监管能力的互补（杨学敏等，2022；李文冰等，2022；冯骅和王勇，2020）。在具体监管的政策措施方面，已有研究和实践方面主要围绕市场准入条件优化、竞争行为规范、数据安全立法以及劳动者权益保障等方面展开了有益的探索（于凤霞，2022）。

1.2.2.3　共享经济下平台用工关系及其治理

作为国家治理体系的重要组成部分，劳动关系治理是国家以劳方和资方之外的第三方主体身份介入和协调劳动关系基本方式。政府劳动关系治理的根本任务，不仅仅局限于通过推动构建劳动关系协调机制以改善劳资双方关系，还应致力于稳定劳动力市场、保障和改善以劳动者群体为主的民生、促进劳动者全面发展。不同学者围绕政府治理劳动关系中的角色定位、具体的治理策略等问题进行了探讨（孟泉，2013；张皓和吴清军，2019）。政府治理劳动关系的两大核心目标是如何实现劳动关系的市场化以及保护劳动者的劳动权益（吴清军和刘宇，2013）。

按照马克思的生产关系理论，生产关系包括所有制关系、交换关系、分配关系及消费关系组成，而劳动关系则是劳动者在生产中的交换关系及分配关系，当生产方式发生变化，劳动关系也会随之改变。建立在互联网等新兴技术基础之上的共享经济的兴起改变了生产方式，新产业、新业态、新就业形态层出不穷，也带来了劳动关系的变化，进而对劳动关系的治理形成了挑战。目前,学界围绕平台用工关系及其治理问题,研究主要集中在三个方面:一是平台用工关系的新变化;二是平台用工关系性质的认定;三是平台劳动者的劳动权益保障(王全兴和王茜,2018;孟泉和雷晓天,2020)。

1. 平台用工关系的新变化

近年来,外卖骑手、网约车司机等非典型从业者的快速增长,其劳动表现出以平台为载体、工作任务碎片化、场所灵活化、管理智能化等特征,一些文献将这种基于平台的劳动定义为新型非典型劳动(陈龙,2022)。董志强(2022)、林建武(2022)则从工作特性和形态的角度将平台劳动定义为一种"新零工劳动""灵工劳动",强调其是发生在互联网平台上的具有灵活性、即时性的工作。黄再胜(2019)总结出平台劳动的本质特征是以数字技术为基础,以数字平台为载体,以数据算法为手段,实现服务按需高效精准匹配和劳动过程智能化管理。

已有文献零散地归纳了平台劳动相比传统非典型劳动的区别。施密特(Schmidt,2017)、王茜(2020)指出,相比传统的非典型劳动,平台劳动可能涉及平台、劳动者、用工方、承包方等多方主体,因而具有劳动市场关系多边化的特点。韦尔(Weil,2014)、伍德等(Wood et al.,2019)则认为,在数字技术的支持下,平台能够打破传统劳动的时空限制,连接起海量的劳动者,因此平台劳动实现了劳动过程的分散化、原子化。邓恩(Dunn,2017)强调,平台劳动的合约安排具有"去互惠化"特点,即平台劳动中,劳动供需双方之间的合约安排只关注劳动成果交割,不关注劳动者的组织归属感与忠诚度,因此现实中劳务合同取代劳动合同的现象屡见不鲜。此外,不同于传统基于工作场所的劳动控制,平台依靠算法管理控制劳动者的劳动过程,因而平台劳动具有劳动过程控制算法化的特点,而这种劳动控制模式也使劳动者丧失了劳动的主体性(Kuhn & Maleki,2017)。

劳动形态的变迁也带来了劳资关系的变迁。一些研究从马克思的劳动过程理论(labor process theory,LPT)视角通过分析平台劳动过程的规律,揭示共享经济下劳资关系的新变化新趋势。徐景一（2022）运用"技术分工—资本控制"框架，指出算法技术强化了资本对劳动的隐蔽控制，正是这种控制导致劳资博弈中权力关系失衡，因此技术是劳资关系分化的关键因素。谢玉华等（2022）则认为，平台对劳动者的控制由弱到强，体现了一种完全逆于传统经济的劳动控制过程。黄再胜（2022）则基于劳动过程理论的"控制—同意—抗争"的研究框架，在分析算法控制平台劳动过程机制的基础上，揭示了平台劳动过程中劳动如何隶属资本、劳动者如何重塑主体地位、进行劳动抗争的新趋势。这些研究普遍认为，算法技术表面上加强了劳动的自主性，但实则使劳动者失去了主体地位，从而加深了劳动对资本的从属。

2. 平台用工关系性质的认定

在平台用工关系性质的认定方面，在平台劳动形态与平台劳资关系已经发生变化的背景下，对于劳动法是否适用于平台劳动者正成为各国司法界与学界关注的焦点。在不同国家平台劳动关系的司法实践中，形成了劳动关系、居间关系、劳务关系等多种判决结果，同案异判现象时有发生。学术研究方面，尽管各国对于劳动关系是否成立的具体判别标准不一，但基本以劳动的从属性为核心标准，不同学者对于平台劳动者的劳动是否从属于雇主存在不同看法，由此形成了三种截然不同的观点。第一类观点是以常凯和郑小静（2019）等为代表的"劳动关系说"。该观点强调平台劳动是一种从属劳动，因而劳动者具有现行劳动法律体系保护制下的雇员身份；第二类观点是以彭倩文和曹大友（2019）等为代表的"劳务关系说"，他们认为平台劳动是一种独立劳动，因此平台与劳动者之间的关系是劳务关系；第三类观点是方长春（2022）、王天玉（2020）等提出的"分层分类说"，这种观点强调平台劳动不能完全归于从属劳动或是独立劳动，而是一种所谓的第三类劳动，对此可以考虑通过在现有劳动立法中设立"类劳动关系"，抑或是改进传统劳动关系判定理论中的判定方法等方式加以体现，在此基础上进一步细化劳动者权益分层保护。

由此可见，无论是司法界还是学术界都尚未对平台劳动关系的认定达成共识，根本原因在于决定平台劳动从属性的重要因素——平台对劳动者控制权，较常规劳动关系发生了重要变化。

3. 平台劳动者的劳动权益保障

由于平台与劳动者之间的关系尚未得到法律层面的确认，也导致劳动者无法以劳动关系法律主体的身份享有雇员的基本劳动权益。已有研究较少专门以平台劳动者为对象进行探讨，更多是针对平台劳动者在内的新就业形态劳动者进行研究。张成刚（2018）、谢增毅（2022）等揭示出新就业形态劳动者在工作时长、劳动强度、收入稳定性、社会保险、职业风险等方面所面临的权益困境，其中职业伤害保障和社会保险问题是学界关注的焦点。实践中，部分地区先后探索实施了"塑造受雇者身份"的直接参加工伤保险、"去受雇者身份"（即脱钩于劳动关系）的"单工伤保险"模式等试点方案，对此王天玉（2021）认为，这些试点方案可能存在参保覆盖面低、工伤保障主体认定困难等问题。还有一些学者则主张建立独立于工伤保险制度之外的职业伤害保障制度（岳经纶和刘洋，2021；娄宇，2021）。针对新就业形态劳动者社会保险缺失的制度短板，学界普遍主张将社会保险关系与劳动关系解绑，使制度覆盖更多的灵活就业者。针对新就业形态劳动者流动性强、收入不稳定性高等特点，已有文献还从缴费基数与缴费方式、转移接续手续等方面提出了优化现有社保政策方面的对策建议（关博，2019；汤闳淼，2021）。个别文献注意到了平台劳动者工作时间与劳动强度（赵红梅，2021）、集体劳动权（班小辉，2020）等劳动权益的保障问题，提出了共建跨平台兼容性系统，以控制跨平台工作者过劳，从立法上推动集体劳动权向非劳动关系领域扩张等建议。

综合已有文献，不难发现上述研究主要关注宏观层面如何构建劳动者权益保障的制度机制，少数学者从微观层面探讨具备独特双元属性的平台企业，应如何承担保障劳动者权益的社会责任，实现平台与劳动者之间的和谐关系。事实上，劳动关系和谐化是治理的根本目标，其在微观层面的体现还是平台企业与平台劳动者之间的良性互动。潘旦（2022）提出应用多维评价机制替代现有基于算法的评价机制；郑祁等（2022）则强调平台应优化工作时间、休息休假等与劳动者权益相关的算法。针对如何构建负责任的平台算法，肖红军（2021）提出了算法生态互动治理的理念，即在平台商业生态圈中，通过对处于弱势地位的用户赋权，推动平台算法对用户负责任行为形成约束；通过用户参与算法设计应用，能够缓解"算法黑箱"。这些研究观点对于如何有效治理算法以保障平台劳动者合法权益形成了有益的借鉴。还有个别研究如龙立荣等（2022），注意到平台与劳动者之间社会情感交换缺失的问题，认为平台应实施人情化的管理措施，增强劳动者的情感承诺。

1.2.2.4　现有文献评述

综合现有文献，可以看出较早期的研究比较关注共享经济的内涵、特征及其对经济的影响等方面，随着共享经济对经济社会的影响更加深入，越来越多的学者注意到了现实中平台劳动给劳资关系带来的新变化，也探讨了平台劳动者法律身份的认定及其具体的劳动权益保障等问题，但围绕共享经济的发展所催生的模糊劳动关系，仍然存在有待进一步深入研究的问题。

第一，关于共享经济如何影响雇佣关系的专门研究比较少。较早期文献着重研究某类共享经济的发展所产生的经济效应、环境效应以及社会效应，近期的文献虽然关注到平台劳动者权益保护不足的问题，但对于共享经济下模糊劳动关系如何产生以及产生的原因的研究相对较少，也缺少对模糊劳动关系特征的系统刻画，在研究观点上还比较分散。

第二，如何治理共享经济所带来模糊劳动关系问题的研究比较零散，系统性研究明显不足。已有文献聚焦于平台劳动关系属性的认定，对如何保障平台劳动者劳动权益提出了有益的观点，但相对较零散，系统性明显不足。尤其是在劳动者权益保障方面，现有研究主要从宏观层面探讨了制度顶层设计，缺少对多元主体参与平台用工治理中发挥作用的考虑。

第三，从研究方法来看，目前学界对于共享经济下平台用工问题的研究方法的选择比较单一，主要采用定性研究、描述研究，定量研究和实证研究相对较少，对于平台用工治理所涉及的各主体之间的微观互动机理的研究则更是少见。

有鉴于此，本书以共享经济催生的模糊劳动关系为研究对象，综合运用问卷调查法、实证分析法、演化博弈分析法等，探索构建共享经济中模糊劳动关系的协同治理框架，并重点围绕宏观层面的顶层制度设计、中观层面的行业集体劳动权保障以及微观层面的平台管理实践变革提出模糊劳动关系治理的对策建议，一方面为新时代背景下国家推动劳动关系治理能力现代化提供学理支撑，另一方面为构建与共享经济时代相适应的劳动关系治理制度规则提供参考和借鉴。

1.2.3 理论基础

1.2.3.1 劳动力市场分割理论

劳动力市场是影响劳动关系变化的重要因素之一。以新古典经济学流派为基础的劳动力市场理论认为，劳动力市场是一个统一的竞争性市场，而劳动者生产效率之间的差异是造成工资差异的决定性因素，因而只要工人提高其自身人力资本水平就可以改善生产率，从而实现低工资部门向高工资部门流动。

与新古典理论的观点不同，劳动力市场分割理论（segmented labor markets theory，SLM）则认为，劳动力市场并非传统意义上的统一整体，而应该分割为一级劳动力市场和二级劳动力市场两个细分市场，其中一级劳动力市场表现出工资高、工作条件好、晋升机会多、雇佣关系稳定等特征；而二级劳动力市场则完全与之相反。而且两个劳动力市场之间的工作流动是受到限制的，二级劳动力市场的劳动者无法向一级劳动力市场流动，并不是因为技能上的劣势，而是由于两个市场之间的某些制度障碍造成的。流动障碍的客观存在也解释了我国劳动力市场城乡分割、国有与非国有部门分割下，工资不平等、歧视等现象的持续存在。

这一理论为理解平台劳动者的就业提供了一个较好的理论视角。如果将现有劳动力市场划分为实体性的工作场所劳动力市场和虚拟性的网络平台劳动力市场，那么在现实中可以看到，与工作场所劳动力市场相比，网络劳动力市场存在工作条件相对较差、职业稳定性不高、职业发展通道相对狭窄等劣势，而且两个劳动力市场的双向流动性存在不对称，即：在工作场所就业的劳动者进入平台就业相对容易，而以平台就业为主的个体要进入工作场所就业相对困难。平台劳动者在权益保障制度方面存在的"真空"地带，也进一步造成劳动力市场的分割，加剧了就业的不平等。

1.2.3.2　劳动关系系统论

在学界，劳动关系问题被视作一个经济学、法学、心理学、社会学等多学科研究的问题。从 1860 年马克思开始关注劳动关系问题开始，经过学者们长达 100 余年的研究，形成了劳动关系系统论、多元主义论、策略选择理论等，其中最经典、影响最深远的理论当属劳动关系系统论。

劳动关系系统论将劳动关系看作一个与经济系统、政治系统既平行存在同时又互有交集的一个抽象系统，其具有明显的结构主义倾向，其缔造者邓洛普 1958 年提出，劳动关系系统主要由三方主体组成，分别是政府、雇员与雇员组织，它们在雇员的劳动过程中存在建立在同一种共同意识形态之上的互动，而影响这种互动的因素包括技术、市场与权力等，最终形成了劳动关系系统中有关工作和社会的一系列规则网（孟泉，2018）。邓洛普提出的系统论模型主张以劳动关系的规则和规范作为整个分析框架的中心，这显著区别于与此前以产业冲突、集体谈判等要素作为核心的劳动关系研究范式。

然而，邓洛普的系统理论在为劳动关系理论构建全新分析框架的同时，也受到其他学者从不同的角度提出的批评和质疑，包括"系统"的界定过于抽象、忽视了系统的动态性等。因此，后续的学者陆续对系统论进行了发展，如美国学者桑德沃（1987）以企业劳动关系的运行为对象构建了劳动关系多因素理论模型，该模型归纳出经济和技术等外部环境因素、工作场所、个人因素是导致工作紧张冲突的三个因素，而工作紧张冲突的解决通常应依靠以集体谈判为基本手段的劳工运动：代表雇员利益的工会一般就工资、工作条件等同雇主进行集体谈判，并签订集体合同或有关协议，使工作场所得到改善；而工作场所的改善则能够进一步改善外部环境，外部环境的改善和发展变化又反过来影响企业劳动关系及其运作。以弗兰德斯、克莱格等英国学者为代表的牛津学派则同样将工作规范作为研究核心，并强调工作规范是在集体谈判的规则制定过程中决定的，牛津学派与邓洛普的系统论模型都遵循劳动关系系统运行的"投入—产出"逻辑，且产出相同，但他们的投入不同，前者强调通过集体谈判的规则，后者则强调决定规则的有多种因素。

1.2.3.3 劳动过程理论

劳动力具有"不确定性"的观点，是马克思主义视角下的劳动过程理论的出发点。在马克思看来，如何将工人投入的劳动完全转移到产品或服务中去是资本投入时面临的最大挑战，而在这一劳动转化过程中充满了不确定性因素，因此对于资本家来说，掌控劳动过程的控制权是必然也是必要的（布雷弗曼，1978）。不过这种资本的强制性和剥削性也难以避免地埋下了工人反抗的种子。因此，劳动过程理论（labor process theory，LPT）的核心关切是资本如何控制劳动以及工人如何反抗。

马克思认为，在资本主义生产方式下，资本控制劳动的重要手段之一就是技术，技术不仅是应用于工人劳动过程的科学技术，还包括组织技术，因此自马克思以来，对技术控制的分析基本沿着科学技术控制和组织技术控制两条线索展开（陈龙，2020）。劳动过程理论最具代表性的布雷弗曼（1978）指出，在垄断资本主义阶段，泰勒科学管理思想的传播使工作出现碎片化和专业化趋势，这削弱了工人控制劳动过程的能力，相反管理者通过规则以及技术对工人的控制越发便利。也就是说，随着工人的去技能化程度的加深，资本家的劳动过程管理由开始的"技术工人控制"向"管理者控制"转变。爱德华兹（Edwards，1979）认为技术控制和科层控制是互补的，二者共同实现资本的控制目标：技术控制虽然能够指导工作、设定工作节奏、监督并评估工作过程，但并不能完成对工人的规训；而资本借助薪酬等级和奖惩制度等，将科层控制手段渗透到工人组织管理之中，以实现劳动者分类管理和形塑其行为的目的，驱使劳动者仅以个人身份追求个体利益最大化，有效防止集体行动的发生。布诺威（Burawoy，1979）则认为，一旦劳动者进行抗争，就会产生高额的管理成本，为此资方的管理必须获得劳动者的主动同意，才能换取更多剩余价值的攫取。因此，他立足于劳动者意识形态的角度，考察劳动者以何种方式感知资本的控制策略以及形成主观认同效果。布诺威对意识形态效果的创新性研究，提升了学界对传统意义上工作场所劳动关系的理解，也使得劳动过程理论的研究开始从起初的控制—抗争模式向演变的控制—抗争—认同模式转变。

劳动过程理论为研究平台劳动过程提供了有益的理论视角，能够使人更加清楚地认识平台如何通过算法等数字技术对平台劳动者进行技术控制。

1.3　研究内容

本研究共包含十章，其中核心内容包括四部分。第 1 章为导论；第 2 章是我国共享经济发展与劳动关系的整体现状分析；第 3 章为共享经济背景下模糊劳动关系的特征及其对传统劳动关系治理机制的挑战；第 4 ~ 5 章为共享经济背景下模糊劳动关系现状、存在的问题及其影响因素；第 6 ~ 7 章为共享经济背景下模糊劳动关系治理的国内实践与国际比较；第 8 ~ 9 章为共享经济背景下模糊劳动关系治理框架构建与对策建议；第 10 章为研究结论与展望。下面简要介绍核心章节的研究内容。

第一部分（第 3 章）分析共享经济发展带来的模糊劳动关系及其对传统劳动关系治理机制的挑战。共享经济的迅猛发展，打破了工业时代单

一、排他的雇佣关系,塑造了"平台＋个人"的新型关系,两者之间的雇佣界限模糊,对传统的劳动关系治理协调机制提出了挑战。唯有厘清这些新挑战、新问题和新要求,才能构建科学的模糊劳动关系治理机制。本部分首先分析了共享经济背景下模糊劳动关系的形成,并从雇主、雇员、契约等雇佣关系的五个方面,揭示与传统劳动关系相比这种模糊劳动关系的新特征,在此基础上着力探索共享经济催生的模糊劳动关系对于我国劳动关系治理协调机制的新挑战、新要求以及所面临的主要问题。

第二部分(第4～5章)分析共享经济背景下模糊劳动关系的现状、存在问题分析及其影响因素。为了更好地揭示当前模糊劳动关系存在的问题,立足实际调研,本书选择以外卖骑手为调查对象,从劳动者视角出发,通过其劳动权益、个人成长、劳动争议处理、沟通与民主参与等客观指标以及劳动者对各维度满意度的主观评价来综合判断模糊劳动关系状况,进而从宏观的政策层面和微观的劳资主体层面分析产生问题的原因。在此基础上,综合运用扎根理论方法、实证分析法构建模糊劳动关系的理论模型,分析影响模糊劳动关系的影响因素及其影响程度。

第三部分(第6～7章)研究共享经济背景下模糊劳动关系治理的国内实践探索,并进行国际比较。尽管共享经济在不同国家都是新兴商业模式,而关于平台企业与服务者之间究竟是不是劳动关系目前仍无定论,但由于国情差别,中国、美国、加拿大、英国等不同国家对于共享经济下所形成的新型用工形式在治理理念、治理机制和具体实践等方面还是有所区别的。本部分首先梳理迄今为止我国围绕平台用工治理出台的具体政策法规、取得成效及存在的问题等;其次从劳动关系的法律制度、平台用工的治理机制及行动等方面,比较了以劳动关系"二分法"和劳动关系"三分法"为基础的不同国家之间的差别,为我国规范、协调共享经济带来的模糊劳动关系提供借鉴。

第四部分(第8～9章)提出共享经济背景下模糊劳动关系治理框架构建与对策建议。对于共享经济所催生的"平台＋劳动者"新型关系的法律性质,目前学术界存在二者是劳动关系抑或是合作关系的争论,并由此形成了以政府为主导的制度治理逻辑，以及以平台为主导的市场逻辑。本部分从生态系统思维的视角提出政府、行业、平台多元主体的协同治理框架，强调应建立"政府主导、行业推动、平台践行"的模糊劳动关系治理格局。在此基础上，分别从宏观层面的政策制度、中观层面的行业规范以及微观层面的管理实践三个方面，提出了模糊劳动关系治理的对策建议。

1.4　研究思路与方法

1.4.1　研究思路

本书首先提出共享经济发展带来的模糊劳动关系及其对我国劳动关系治理机制形成的挑战，然后分析当前我国模糊劳动关系现状、存在问题及影响因素，接着分别从国内和国际两个方面探索共享经济下模糊劳动关系治理的实践，最后设计共享经济下模糊劳动关系治理的框架，并提出规范、治理协调共享经济下模糊劳动关系的对策建议。本研究一方面是为了促进共享经济的健康发展，另一方面是为了完善传统劳动关系治理理论与实践。本研究的基本思路可用图 1.2 表示。

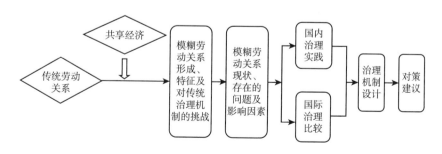

图 1.2　本书研究思路

1.4.2 研究方法

第一，问卷调查法。本书以外卖骑手为调查对象，对其在平台及相关企业之间形成的模糊劳动关系现状进行问卷调查，探寻实践中平台企业与劳动者之间关系的现状及存在的问题，获得第一手的研究资料。

第二，质性研究方法。本书采用基于扎根理论的质性研究方法，通过访谈、观察、资料收集的方式，归纳形成共享经济背景下平台工作者与平台之间的模糊劳动关系影响因素，从而建立起模糊劳动关系的概念模型。

第三，实证分析方法。对于模糊劳动关系的概念模型，本书构建Ologit 回归模型，结合对外卖骑手、网约车司机等平台工作者的问卷调查数据进行模型验证，考察不同影响因素对平台与平台劳动者之间模糊劳动关系的影响程度。

第四，国际比较法。本书介绍了美国等以劳动关系认定"二元论"为基础的国家和英国等以劳动关系认定"三元论"为基础的国家，通过比较这些国家在治理平台用工关系方面的法律制度建设，为我国形成宏观层面的治理制度规则提供经验借鉴。

第五，数理模型方法。本书以平台、政府等相关行为主体的有限理性为前提，运用演化博弈分析方法，构建政府、平台协同治理平台的用工关系的博弈模型，通过引入行业协会参与度和劳动者参与度两个关键参数，探究多元主体在平台用工治理中的作用。

1.5 可能的创新之处

本书围绕共享经济背景下平台用工如何治理这一核心问题展开研究，相较于已有的研究成果，本研究的创新点主要表现在以下四个方面。

第一，通过对平台用工关系的调查和思考，基于邓洛普的劳动关系系统论，构建并验证了反映模糊劳动关系影响因素的理论模型。一方面，结合平台用工的特点，将消费者纳入模糊劳动关系系统的分析框架，揭示其作为重要主体在劳动秩序中所扮演的重要角色，这在一定程度上发展了传统的劳动关系系统模型。另一方面，本书揭示出经济收入、劳动保障、话语权、技术环境等要素对模糊劳动关系的影响，研究结论为如何促进平台与劳动者之间和谐关系提供理论依据。

第二，在学术思想和学术观点上，提出以生态系统的思维将平台视为生态圈，从而构建多元主体参与模糊劳动关系治理的协同治理机制。平台用工关系的治理，需要权衡鼓励创新与保护劳工两大目标，学界也由此形成了关于用工治理的纯粹自律模式和政府立法强制认定劳动关系的命令—控制模式。本书从平台用户生态圈的角度提出并阐释"政府—行业—企业"三位一体的协同治理模式，在学术观点上有所创新。

第三，从控制性和经济依赖性两个维度建立了不同平台用工类型的划分标准，并按照此标准将平台劳动者划分为四种类型。我国的《关于维护新就业形态劳动者保障权益的指导意见》虽然划分了三类用工关系，但并未形成清晰的认定标准，由此可能带来隐蔽雇佣和用人单位"去劳动关系化"等行为。为此，本研究运用劳动从属性理论，结合平台用工的特点，提出可从自主定价权、服务控制和监督评价三方面来判定平台对劳动者的控制程度，将劳动者为单一平台工作的时长作为衡量经济依赖性的指标，以此判定平台用工的四种类型及相应的劳动权益清单。

第四，研究方法上，本书综合采用多样化的研究方法探寻平台用工关系治理机制问题，拓展了该领域的研究方法。具体方法包括：其一，应用包含质性方法与实证方法的混合研究方法探寻模糊劳动关系的影响因素；其二，应用比较研究法，梳理总结与比较国外治理平台用工关系的政策制度等，为中国背景下的制度设计提供借鉴；其三，运用演化博弈刻画模糊劳动关系协同治理的微观机制。与现有文献多使用传统的思辨类研究方法相比增加了定量研究方法的应用，能够推动该领域的研究方法从初步的定性研究、描述研究走向更深层次的定量研究、实证研究。

第2章

我国共享经济发展与劳动关系的整体状况

2.1　我国共享经济发展历程、现状及存在的问题

2.1.1　发展历程

通过梳理我国共享经济的发展历程，可以发现其大致经历了四个发展阶段。

第一阶段：共享经济发展的萌芽阶段（2008年以前）。2008年之前，在美国，吉普卡租车公司（Zipcar）、纳普斯特公司（Napster）及维基百科（Wikipedia）等共享经济平台先后涌现，显现出巨大的发展潜力；而中国则出现了威客中国这类以知识、创意、智慧共享为主的互联网平台。

第二阶段：共享经济的起步阶段（2008~2013年）。这一阶段，我国在不同领域开始涌现出众多初创型企业，如蚂蚁短租、滴滴出行等，而且这些企业的规模和影响力不断扩大。

第三阶段：共享经济的快速扩张阶段（2013~2019年）。在这一阶段，共享经济的商业模式越来越成熟，互联网、大数据、云计算等新技术

越来越完善，我国的平台企业在数量和规模上都逐渐扩大，涌现出本土化的头部企业，在国际上逐渐得到认可，共享经济应用进入新时代。2015年11月发布的中共十八届五中全会公报首次提出要"发展分享经济"，同年，国家在"十三五"规划纲要中再次提出"要实施'互联网＋'行动计划，发展分享经济，促进互联网和经济社会融合发展"，这意味着国家对于利用互联网提升资源配置效率的肯定与认可。与此同时，2015年8月国家出台《关于深化改革进一步推进出租汽车行业健康发展的指导意见（征求意见稿）》和《网络预约出租汽车经营服务管理暂行办法（征求意见稿）》，对网约车这一共享经济领域进行规范，也被视作共享经济合法化的开端。2016～2018年，网约车、共享单车、互联网金融等领域的问题集中爆发，也促使国家共享经济的政策导向开始从鼓励发展转向规范发展。2017年国家发改委等部门联合印发的《关于促进分享经济发展的指导性意见》中，首次提出对共享经济将遵循"鼓励创新、包容审慎"的原则，发展与监管并重。

第四阶段：共享经济进入转型升级阶段（2019年至今）。这一阶段共享经济各个领域的发展步伐放缓，尤其是2020年初暴发的新冠疫情对不同行业发展的影响逐渐分化，其中共享住宿是受疫情冲击最大的领域，与之形成对比的是共享医疗、共享教育、社区团购等领域则逆势爆发，共享经济的发展机遇与挑战并存。2019年以来，国家围绕反垄断、市场准入门槛、信用体系建设等多个方面，密集出台了各项监管政策，引导共享经济向更规范的方向发展，这也标志着国家对共享经济的监管开始步入"强监管时代"。

2.1.2　发展现状

2.1.2.1　市场规模及结构

自2016年的政府工作报告首次提出，要"大力推动包括分享经济等在内的'新经济'领域的快速发展"以来，共享经济在近年来保持着迅猛的发展态势，也成为中国经济转型升级的亮点。如表 2.1 所示，2017 ~ 2021 年，中国共享经济规模分别为 20772 亿元、29420 亿元、32828 亿元、33773 亿元、36881 亿元，2021 年较 2017 年增长 77.6%，但这期间增速持续下滑，其中受疫情的影响 2020 年共享经济的市场规模增速出现了急剧下滑，全年市场规模增速仅为 2.89%。在宏观经济的下行压力、互联网人口红利逐渐消失以及互联网领域市场信心相对不足等多重因素的影响下，我国共享经济正在从追求规模速度的粗放式发展向更加注重发展质量效率的集约式发展转型，这同时也意味着共享经济的发展速度将放缓，而进入"新常态"阶段。

表 2.1　　　　　　　2017 ~ 2021 年我国共享经济市场规模情况

项目	2017 年	2018 年	2019 年	2020 年	2021 年
市场规模（亿元）	20772	29420	32828	33773	36881
增长率（%）	—	41.6	11.6	2.89	9.2

注：由于统计口径变化等原因，自 2017 年起共享经济市场规模发生大幅变化，故未统计 2017 年增长率。

资料来源：根据国家信息中心 2018 ~ 2022 年发布的《中国共享经济发展报告》统计数据整理。

比较共享经济不同领域的市场规模，可以看到，2021 年，生活服务领域的市场规模最大，生产能力和知识技能领域规模次之，这三个领域的市场规模分别占共享经济总量的 46.4%、33.5%、12.3%（见表 2.2 和图 2.1）。

表 2.2　　　　　　　2017 ~ 2021 年我国共享经济发展情况　　　　　单位：亿元

领域	2017 年	2018 年	2019 年	2020 年	2021 年
交通出行	2010	2478	2700	2276	2344
共享住宿	120	165	225	158	152
知识技能	1382	2353	3063	4010	4540
生活服务	12924	15894	17300	16175	17118
共享医疗	56	88	108	138	147
共享办公	110	206	227	168	212
生产能力	4170	8236	9205	10848	12368
总计	20772	29420	32828	33773	36881

资料来源：根据国家信息中心 2018 ~ 2022 年发布的《中国共享经济发展报告》统计数据整理。

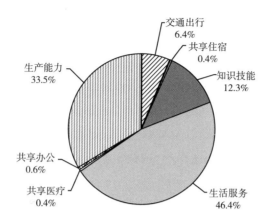

图 2.1　2021 年我国共享经济市场结构情况

资料来源：根据《中国共享经济发展报告（2022）》整理。

从增速来看，如图 2.2 所示，2021 年，共享办公、生产能力、知识技能领域的增速较快，较 2020 年分别增长 26.2%、14.0% 和 13.2%；而共享住宿领域受新冠疫情等因素影响市场交易规模同比下降 3.8%。

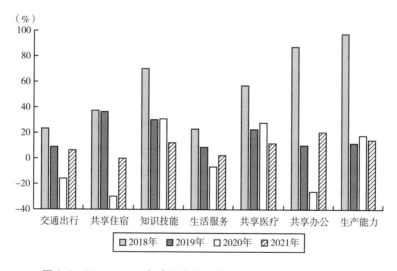

图 2.2　2018～2021 年我国共享经济各领域市场交易规模增速

资料来源：根据国家信息中心 2019～2022 年发布的《中国共享经济发展报告》统计数据整理。

2.1.2.2 就业情况

在 2020 年我国就业总体形势面临巨大挑战的情形下，全国城镇新增就业 1186 万人，超额完成 900 万人的目标任务，全面就业形势总体稳定并好于预期，这在一定程度上得益于共享经济发展对就业的带动作用。如表 2.3 所示，2020 年我国参与共享经济人数达到了 8.3 亿人，其中通过共享经济平台提供服务的劳动者约为 8400 万人，较 2017 年增长 20%。2020 年平台企业员工数达到 631 万人，较 2017 年增长约 13.5%，这表明共享经济对于拓宽就业渠道提升就业质量、增加劳动者收入等有重要的促进作用。

表 2.3　　　　　　　　　　2017～2020 年我国共享经济就业情况

项目	2017 年	2018 年	2019 年	2020 年
共享经济参与者人数（亿人）	7	7.6	8	8.3
服务提供者（万人）	7000	7500	7800	8400
平台企业员工数（万人）	556	598	623	631

注：《中国共享经济发展报告（2021）》未统计 2021 年共享经济就业情况。
资料来源：根据国家信息中心 2018～2022 年发布的《中国共享经济发展报告》统计数据整理。

由于共享经济所催生出的灵活就业灵活性和包容性较强，因此其成为解决重点群体就业难题、缓冲结构性失业人员就业压力、增加中低收入者群体收入的重要途径。一方面，互联网平台企业的灵活就业岗位涉及领域宽、包容性强，既有在线教育、创意策划新媒体运营等适合大学生群体的知识密集型劳动岗位，也有网约车司机、外卖骑手、即时快递等技能准入门槛要求相对较低的熟练性劳动岗位，因此成为吸纳重点群体就业的"主力军"。《中国共享经济发展报告（2021）》显示，滴滴平台上大约 20.4% 的专职司机因下岗、失业等原因而从事网约车工作，其中 41.1% 来自制造业，13.6% 来自交通运输业，4.9% 来自钢铁、煤炭等去产能行业。外卖骑手群体中约 78.9% 为农村户口或"农转非"群体，该职业也被视为其再就业的最佳选择。美团于 2021 年发布的《2021 年美团骑手权益保障报告》则显示，2013~2020 年在近 1000 万通过平台就业的骑手中，约有 60 万人来自国家建档立卡贫困家庭。另一方面，平台企业可以根据市场供需变化及时调节劳动力的供给量，促进劳动力跨业流动和减少摩擦性失业。美团研究院发布的《2019 年及 2020 年疫情期间美团骑手就业报告》显示，2020 年新冠疫情期间，美团平台的骑手工作吸纳了大量来自第二、第三产业的失业人员，其中 35.2% 的骑手来自工厂工人，31.4% 来自自主创业者，17.8% 来自办公室职员。此外，由于共享经济平台企业弹性用工的特点，使服务提供者能够以兼职形式获得额外的经济收入，而兼职就业也成为当下最受青年群体欢迎的就业方式。何勤等（2019）通过某劳务分享平台的调查发现，在平台上寻求灵活就业机会的劳动者中，70.09% 都有正式工作。除了直接带动就业之外，平台企业还能依靠自身业务发展带动上下游关联产业的间接就业。譬如，《滴滴平台新就业报告 2020》发布的数据显示，2019 年滴滴平台直接创造了网约车司机、代驾师傅等直接就业岗位 760 万个，同时还间接创造了汽车生产、销售、运维等间接就业机会 600 万个。

2.1.2.3 融资情况

2021 年，我国交通出行、共享住宿等共享经济领域直接融资规模达到 2137 亿元，同比增长 80.3%（见表 2.4）。其中融资额大幅增长的领域包括共享住宿、共享医疗和交通出行，增幅分别达到 500.0%、322.7% 和 321.7%，但知识技能和共享办公领域的融资规模较 2020 年明显下降，这表明各领域融资情况存在较大差异。

表 2.4　　　　　2017~2021 年我国共享经济各领域直接融资规模

领域	2017 年（亿元）	2018 年（亿元）	2019 年（亿元）	2020 年（亿元）	2021 年（亿元）	2021 年同比增速（%）
交通出行	1072	419	78.7	115	485	321.7
共享住宿	37	33	1.5	1	6	500.0

续表

领域	2017 年（亿元）	2018 年（亿元）	2019 年（亿元）	2020 年（亿元）	2021 年（亿元）	2021 年同比增速（%）
知识技能	266	464	314	467	253	-45.8
生活服务	512	185	221.5	260	750	188.5
共享医疗	19	147	38.1	88	372	322.7
共享办公	0	41	12	68	1	-98.5
生产能力	34	203	48.2	186	270	45.2
总计	1940	1942	714	1185	2137	80.3

资料来源：根据国家信息中心 2018～2022 年发布的《中国共享经济发展报告》统计数据整理。

2.1.3　存在的问题

2.1.3.1　大型平台涉嫌不正当竞争问题

共享经济以其强大规模效应、网络效应、锁定效应以及高效连接供需两端的运行模式，极易诱发市场垄断，由此带来赢家通吃的局面。平台垄断行为主要表现在以下方面：一是平台存在对市场支配地位的不当利用行为，由于平台在定价权、交易方式及频率、结算工具等方面支配力较强，使得包括服务提供者、消费者在内的其他参与者议价能力较低，并由此带来了抽成比例过高、强制"二选一"、强制搭售、"大数据杀熟"等一系列不正当竞争行为；二是数据独占，大型平台企业通过多业务场景采集、加工并挖掘大量用户数据，对用户特征进行画像，从而进行精准化推送和个性化推荐以增强用户黏性，这可能引发数据垄断行为；三是垄断性扩张，一些头部平台企业利用其在资本、数据和客户等方面建立起来的优势，并购同类型甚至同规模的企业以达到市场规模最大化目标；或在垂直领域开展并购以阻隔新进入者和扼杀小型创新者，使其成为自身平台生态体系中的一员。目前，我国在共享经济的交通出行、生活服务等领域都出现了一些独角兽平台企业，这些平台虽然极大地增加了消费者福利、提高了经济发展效率，但同时也带来了一些负面影响。

2.1.3.2　平台劳动者的劳动权益保障亟待加强

共享经济的崛起使平台企业的边界变得模糊，平台市场组织愈加"扁平化"，用工方式上从传统的"公司＋雇员"向新型的"平台＋劳动者"转变，平台劳动者不再是传统意义上的员工，而被平台视为独立合同工或自雇者，因此劳动者也无法获得原本附着于雇员身份的最低工资保障、就业安全、养老保险等各种法定劳动权益保障。同时，一大批网约车司机、外卖骑手等平台劳动者面临工作时间长、劳动强度大、职业安全风险等问题。以外卖骑手为例，其在算法的裹挟和计件工资的激励下成为时间效率的"奴隶"，超负荷给外卖骑手的身心健康和生命安全带来了隐患和极大风险，近年来多地先后发生了外卖骑手猝死的事件。此外，国家对于平台劳动者以灵活就业者的个人身份参加养老、医疗等社会保险，虽然已经有了制度化通道，但由于个人缴纳费用偏高、最低缴费年限较长、异地转移接续关系困难等原因，加之平台劳动者存在收入不稳定的风险，导致其参保意愿严重不足，因此相关制度未完全发挥应有的社会保障作用。

2.1.3.3　共享平台与金融业务深度融合潜藏风险

共享经济的快速发展离不开金融服务。随着互联网平台金融服务融合程度日益加深，大型平台企业借助网络信息技术与海量用户，不断丰富场景，将其业务渗透到支付、借贷、保险、理财等各个金融服务领域。相比传统的金融服务，平台企业开展的金融业务以信息技术为支撑，具有小额分散的特点，在近年来呈现出快速发展的趋势。但是，头部平台企业跨界介入金融服务的经营行为，容易带来在配置市场资源过程中的权力过度集中，从而产生市场垄断；而且在一些共享经济的商业模式下，其金融业务以用户的预付款形成资金池为前提，这种预付式交易场景可能侵害用户权益。现有法律制度对消费者权益尤其是金融消费的权益保护稍显不足，一旦出现问题容易酿成群体性的纠纷事件。

2.1.3.4　个人信息保护问题

经过多年的发展，互联网平台企业已经拥有了庞大的用户规模，海量的个人信息组成了规模庞大的数据，由于这些数据多属于个人隐私，因此如何有效保护平台上的个人信息已经成为各界高度关注的问题。目前，共享平台在个人信息保护方面存在超范围采集个人隐私信息、个人信息非法泄露、强制授权等问题，问题产生的根本原因是平台对于数据拥有垄断权。为此，2021 年我国出台了个人信息保护领域的基础性法律《中华人民共和国个人信息保护法》，它与 2017 年出台的《中华人民共和国网络安全法》、2021 年出台的《中华人民共和国数据安全法》共同组成了数据治理的法律框架，这就从法律层面形成了共享经济下平台企业反数据垄断的管制力量。不过，对于如何形成法律之间的协同效应、如何形成具体的监管政策法规仍然需要进一步探索。

2.2　"十三五"时期我国劳动关系整体现状与特征

2.2.1　就业与劳动关系现状

2.2.1.1　就业规模下降，就业产业转移趋势明显

近年来，受人口老龄化程度不断加深，我国 16～59 岁主要劳动年龄人口有所下降的影响，全国就业规模呈现出下降趋势，其中 2020 年下降幅度最大，截至 2020 年末，我国就业人数为 75064 万人，较 2019 年减少 2407 万人，减少 3.1%。具体情况见表 2.5 和图 2.3。

表 2.5　　　　　　　　"十三五"时期我国就业整体情况

年份	就业人数（万人）	城镇就业人数（万人）	农民工总量（万人）	新增就业（万人）	城镇失业人员再就业数（万人）	就业困难人员（万人）	年末城镇登记失业人员（万人）	城镇登记失业率（%）
2020	75064	46271	28560	1186	511	167	1160	4.24
2019	77471	44247	29077	1352	546	179	945	3.62
2018	77586	43419	28836	1361	551	181	974	3.80
2017	77640	42462	28652	1351	558	177	972	3.90
2016	77603	41428	28171	1314	554	169	982	4.02

资料来源：根据《2020 年度人力资源和社会保障事业发展统计公报》整理。

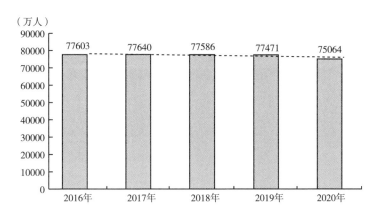

图 2.3　2016～2020 年我国就业人数

资料来源：《2020 年度人力资源和社会保障事业发展统计公报》。

2020 年全国就业人员中，第一产业就业人员占 23.6%；第二产业就业人员占 28.7%；第三产业就业人员占 47.7%。图 2.4 给出了 2016～2020 年全国就业产业分布情况，可以看出，第三产业就业人数不断攀升，第一、第二产业就业人数呈现下降趋势，说明我国就业人员转移趋势明显，这与产业结构的演进规律完全是一致的。

2.2.1.2　再就业人数减少，失业率略有上升

2020 年，我国城镇新增就业人数 1186 万人，比 2019 年减少 166 万人

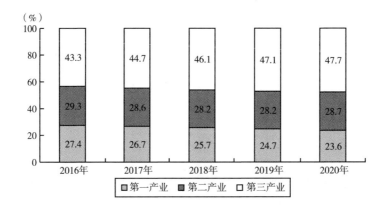

图 2.4　2016～2020 年我国就业人员的产业结构

资料来源:《2020 年度人力资源和社会保障事业发展统计公报》。

(见图 2.5);城镇失业人员再就业人数 511 万人,比上年减少了 35 万人;就业困难人员就业人数 167 万人,比 2019 年减少了 12 万人 (见图 2.6)。

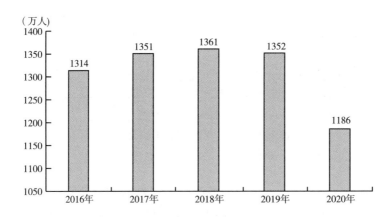

图 2.5　2016～2020 年我国新增就业人数

资料来源:《2020 年度人力资源和社会保障事业发展统计公报》。

2020 年末,我国城镇登记失业人数为 1160 万人,城镇登记失业率为 4.24%,失业率比上年上升了 0.62 个百分点 (见图 2.7)。这些数据表明,2016～2020 年我国新增就业人数和城镇失业人员再就业人数都呈现先增加后减少的趋势;受新冠疫情的影响,失业率则出现了先逐步递减后递增的情况。

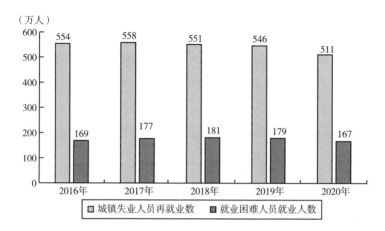

图 2.6　2016～2020 年我国城镇失业人员再就业数

资料来源：《2020 年度人力资源和社会保障事业发展统计公报》。

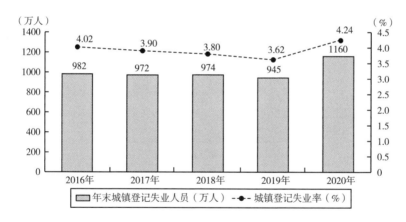

图 2.7　2016～2020 年我国城镇登记失业人数及登记失业率

资料来源：《2020 年度人力资源和社会保障事业发展统计公报》。

2.2.1.3　员工的社会保障日趋完善

经过 30 多年的发展，我国已经建立起城乡统筹的、具有中国特色的社会保障体系框架，社会保障制度体系建设日趋成熟。截至 2020 年，我国养老、医疗、工伤、失业4项社会保险参保人数分别为9.99亿人、13.61亿人、2.68亿人、2.17亿人（见图2.8）。医疗保险覆盖面长期稳定在95%以上；基金总收入7.55万亿元，总支出7.87万亿元。2016～2020年4项保险的基金收入和支出情况如图2.9所示。可以看到，社会保障覆盖面不断扩大，更多居民从中受益。2016年11月在巴拿马召开的国际社会保障协会第32届全球大会将"社会保障杰出成就奖（2014－2016年）"授予中国政府，表明我国在社会保障改革与制度建设方面所取得的成绩已经得到国际社会的高度认可。

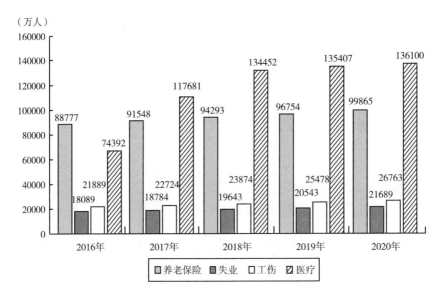

图2.8 2016～2020年我国4项保险参保人数情况

资料来源：《2020年度人力资源和社会保障事业发展统计公报》；2016年、2017年的《我国卫生健康事业统计公报》；2018～2020年的《全国医疗保障事业发展统计公报》。

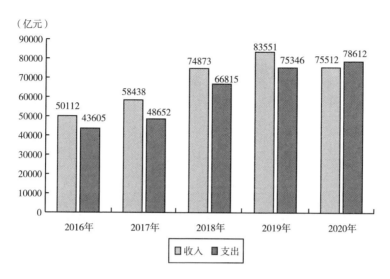

图 2.9　2016～2020 年我国 4 项社会保险收支情况

资料来源：《2020 年度人力资源和社会保障事业发展统计公报》；2016 年、2017 年的《我国卫生健康事业统计公报》；2018～2020 年的《全国医疗保障事业发展统计公报》。

1. 养老保险

2020 年末全国基本养老保险参保人数达到 9.99 亿人，较 2019 年末增加 3111 万人，增长 3.22%。其中，全国参加城镇职工基本养老保险人数达到 4.56 亿人，比 2019 年末增加 2134 万人（见图 2.10）。其中，企业年金作为养老保险体系的第二支柱，近年来发展平稳，制度覆盖面逐步扩大，基金规模持续增长，对于协调劳动关系、改善公司治理和发展具有积极的促进意义。截至 2020 年末，全国企业年金建立企业 10.5 万户，较 2019 年增加 9000 户，增幅 9.4%，较"十三五"期初增加约 3.0 万户，增幅约 38%（见图 2.11），未来建立企业年金制度的企业会更多。如表 2.6 所示，2020 年末，我国企业年金参加职工 2718 万人，较 2019 年增加 170 万人，增幅 6.7%，较"十三五"期初增加 393 万人，增幅 16.9%；企业年金积累基金 22497 亿元，较 2019 年增加 4512 亿元，增幅 25.1%，较 2016 年增加 11422 亿元，增幅 103.1%。

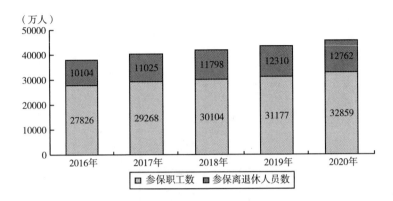

图 2.10   2016～2020 年我国城镇职工基本养老保险参保情况

资料来源：《2020 年度人力资源和社会保障事业发展统计公报》。

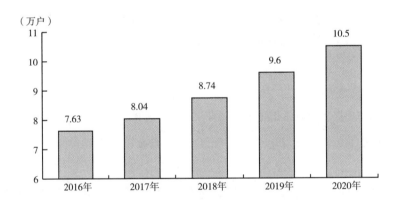

图 2.11   2016～2020 年我国企业建立企业年金情况

资料来源：《2020 年度人力资源和社会保障事业发展统计公报》。

表 2.6   **2016～2020 年我国企业和员工参加企业年金情况**

年份	参加企业数（万户）	参加职工数（万人）	结存总金额（亿元）
2016	7.63	2325	11075
2017	8.04	2331	12880
2018	8.74	2388	14770
2019	9.6	2548	17985
2020	10.5	2718	22497

资料来源：《2020 年度人力资源和社会保障事业发展统计公报》。

2. 医疗保险

如图 2.12 所示，2020 年我国基本医疗保险参保人数达 13.61 亿人，参保覆盖面稳定在 95% 以上。其中，参加职工医保 3.45 亿人，较 2019 年增加 1530 万人；参加城乡居民医保 10.16 亿人，比上年减少 0.88%。与 2016 年相比，基本医疗保险参保人数上升了 87.98%，其中参加城镇职工医保人数上升了 16.9%，而受新农村合作医疗保险和城镇居民医疗保险合并的影响，参加城乡居民医保人数上升了 136.8%。

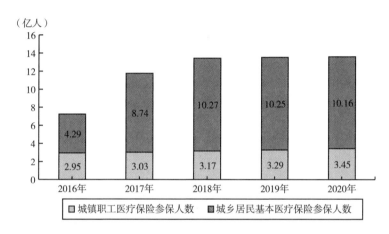

（亿人）

图 2.12　2016～2020 年我国基本保险参保情况

资料来源：2016 年、2017 年的《我国卫生健康事业统计公报》；2018～2020 年的《全国医疗保障事业发展统计公报》。

3. 失业保险

近年来，中国的失业保险制度处于快速推进阶段，失业保险参保人数呈现逐年增长态势。2020 年末，我国参加失业保险人数为 21689 万人，比 2019 年末增加 1146 万人（见图 2.13）。

失业保险是保障失业人群基本生存需要、平滑失业人群消费的重要政策工具。如图 2.14 所示，由于疫情对经济的影响，2020 年全国领取失业保险金人数达 270 万人，同比 2019 年增加 42 万人。《2020 年度人力资源和社会保障事业发展统计公报》的数据显示，2020 年国家向 762 万人发放失业补助金。

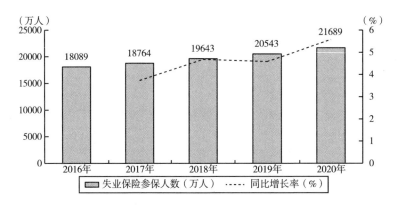

图 2.13　2016～2020 年我国失业保险期末参保人数

资料来源：《2020 年度人力资源和社会保障事业发展统计公报》。

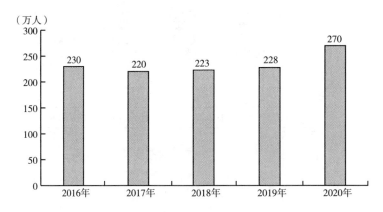

图 2.14　2016～2020 年我国失业保险领取人数

资料来源：《2020 年度人力资源和社会保障事业发展统计公报》。

4. 工伤保险

作为国家安全生产的保护网，工伤保险制度发挥着非常重要的作用。如图 2.15 所示，近年来中国工伤保险期末参保人数逐年增加，2020 年我国工伤保险参保人数达 26770 万人，较 2019 年增加了 1296 万人，同比增长 5.1%，预计未来将保持增长。《2020 年度人力资源和社会保障事业发展统计公报》的数据显示，2020 年受疫情影响，中国工伤保险基金收入为 481.6 亿元，较 2019 年减少了 334.07 亿元，同比减少 41.0%。

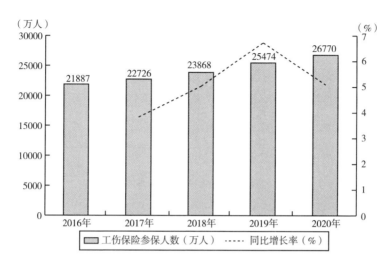

图 2.15　2016～2020 年我国工伤保险期末参保人数

资料来源:《2020 年度人力资源和社会保障事业发展统计公报》。

2.2.1.4　劳动合同签订率高，集体合同制度推进成效显著

为营造有利于企业发展的良好环境，国家长期致力于推动企业特别是中小企业构建和谐稳定的劳动关系，近年来基本实现小企业与劳动者普遍依法签订劳动合同。《2016 年度人力资源和社会保障事业发展统计公报》的统计数据显示，2015 年我国劳动合同签订率首次突破 90%，之后每年一直保持在 90% 以上。

作为社会主义市场经济条件下调整劳动关系的重要法律制度，集体协商和集体合同制度能够促进劳动关系的和谐稳定。强化集体协商和集体合同制度建设，一方面能够促进正常生产经营的企业改善各种劳动条件，使员工共享经济发展的成果；另一方面也有利于生产经营遭遇困境的企业与员工同舟共济、共渡难关。《中华人民共和国劳动合同法》自 2008 年实施以来，各地大力推进集体合同制度实施"彩虹"计划，取得了积极成效。2020 年，全国报送人力资源和社会保障部审查并在有效期的集体合同累计 145 万份，覆盖职工 1.4 亿人，与 2019 年相比略有下降（见图 2.16）。

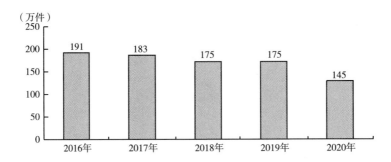

图 2.16　2016～2020 年我国集体合同签订情况

资料来源：根据 2016～2020 年度《人力资源和社会保障事业发展统计公报》整理。

2.2.1.5　劳动争议案例数量明显上升

随着我国经济社会发展，劳动者法律意识日渐觉醒，劳动人事争议案件数量不断攀升。如图 2.17 所示，2020 年，我国劳动人事争议案件 221.8 万件，较 2019 年增长 4.7%，较 2016 年增长 25.2%。劳动人事争议涉及劳动者人数多，影响面大。2020 年，我国涉及劳动者 246.5 万人，较上一年增加 8.4 万人，同比增长 3.5%（见图 2.18）。图 2.19 显示，2020 年劳动争议案件的主要纠纷类型为追索劳动报酬纠纷、劳动合同纠纷、确认劳动关系纠纷、工伤保险待遇纠纷以及经济补偿金纠纷等，其中追索劳动报酬纠纷占比超过 45%。

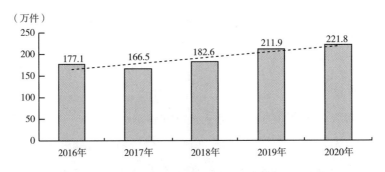

图 2.17　2016～2020 年我国劳动人事争议案件总数

资料来源：根据 2016～2020 年度《人力资源和社会保障事业发展统计公报》整理得到。

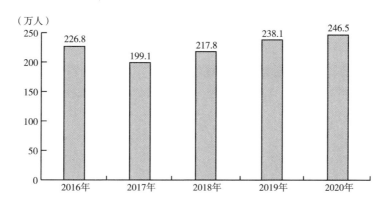

图 2.18　2016～2020 年我国劳动人事争议涉及劳动者人数

资料来源：根据 2016～2020 年度《人力资源和社会保障事业发展统计公报》整理得到。

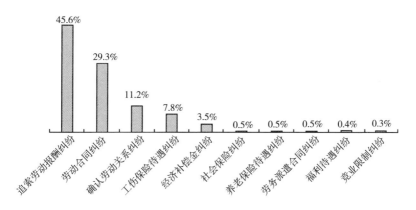

图 2.19　2020 年我国排名前 10 的劳动纠纷类型

资料来源：《中国劳动统计年鉴（2020）》。

2.2.2　劳动关系的整体特征

在不同的经济制度和体制下，劳动关系所呈现出的特征可能完全相同。改革开放 40 多年来，我国持续推进经济体制改革，产权的变动与社会分工的调整使我国的劳动关系逐渐从自发无序的状态向自觉有序的轨道转变。2001 年我国加入 WTO 后，劳动关系也逐步与国际接轨。但受特定的所有制关系的影响，转型期我国劳动关系呈现出一定的独特性，具体表现为以下三点。

2.2.2.1 劳动关系整体实现规范化

作为劳资双方建立劳动关系的基础，劳动合同是明确劳动关系双方权利义务的法律要件，也是保护劳动者合法权益的基本依据，因而签订劳动合同是劳动关系规范化的首要表现。因此，从作为雇主的企业的角度来看，只有签订劳动合同，才能从社会保险、集体合同以及劳动争议处理等方面推进劳动关系管理的规范化。

2008 年以来，我国政府长期致力于推动劳动关系制度，相应地，推动劳动合同签订就成为促进劳动关系规范化的重要工作。"十三五"时期，我国企业劳动合同整体签订率已经实现连续多年稳定在90%以上，其中规模以上企业也基本实现了全员签订劳动合同；与 2008 年《中华人民共和国劳动合同法》实施前相比，全国劳动合同的签订率从不足 20% 升至 90%，且中长期和无固定期限劳动合同逐步成为主流。2020 年为了应对疫情影响，人社部首次提出，允许用人单位与劳动者订立电子劳动合同，这意味着劳动关系在劳动合同形式上又迈出了新的步伐。最近几年在宏观经济形势面临下行的风险下，劳动合同签订率仍然能够维持在较高水平，这也成为"十四五"时期构建和谐劳动关系的重要基础。

2.2.2.2 劳动关系类型呈现多样化、复杂化趋势

劳动关系的建立和实现形式伴随着就业形式的变化而变化，近年来就业形式的多样化决定了劳动类型的多样化、复杂化发展趋势。

计划经济时代国家采取固定用工为主、临时用工为辅的用工制度，在该用工制度下，国家依靠行政手段控制企业的用工数量、用工形式、用工办法，本来兼具经济和法律双重意义的劳动关系逐步演变为政治意义的行政管理关系，在这种劳动关系管理制度下，城镇劳动者的就业开始实行国家行政手段下的统一计划和统一调配模式，在这种"安置式就业"模式

下，劳动者与企业之间的劳动关系往往是单一的、固定的，甚至终身的。党的十一届三中全会后，随着我国经济体制改革的推进，过去主要以固定工为主的劳动用工制度逐渐被以多种用工形式并存为特征的劳动合同制度取代，用工形式包括固定工制、临时工制、劳动合同制、农民工制等，劳动关系越来越复杂化、多样化。具体表现在以下三个方面：一是随着企业建立现代企业制度，企业作为用人单位与劳动者的法律主体地位更加明确，双方不同的利益要求通过劳动关系反映出来；二是随着产业转型升级的加速，越来越多企业尤其是中小企业出现关停并转，相应地会涉及更多劳动关系变更、解除和终止的现象；三是企业改制重组后的管理体制带来了职工代表大会、工会会员代表大会、党委会、股东代表大会、董事会等"数会并存"的现象，两种体制之间的兼容协调可能带来矛盾冲突，影响劳动关系的和谐。

近年来，随着数字经济、平台经济的迅速发展，平台用工模式应运而生，大量劳动者借助互联网平台实现了就业，平台用工这一新就业形态在促进就业创业、拓宽劳动收入渠道的同时，也带来了劳动关系不明晰、权益保障欠缺等问题，这也是劳动关系多样化、复杂化的体现。

2.2.2.3　劳动关系的非标准化趋势突出

20 世纪 70 年代末中国开始实施的经济体制改革，极大地推动了民营经济的发展，市场化进程持续推进，生产要素打破壁垒开始自由流动，市场机制配置资源逐步实现。与中国的市场化进程同步的是，非正规就业的规模不断扩大，黄宗智（2010）根据有关调查资料估算认为，非正规就业人员从 1990 年的 2984 万人增加到 2010 年的 2.19 亿人，占城镇就业人员的比重也从 17.5% 增加到 63.2%，非正规就业正在成为我国劳动力就业的重要形态，以劳务派遣、项目制、联盟、兼职等为主的雇佣形式陆续出现。党的十八大以来，共享经济等新经济形态兴起，由此衍生出的新职业、新工种越来越多。1999 年我国首次颁布《中华人民共和国职业分类大典》，并于 2015 年、2021 年先后两次进行了全面修订，其中 2021 年首次明确标注出数字职业，并引入网约配送员、互联网营销师等数字职业 97 个，与常规职业相比，这些新职业往往具有周期性、任务导向、工作自主性等特点，因此属于一种新型的灵活就业或非正规就业。

在新灵活就业模式下，"平台＋劳动者"的新型关系开始出现，这种关系既不同于传统工业经济时代单一企业与单一员工的二维用工关系，也有别于用人单位、劳动派遣单位与员工之间建立的非标准化三维用工关系。劳动者不再与单一的用人单位签订劳动合同，取而代之的是合作协议、委托协议等多样化的合同形式，而劳动者在工作时间、工作地点方面具有极大的自主性，劳动报酬具有不稳定性。从用人单位的角度来看，其对劳动者的监督管理方式也不再是面对面的监管，而是依靠算法技术控制整个劳动过程。因此，在"平台＋劳动者"用工模式下，用人单位与劳动者之间的关系发生了深刻变化。对于平台而言，通过这种用工方式实现了弹性化用工；对于劳动者而言，这种方式实现了灵活就业。但是，这种新型劳资关系也对传统的以标准劳动关系为核心的国家劳动关系治理体系和治理能力，提出了严峻的挑战。

2.3 "十三五"时期我国劳动关系存在的问题及对构建和谐劳动关系的挑战

劳动关系是否和谐稳定是影响经济增长、财富积累和分配平等的重要因素。党和国家历来高度重视构建和谐劳动关系，所制定的法律法规及政策措施基本保持了全国劳动关系的和谐稳定。继 2015 年国家提出《关于构建和谐劳动关系的意见》以来，2017 年党的十九大报告也明确指出，将"完善政府、工会、企业共同参与的协商协调机制，构建和谐劳动关系"，这是国家围绕和谐劳动关系构建进一步从国家战略、顶层设计层面作出的重大部署。但是，从过去的"十三五"时期可以发现，我国在构建和谐劳动关系仍然面临诸多问题。

2.3.1　经济发展下行压力，带来劳动关系运行协调新压力

近年来围绕推动高质量发展，中国经济保持了总体平稳、稳中向好发展态势。《中华人民共和国 2020 年国民经济和社会发展统计公报》的统计数据显示，2020 年，我国 GDP 总量超过 100 万亿元人民币，人均 GDP 迈上 1 万美元台阶，但国际社会的百年未有之大变局和新冠疫情相互交织，外部环境越发复杂、严峻，不稳定不确定因素显著增多。与此同时，中国经济面临原材料短缺、能源价格高企、需求端不足等困难，经济复苏动能有所减弱，经济发展整体面临需求收缩、供给冲击、预期转弱三重压力。从制造业来看，当前全球经济贸易发展格局处于震荡期，频繁发生的产业供应链脱单、断裂困境使制造业饱受冲击，这无疑导致处于供应链低端的中小企业面临巨大的订单经济风险。此外，在原材料涨价、碳减排压力增加等外部因素的影响下，加之企业自身存在产能过剩、产品同质化竞争等问题，越来越多的中小企业竞争力趋于弱化。企业面临的各种经营风险与成本压力不可避免地转移到相对弱势的劳动者处，劳动者薪资"被虚高"、社保"被转移"等现象层出不穷，劳动者包括社会保障在内的基本权益在不同程度上受到一定的侵害，这也给国家协调劳动关系带来了压力。

2.3.2　劳动力供求结构及其群体结构变化，引致劳动关系运行协调新变化

过去很长一段时期，我国劳动力市场供过于求的特征显著，这直接导致了劳动关系双方形成了"资强、劳弱"的格局。但 2012 年我国劳动年龄人口的数量首次下降（较 2011 年减少 345 万人）[1]，预示着劳动力无限供给的时代结束，之后连续 8 年下降，第七次全国人口普查结果显示，截

---

[1]　资料来源：《中华人民共和国 2012 年国民经济和社会发展统计公报》。

至 2020 年，我国劳动年龄人口下降至 8.8 亿人，较 2011 年减少 4000 多万人。同时，受劳动年龄人口持续减少的影响，2018 年我国就业人员规模首次出现下滑态势，适龄劳动年龄人口和就业人口同时呈现下降趋势，意味着劳动力市场供求形势发生了变化，这使得劳动者在劳资博弈中的谈判能力上升，从而在一定程度上扭转劳资双方力量不对等的格局，资强劳弱的格局发生了动摇、变化。在这种情况下，企业不得不努力改善劳动者权益，同时集体协商制度也得到了更多实施的机会。从长远看，我国劳动力市场供求关系的转变有利于构建整体和谐稳定的劳动关系，但也可能在短期带来集体停工事件、群体性劳动争议等劳资矛盾。

从劳动者群体结构看，"50 后""60 后"劳动力正逐步步入老龄化阶段，而以"80 后""90 后"新生代劳动力则逐步成为我国劳动力市场的主体。这些新生代劳动力多是独生子女，与父辈相比，他们整体素质更高，同时更注重劳动条件的整体改善和职业发展，对生存尊严有着更高的诉求，这些都成为影响劳动关系运行的新因素。

2.3.3　劳动争议案件居高不下与劳动争议解决难度加大并存，对劳动关系协调提出了挑战

随着我国深入推进经济体制改革，各企事业单位的用工制度越来越规范，但与此同时劳动者维权意愿与法律意识正在逐渐提高，与之相伴的是各种类型的劳动争议案件呈现出逐步上升的趋势。《中国统计年鉴 2021》的数据显示，2020 年我国受理劳动争议案件 1094788 件，其中集体劳动争议案件 8321 件，劳动者申诉案 1041567 件，劳动者当事人 1283491 人，集体劳动争议劳动者当事人 200824 人，占前三位的案由分别为劳动报酬（42.3%）、解除劳动合同（25.6%）和社会保险（12.5%）。与 2019 年相比，2020 年全国劳动人事争议案件受理数量、劳动者当事人数分别上升 2.4%、2.0%，但集体劳动争议涉及的当事人数量 2018~2020 年呈现出下降趋势（见表 2.7）。

　　从劳动争议案件来看，劳动关系双方利益诉求多样化，部分劳动合同纠纷中出现了当事人主张竞业限制补偿金、竞业限制违约金、确认劳动关系、追讨劳动报酬等诉求，使得案件处理难度加大；同时，劳动者抱团维权意识变强，集体诉讼、跟风申诉趋势明显，往往一个劳动争议案件背后有众多劳动者也处于观望跟风状态。特别是在当下的网络时代，部分典型性的劳动争议案件在网络效应叠加下，其传播速度、争议深度和流传广度较之以往都更进一步，在某些地方劳资矛盾外溢，甚至已经异化为更深层次的劳政矛盾、区域矛盾等。因此，一旦劳动监察机构在某起劳动争议案件中存在不恰当行为、造成不满意结果，劳资矛盾很有可能逐级演变成社会矛盾。所以，劳动争议案件居高不下与劳动争议解决难度加大二者同时并存，对劳动关系运行协调提出了新挑战。

表 2.7　　　　　　　　2016~2020 年我国劳动人事争议仲裁情况

项目		2016 年	2017 年	2018 年	2019 年	2020 年
当期案件受理数（件）		828410	785323	894053	1069638	1094788
其中：集体劳动争议案件数（件）		9745	7513	8699	9235	8321
劳动者申诉案件数		801190	762572	869421	1021334	1041567
按涉案原因分（件）	劳动报酬	345685	331463	380751	446572	462729
	社会保险	145671	135211	144533	149966	136496
	解除、终止劳动合同	188642	169456	195063	259550	280058
劳动者当事人数（人）		1112408	979016	1110175	1274124	1283491
其中：集体劳动争议当事人数（人）		289924	203963	234943	220174	200824

资料来源：《中国统计年鉴 2021》。

2.3.4　新业态催生多种用工关系，增加劳动关系协调难度

　　随着全球新一轮科技革命与产业变革蓬勃兴起，互联网正加速与各领域的深度融合发展。"互联网＋"背景下各种新业态层出不穷，已成为不可阻挡的时代潮流。在新形势下，劳动者通过临时性、非全日制、季节

性、弹性用工等多种形式实现就业，就业渠道更加多元化，网络就业、平台就业等新就业渠道出现，催生出网络主播、外卖骑手等新职业。但与此同时，新劳动关系风险也开始形成。在我国现有的劳动"二分法"框架下，新就业形态下的劳动者往往不能被认定为劳动关系，因此其劳动权益得不到保障，他们在"算法困境"下出现了劳动时间长、劳动强度大、缺乏职业认同感等问题。新就业形态涉及面非常广，这影响了劳动关系的整体和谐，急需政府加大对新就业形态相关用工关系的监管。但是，依托于互联网的新就业形态打破了物理工作空间的限制，劳动者呈现分散化、原子化的特点，这在客观上加大了政府对该领域劳动关系有效监管的难度。可以说，新业态所催生出的"平台＋劳动者"等新就业形态，拓展了传统劳动关系的内涵和外延，对我国传统劳动关系治理机制形成了挑战。

第 3 章

共享经济背景下模糊劳动关系的特征及对传统劳动关系治理机制的挑战

3.1 共享经济背景下不同平台用工模式分析

3.1.1 直营模式

在直营模式下，平台与劳动者一对一签订劳动合同，约定双方需承担的权利义务，二者形成劳动法意义上的劳动关系。通常在此种模式下，平台依靠算法对劳动者的劳动过程进行控制，除劳动过程控制手段发生变化外，劳动者与普通企业中的员工没有差异，理论上其劳动过程享受劳动法的无差别保护，因此直营模式也称直接雇佣模式。以交通出行领域为例，神州优车就采用了这种直营模式。自 2017 年网约车行业新政监管标准出台以来，神州优车开始采取 100% 的车辆全部是由租赁公司提供的正规营运车辆，而司机则必须经过严格筛选和专业培训后，才能与公司签署劳动合同，其具体用工模式见图 3.1。

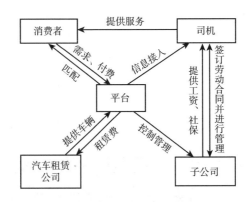

图 3.1　网约车领域的直接雇佣模式

可以看到，神州优车作为专车运营平台向司机提供租车服务，并负责撮合作为服务需求方的消费者和作为供给方的司机，而所有司机来自神州优车下的子公司，如福建优驾、福建优科等，这些子公司全权负责司机的招聘、劳动合同签订及薪酬管理、社保缴纳等，尽管提供车辆服务的主体和提供司机服务的主体是不同的法律主体，但司机与平台之间仍然构成劳动法意义上传统的劳动关系。不过，由于这种模式的用工成本较高，平台企业在运营稳定后一般会通过逐渐减少直接雇佣的比例以提高用工的灵活性。

3.1.2　劳务外包模式

劳务外包模式是平台企业为了控制用工成本，与劳务派遣单位签订劳务外包协议，由劳务派遣单位将劳动者派往工作岗位。以交通出行领域为例，在 2016 年网约车新政出台之前，一些网约车平台企业为了规避网约车合法地位不被承认的法律风险，同时控制用工成本，开始采用劳务外包模式。该用工模式下的法律主体包括：网约车平台、劳务派遣单位、汽车租赁公司以及司机，其中汽车租赁公司拥有车辆的所有权，劳务派遣单位负责对司机进行管理；平台直接向汽车租赁公司租用车辆或者平台作为中介撮合司机向租赁公司租用车辆；司机与劳务派遣单位签订劳动合同或劳务合同。各法律主体之间的关系如图 3.2 所示。

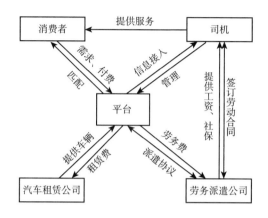

图 3.2　网约车领域的劳务外包模式

从法律层面来看，劳务派遣单位和司机之间构成了劳动关系或劳务关系，在本质上与传统工业时代的三维用工关系并无区别，其本质是一种非标准化的劳动关系。但是，在这种劳务派遣模式下，对于互联网平台企业而言，其对劳动者的控制程度较弱，不利于管理；而且受派遣单位资质、适用岗位范围、占用工总数比例等限制，因此较少有平台采取该模式。

3.1.3　众包模式

众包模式是平台将过去由员工执行的工作，拆分成更颗粒化的具体工作任务，外包给非特定的大众网络的方式。以外卖平台为例，外卖平台的配送业务按片区划分，由不同配送商承包，配送商再自行组织骑手完成工作，因此外卖平台无须任何中间的指挥管理，而是通过后台数据将平台的配送业务拆成原子化的工作任务，由骑手通过抢单或平台派单的方式完成。现实中，在众包模式下外卖平台与骑手之间可能存在多个外包组织。以我国某外卖平台为例，该平台采取的用工模式如图 3.3 所示。可以看到，平台一方面将配送业务外包给 A 公司，另一方面其支付业务经过两层外包到了 C 公司，骑手与 A 公司签订一种合作协议，而支付佣金给骑手的又是 C 公司。

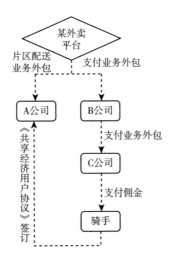

图 3.3 外卖领域的众包用工模式

在这样的用工模式下，与骑手签订协议的是第三方代理机构，而骑手与外卖平台之间的关系变得松散，平台的用工主体责任被削减、转移。个体只需通过相关资质的审核后，即完成注册成为骑手，并获得在平台接单的资格，职业的准入门槛非常低。日常工作中，平台允许骑手自主决定是否上线接单，而骑手则多通过抢单的方式完成工作任务，其收入构成中没有底薪，而佣金则与接单量相关，这是一种类似于计件工资制的计酬方式，而在计发方式上则采取日结的方式，在外卖领域，这类骑手被称为"众包骑手"。

作为众包模式的延伸，专包模式在外卖领域也很常见。如图 3.4 所示，这种模式与前述的众包模式相比，A 公司同时作为区域站点代理商管理骑手，其与骑手或签订劳动合同或合作协议，并对骑手实施线下的劳动管理：外卖骑手按要求统一着装且按时出勤，其在线时长通常会被控制在 8 小时左右；平台负责对新骑手进行培训并安排老骑手指导，帮助其快速了解接单流程和派送路线，在通过专门考试后新骑手方可独立接单；骑手无须通过抢单完成订单，而是由后台系统直接派单完成工作任务。可以看到，网约送餐平台将其配送业务外包，而配送商则进一步将完成配送所需的劳务外包给区域站点代理商，平台通过将用工业务层层外包的方式规避了用工环节的风险，而区域代理商出于规避风险的目的也不会与骑手签订劳动合同。专包模式下的骑手也被称为专送骑手。

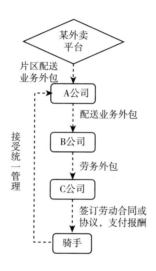

图3.4　外卖领域的专包模式

可以看到，在众包用工模式下，外卖平台无须对数量众多的骑手进行直接管理，而只需要与配送商建立法律关系。值得注意的是，随着外卖平台的用工模式从直营转向众包，低收益与高风险并存的劳务外包市场已自发地演变成一种所谓的网络状众包模式，最终形成了平台与多家公司联合共同管理骑手的局面。

另外，需要指出的是，最近两年外卖平台用工模式又逐渐演变出个体工商户模式，该模式下配送商与灵活用工平台合作，后者将骑手注册成个体工商户，而骑手则与灵活用工平台签订承揽协议。通过这种模式，上游的平台和中游的配送商实现了人力成本剥离，并将用工风险转移到下游作为个体工商户的骑手身上。

3.2 模糊劳动关系的形成及其特征

3.2.1 模糊劳动关系的形成

3.2.1.1 我国判定劳动关系的从属性理论

我国现行劳动法律框架建立在"劳动二分法"上。所谓"劳动二分法"是将劳动划分为从属劳动和独立劳动，由此区分出劳动关系和民事关系两种法律关系。从属劳动所对应的法律关系为劳动关系并受劳动法规制，而劳动关系下的雇主作为用工责任主体应该为保障劳动者提供社会保险、休息休假等必要的劳动权益。独立劳动所对应的劳务供需双方之间则构成民事关系，受合同法调整，此时劳务接受方无须承担任何雇主的责任，劳务付出方也无法享受到劳动法所规定的劳动权益。

在上述"二分法"框架下，劳动的从属性理论成为判别用人单位与劳动者是否构成劳动关系的核心理论。从属性理论主要从人格从属性、经济从属性以及组织从属性三方面考察劳动者对用人单位的依赖程度（谢鹏鑫和曾馨逸，2020）。其中，作为认定劳动关系最主要的标准，人格从属性通常是指劳动者不能自由决定其劳动的时间、空间以及内容，而受到雇主的指挥、监督与控制，劳动者也因此处于弱势地位，正因为如此，需要劳动法来保护劳动者。经济从属性通常具有两层含义：一是劳动者对用人单位具有经济资源上的依赖性，即劳动者向用人单位提供的劳动是其生存的唯一手段，无工作则无法生存，由此导致了劳动者处于经济地位上的弱势性；二是劳动者无须承担经营风险，即劳动者对用人单位的义务限于提供劳动力，其只要依据劳动契约指示给付劳务，同时用人单位给付报酬，当危险发生时由用人单位承担经营风险。组织从属性强调劳动者给付的劳动是组织生产、经营过程中不可欠缺的一环，但是，有学者认为组织从属性是把雇主对雇员的直接指挥转变成了组织上的间接指挥，故而组织从属性是人格从属性或是经济从属性下的一个具体特征。因此，从属性标准并未获得学界的广泛认可。此外，劳动者劳动性质的认定还受到所谓生产资料的影响，如王全兴（2017）认为劳动者的劳动过程是否自己提供生产资料，也是划分从属劳动和独立劳动的标准之一。

3.2.1.2　"平台＋劳动者"新型关系下劳动者的从属性分析

根据前文对共享经济下不同平台用工模式的分析，直接雇佣和劳务派遣用工模式下的劳动者要么与平台构成劳动关系，要么与其关联企业之间存在劳动关系，但在众包用工模式下，劳动者与平台之间的关系比较复杂，是否存在劳动关系目前尚没有肯定的答案。以外卖骑手与平台之间的关系为例，无论是众包骑手还是专送骑手，他们都作为自然人在平台上承接外卖配送工作，这种行为是个体化而非组织化的，而且由于没有固定的上班时间、地点，收入报酬按单计算，这和劳动者按用人单位规定的工作时间上下班、根据合同约定按月领取工资报酬的传统用工模式全然不同。因骑手无论与平台还是配送业务承接方都很难构成传统意义上的雇佣关系，而且由于骑手与平台或其关联企业之间签订的往往是合作协议，这使得在平台用工模式下劳动者根本找不到"雇主"。因此，从我国认定劳动关系的从属性标准看，众包模式下劳动者的劳动兼具了从属性和自主性的特征。

一方面，平台劳动者能够自主决定工作时长、选择工作地点，工作自主性较强，平台看似只起到其在注册协议中声称的信息服务中介作用，因此从工作自主性的角度来看，平台劳动者的劳动可被视为一种独立劳动。另一方面，平台劳动又表现出较强的从属性。首先，平台企业利用以算法技术为核心的技术控制了分工并支配劳动。在算法的加持下平台同时连接了供方、需求方和劳动者，也使得劳动分工更细化，而劳动者则通过众包承揽具有模块化、颗粒化的劳动任务，与平台构成了形式上的合作关系，而平台对劳动的控制不仅更具有间接性，而且也更隐蔽。其次，平台企业依靠算法垄断与管理控制了劳动者的劳动过程。平台企业借助算法机器成为能够掌握全局的"上帝"。一方面，平台企业因在技术上的垄断权利而具备了信息优势，自然能够在劳资博弈中占据主导地位；另一方面，平台通过算法主宰了劳动过程规则的制定，全面监督劳动过程，通过引入以用户评价为核心的数字声誉评价机制，决定劳动结果的分配。此外，平台企业通过高度复杂化的薪酬制度的管理控制劳动者，使其自发提高劳动强度、延长劳动时间。以众包外卖骑手为例，这类骑手一般没有底薪，其薪酬主要由配送费、周奖励、月奖励以及个人表现奖励等构成，其中每部分薪酬又取决于很多相互关联的因素，如配送费的高低取决于基本提成、时段、单量门槛等因素，同时单量门槛又影响了骑手的月奖励。沈锦浩（2020）将这种环环相扣的薪酬激励机制称为嵌套激励。在嵌套式的激励机制下，骑手自发地以付出更长的劳动时间、更高的劳动强度的代价以换取更高的收入，而高经济回报也同时增加了骑手的"平台黏性"。

此外，对众包模式下的劳动是否是从属劳动的判定还受到所谓生产资料的影响。根据学界对判定经济从属性之经济资源依赖性的理解，雇员对雇主的经济资源上的依赖是后者掌握了生产资料。但是，在共享经济的众包模式下，劳动者往往自带生产资料从事相关工作。如外卖骑手要从事众包业务，须自行投资购买智能电动车、智能手机、智能配送餐箱等从事外卖必需的工具，这在一定程度上减弱了劳动者在经济资源上对平台的依赖性，也使劳动者承担了更多的风险。但有观点认为，在平台对劳动者的劳动控制没有削弱的前提下，劳动者自备生产工具的行为，不仅没有削弱劳动从属性，反而使因其购买生产资料的行为而承担相应的经营性风险，进一步加剧了劳动者的不利地位。

综合上述分析，众包这种用工模式下的平台劳动既具有一定的劳动自主性，又存在一定程度上的从属性，而且这种从属性与传统用工模式相比更具有隐蔽性。从这个意义上来看，平台劳动具有准从属性。因此，有学者将这种众包模式下的平台劳动称为介于从属劳动和独立劳动之间的"第三类劳动"。这种介于独立劳动和从属劳动的中间状态，很难被划定为劳动关系，现行的基于标准化劳动的劳动保障措施难以对其进行覆盖，由此带来了劳动争议、劳资纠纷等问题。

3.2.2 模糊劳动关系的特征

传统的标准劳动关系下，用人单位与劳动者签订书面的劳动合同，在合同中明确约定工作岗位、工作地点、工作时间及薪资报酬等，而劳动者则按照标准工时制上下班。共享经济下的"平台＋个人"雇佣模式逐步偏离工业经济时代标准的就业模式，甚至不同于传统灵活就业模式。模糊劳动关系与标准劳动关系之间的区别可从用工主体、就业主体等6个维度来进行全面分析。

3.2.2.1 用工主体的双边市场属性和轻资产性

互联网平台企业是用工主体，平台主要借助现代信息技术，使消费者、劳动者等相互依赖的双边或者多边主体在特定载体提供的规则下交互，以此共同创造价值。平台企业基于面向服务的逻辑，构建数字平台交易和交互界面，将消费者和供应商链接起来并进入平台，从而创建平台企业商业生态系统。因此，平台企业具有典型的双边市场属性，这种属性决定了"平台＋个人"用工模式本身会表现出灵活化、去契约化等不同于一般用工关系的特点。

同时，相对于传统实体型为主的重资产企业而言，平台企业还具有典型的轻资产性，主要表现在：平台企业在发展过程中剥离了其承担的人工成本和生产资料等资产成本，使其自身成本显现外部化。尤其是人工成本方面，平台采用外包、分包等形式将业务剥离给了各相关合作方，平台则主要从事软件研发、算法设计等技术含量高的核心业务。汪燕和张丽华（2019）的调研发现，著名外卖配送平台饿了么旗下的"蜂鸟"配送即是典型案例，通过线上审核注册，100多万家合作商户接入其餐饮供应服务平台，配送骑手来源广泛，既有专业第三方配送公司的专送骑手，也存在大规模零散的众包骑手，这就使得平台用工关系的治理边界越来越广、越来越模糊。

3.2.2.2 就业主体的原子性和重资产化

在传统的实体型企业中，员工相互协作、共同完成工作任务。但在平台用工模式下，平台劳动者具有"原子性"，主要体现在劳动者在工作任务完成上就像以若干个相互独立的"原子"。他们虽然共同依靠同一平台、着统一工服、使用统一生产工具、遵守相同的管理规则，但仅需依靠平台提供的工作信息即可完成订单，无须相互的合作沟通，个体间联系弱化，介于国家、资本和个体之间的社会组织消失，也使得劳动者个体在直接面对资本的力量时显得非常渺小。

平台劳动者的重资产化是与用工主体轻资产化相对应的。在传统的工业经济时代，生产所需的厂房、生产工具和原材料等生产资料都由用工企业承担。但在共享经济时代，企业为转移风险最大化程度剥离生产资料，将其转移到劳务提供方和商品供应方。比如，在交通出行领域，传统的出租车运营所需的车辆由出租车公司购买，公司还同时承担相关税费、保险等费用；但网约车的运营通常需要由网约车司机自己从车辆租赁公司租用营运车、自己购买相关保险、缴纳相关运营费用等；在外卖领域，配送用的智能电动车、智能送餐盒、智能头盔等也需要外卖骑手自行购买。

3.2.2.3 用工方式的高弹性和社会化

从用工方式来看，平台型企业的用工表现出高弹性和社会化特点。一方面，在轻资产运营模式下，平台对于研发等技术含量较高、可替代性较低的核心岗位的需求仍然采取传统全日制用工方式来满足，通过建立劳动合同对员工进行标准化管理，这类员工有固定办公场所、固定工作时间，可将其称为平台员工。另一方面，对于那些可剥离的非核心业务，平台则往往通过社会化用工来满足其对于劳动力的需求，这类劳动者可称为平台劳动者。他们往往属于低技能劳动者、可复制性强、群体规模较大，如网约车司机、网约配送员等。平台企业虽然是用工主体，但其用工需求却是通过"不求所有、但求所用"的柔性用工方式得到满足的。

共享经济下，平台型企业通过与其他企业或劳动者个体建立合作关系，扩展了组织边界，柔性用工不仅实现了人力资源的"削峰填谷"，降低了劳动成本，也通过划清用工责任规避了劳动风险，达到了"提效降本"的目的。不过，对于劳动者而言，他们与平台组织之间的边界越来越模糊，正如前述众包用工模式所分析的，平台企业通过层层外包，让劳动者在用工过程中找不到雇主。

3.2.2.4　就业方式的网约性和非标准化

平台劳动者俗称"网约工"，是因为其在就业方式上具有"网约性"，这种"网约性"不仅表现在求职环节，更多表现在工作的完成方式上。劳动个体想在平台"接单"，必须首先安装平台开发的 App 同时在 App 上完成注册，并通过资格审核方可进入该行业。在工作环节，平台劳动者要想获得劳动报酬，则必须在 App 上接受平台的订单指派或自行抢单，并按照相关规定完成履约。

平台劳动者就业方式的非标准化是相较于传统工业经济时代的标准就业形态而言的。标准的就业方式下，劳动者有唯一雇主，固定工作场所、固定工作时间、固定的薪酬；但在平台化就业方式下，劳动者没有固定的工作场所，可自主决定工作时间，他们的薪酬按单计发、结算周期更短。从就业方式来看，平台劳动者就业是非标准化的。

3.2.2.5　用工管理上重绩效与轻责任并存

当前，互联网平台企业普遍存在轻资产经营思维，而在技术加持下社会化大规模用工模式开始盛行，更加剧了其在用工管理方面过于看重绩效的短视行为。为了提高绩效水平，平台通过机器深度学习反复测算最优的订单调配、规划执行方案，以实现劳动效率最大化，而为控制劳动成本，平台对计酬方案（提成比例、计发周期等）进行反复优化；为了监管平台

67

劳动者的劳动过程，平台将消费者引入服务评价机制中，再结合"以罚代管"、末位淘汰制、积分制等激励约束机制，实现平台劳动者劳动过程的消费者与资本的协同监管与自我监管。与平台在用工管理上高投入形成鲜明对比的是，平台对劳动者的岗位需求和责任却要求较少，如外卖配送平台招募外卖骑手时对性别、年龄、学历、驾驶证等方面都没有过多的要求，仅要求"会用智能手机""会骑电动车""会使用导航"以及"身体健康"等条件即可，准入门槛低也成为不少劳动者进入平台工作的重要原因。此外，平台对于其用工所应该提供的必要的劳动条件、劳动安全等用工责任则相对轻视。

3.2.2.6 就业契约去劳动关系化

互联网平台的轻资产运营模式及社会化用工方式，直接导致平台用工模式下"去劳动关系化"现象突出。为了降低用工风险，平台及其关联企业通过各种方式来规避与平台劳动者签订劳动合同，这在共享经济的重点领域均表现突出。滴滴出行公司 2019 年的调查数据显示，在 2100 多万名网约司机中，被平台直接雇用的全职司机仅约有 20%。曾连续几年获得"中国互联网最佳雇主"的京东，2016 年之前所雇用的物流配送员 100%都签订了劳动合约，但此后京东开始与本地即时配送平台"达达"合作成立共享物流平台"达达集团"，并开始采用了众包的方式进行商品配送，约 250 万名物流配送员为京东负责兼职配送。

同时，平台企业采用社会化方式用工，将用工风险转嫁给了关联方，但平台众多的第三方外包企业也采取加盟、合作等方式将劳动用工层层外包出去，最终造成平台劳动者劳动合同签订率低的普遍现象。中国国防邮电工会组织 2018 年的调查显示，顺丰、四通一达、宅急送等几家民企快递巨头在 2018 年共投入使用物流配送员 98.4 万人，但其中仅顺丰和宅急送两大企业（占比 37.71%）全部采用直接雇佣方式，其他企业则采用转包、分包、委托等各种加盟方式让快递员间接承担配送业务，加盟商也几乎不与物流配送员签订劳动合同。对于平台企业而言，"去劳动关系化"

虽然能够有效降低用工成本，但同时也意味着劳动者找不到雇主，用工主体虚化也带来了劳动者劳动权益保护真空的问题。

3.3　模糊劳动关系对传统劳动关系治理机制的挑战

作为国家社会经济治理的重要组成部分之一，劳动关系治理是国家作为在劳资之外的第三方主体介入和协调劳动关系基本方式。那么何为劳动关系治理？唐烈英（2018）等认为，劳动关系治理分为静态与动态两种，前者是指政府以静态法律替代劳资内部动态协商来平衡劳资力量，促使劳动关系和谐；后者则是国家为劳资双方提供法律依据使二者进行理性交往以实现劳动关系动态平衡。由此可见，劳动关系治理是政府作为治理主体，以法律政策法规为手段对劳资双方的关系进行治理，以实现双方关系的动态平衡。

在我国，劳动关系治理机制主要包括宏观和微观两个层面：宏观层面上通过劳动立法来保护劳动者权益，从而调节劳资关系；而微观层面的治理机制主要是通过劳动合同和集体协商机制协调劳资双方关系。但是，共享经济下模糊劳动关系的形成对传统的劳动关系治理机制形成了巨大的挑战。

3.3.1　宏观层面：我国现有的劳动"二分法"框架面临挑战

我国现有劳动法律框架体系将各种劳动形态分为"独立性劳动和从属性劳动"。在这样的劳动"二分法"框架下，劳资双方形成了劳动关系和劳务关系两种关系，前者由劳动法调整，以劳动者与用人单位之间的不平等为前提对劳动者提供劳动保护；后者则由民法调整。

但是，这种诞生于工业化时代的劳动"二分法"应用于共享经济下模糊劳动关系时出现了"盲点"。共享经济背景下出现的第三类劳动使劳动从属性强弱的边界变得模糊，按现有的从属性划分标准很难找到划分民法与劳动法的清晰界限，相应地，平台与劳动者之间的关系也处于劳动关系与劳务关系之间的"灰色地带"，致使平台劳动者无法获得以劳动关系的认定为前提的劳动保护，产生了很多社会问题。对于作为劳动关系治理主体的政府而言，其在设计相关的法律制度时始终面临治理目标上保护创新、保就业和保护劳动者权益之间的权衡：如果将平台与第三类劳动者之间的用工关系纳入劳动关系调整范畴，那么平台企业就被定义为传统雇主，需承担相应责任与义务，这无疑会给规模巨大的平台带来高昂的用工成本，其后果可能是迟滞共享经济新业态的发展，平台发展的减慢又会对全社会的就业产生不利影响；但如果否定两者之间的劳动关系虽然能够促进新业态发展、扩大就业，但又无法保障劳动者的生计。因此，未来如何突破现有的二分法框架，较好地权衡两大政策目标是治理共享经济下的模糊劳动关系的首要问题。

3.3.2 微观层面：对传统的集体协商关系机制形成挑战

共享经济背景下，平台企业不断被资本赋值，其垄断性逐渐增加，而劳动者则不断被贬值，分散的劳动者陷入错综复杂的用工关系网络中。由于未建立劳动关系，平台劳动者很难获得法律层面的雇员身份，因此通过劳动法保护平台劳动者权益遭遇困境。在此情形下，帮助劳动者建立独立于资方的组织，提高集体议价能力并推进集体协商，成为改善个体劳动关系中谈判地位不平等困境的重要工具。

但是，共享经济商业模式本身动摇了集体协商所依附的工作模式的基础，致使推进平台劳动者的集体协商面临极大的障碍。首先，工会的组织通常以物理空间工作场所为基础，但共享经济下劳动者的劳动过程不再依附于固定化的工作场所。其次，平台劳动者的工作方式相对独立，他们依靠移动通信设备即可完成从"接单"到"履行订单"的全过程，劳动者之间无须协作；而且在"任务化"用工模式下，平台企业劳动者的工作具有较大的自主性，他们可自由进入、退出平台，劳动者群体可能在工作目的、频率及稳定性上存在较大差异，缺少同质化特征。因此，综合来看，在互联网技术的支持下，平台劳动者无须拘泥于固定的工作时间与地点，加上其"原子化"工作方式及多样化工作需求的影响，使得在"平台＋劳动者"关系下传统工会的组织缺少土壤。也就是说，在共享经济的影响下，通过集体协商来调节劳资关系的传统劳动关系治理机制遭遇困境。此外，从法律层面来看，我国在《劳动法》《工会法》《劳动合同法》等相关劳动法律中都有关于集体协商的具体规定，使用的都是"职工"的概念，这意味着劳动者应具有劳动关系法律主体身份，才拥有集体协商和签订集体合同的权益。但在平台劳动者法律身份属性不明确的情形下，其参与集体协商将会面临法律上的主体资格障碍。

第4章

共享经济背景下模糊劳动关系
现状及存在问题分析

共享经济吸纳最多就业人员的是外卖骑手、即时配送员以及网约车司机。他们多以众包的形式承接平台的工作任务，劳动者与平台之间关系松散，由此形成了一种介于劳动关系与合作关系之间的中间状态，即模糊劳动关系。在这种模糊劳动关系下，劳动者的权益维护处于"被边缘化"的困境，由此带来较高的经济脆弱性和较低的职业稳定性。传统的劳动关系治理框架难以应对共享经济的发展所带来的复杂的模糊劳动关系，因此急需对传统的制度规范进行调整和创新。本部分主要通过问卷调查的方式，分析模糊劳动关系的现状，为后文设计模糊劳动关系的治理机制奠定实践基础。

4.1 调查研究的设计与实施

4.1.1 调查研究的设计

学界对于劳动关系的研究由来已久，从企业管理视角来看，劳动关系的本质是在劳动合同从订立到终止的过程中劳资双方的冲突与合作。由于劳动契约的不完备性，劳资博弈中的企业与劳动者，不可避免地都存在机会主义倾向。对于企业的机会主义行为，政府通过提高违法成本来进行约束；同样，企业可以通过外部的国家法律和内部的规章制度来约束员工的机会主义行为。经过长期的重复博弈，劳资双方的关系达到稳定均衡状态。而在劳动合同的履行过程中，劳资双方也可以通过主动合作消除劳动过程中的显性冲突和隐性冲突，从而达到双方相对满意的均衡点。因此，企业管理视角的劳动关系评估，可将政府法规视作制度背景，从雇主利益、雇员利益以及双方互动来反映。

从雇主角度来看，劳动关系状况包括工资及福利支付情况、社会保险覆盖率、员工流失率、法定工作时间覆盖率、员工合理化建议采用率等；而从雇员角度来看，则包括工资福利、申诉率、离职率、相对生产率等（秦建国，2008；何圣和王菊芬，2007 等）；雇主与雇员之间的互动则可用劳动合同签订率、劳动争议率、集体合同覆盖率等指标来评价。如果将劳动关系划分为个别劳动关系和集体劳动关系两个层面，则劳动报酬、劳动时间等常见指标评价的是个别劳动关系，而民主参与、工会组织、集体谈判等则针对的是集体劳动关系。但是，由于某些客观指标可获得性不佳，因此一些学者尝试从劳动者视角出发，通过评价员工对劳动关系的满意度来反映劳动关系状况。如孙瑜和渠邑（2014）构建了包含工作稳定性与保障、劳动报酬、劳动负荷、组织关系、人际关系等 7 个维度的员工劳动关系满意度评价指标体系。左静等（2018）从伙伴关系的视角，从雇佣保障、工作激励、沟通与发展以及员工参与 4 个维度评价雇主和雇员之间是否形成了信任、共赢、协商的和谐劳动关系状态。

从已有劳动关系测评的研究成果来看，多数学者构建的指标涉及面或客观或主观，但较少综合运用主客观指标对劳动关系运行状态进行综合评价；而且，大多数研究针对的是传统就业形态下的劳动关系，一些评价指标不完全适合于共享经济下"平台 + 个人"的新型关系。比如，在"平台 + 个人"关系下，劳动者的劳动高度分散化，工作场所也不固定，用人际关系来反映劳动关系状况并不适合。因此，综合已有文献，结合新型用工关系的特点，本部分从劳动者视角构建包含客观因素和主观因素的指标体系，并对平台用工关系状态进行评价和分析。

参照已有文献，并结合平台用工的特点，本部分构建反映平台用工关系状况的客观指标体系涉及劳动者劳动权益、个人成长、劳动争议处理、沟通与民主参与等 4 个维度，如表 4.1 所示。

表 4.1　　　　　　　　　模糊劳动关系状况的客观衡量指标

维度	一级指标	二级指标	参考文献
劳动权益	合同签订	签订的合同类型（如劳动合同、劳务合同、合作协议等）	Katz et al.（1993）；虞华君和刁宇凡（2011）；王永丽和李菁（2011）
	经济收入	月收入	魏顺等（2014）；袁凌和许丹（2012）
	工作强度	每天工作时间	魏顺等（2014）；袁凌和许丹（2012）；闫冬（2020）
		每周工作天数	
	劳动安全	工作场所的安全条件	王永丽和李菁（2011）
	社会保险	平台或代理商是否承担了部分缴费的责任	袁凌等（2014）；白春雨和胡晓东（2012）
个人成长	职业培训	参与技能培训的频次、内容	孙瑜和渠邑（2014）
	职业发展	劳动者是否有明确的内部晋升通道、转岗通道	戚聿东等（2021）
劳动争议处理	劳动纠纷处理方式	劳动纠纷的类型、劳动者处理渠道	Gershenfeld（2001）
沟通与民主参与	沟通机制	劳动者遇到问题（如用户不合理投诉）是否有申诉的通道	王德才（2018）；左静等（2018）；Valizade et al.（2016）
		平台是否会定期收集劳动者意见并及时作出反馈	左静等（2018）；Valizade et al.（2016）
	直接参与	是否参与涉及切身利益的规则制定	赵海霞（2007）；陈万思等（2013）
	代表参与	是否加入企业层面或行业层面的工会组织	袁凌和许丹（2012）；明亮等（2014）

在反映平台用工关系的主观指标体系方面，可考虑通过劳动者对劳动

关系不同维度的满意度来加以反映。劳动关系满意度作为一种主观感受，是多因素的影响结果。尽管目前对"平台 + 个人"的用工关系尚无法律上的定义，但是在二者用工关系存续的整个过程中，平台劳动者在一定程度上处于被支配的从属地位，因此用工关系的演变过程亦可视为平台劳动者一方层次递进的利益诉求满足过程。以劳动者感知为立足点评价劳动关系，能够在一定程度上衡量劳动者的就业质量及其主观福利，不仅对于微观层面上平台等相关企业制定包括劳动报酬、工作强度等用工规范具有重要参考价值，同时也有利于政府针对性地制定平台用工规制的相关政策。

迄今为止，学界对于劳动关系满意度的直接研究并不多见，但已有关于工作满意度的研究成果可以提供一定的借鉴和参考。从社会心理学的视角来看，二者都是劳动者对于工作及环境因素的一种主观感受，但工作满意度更强调对工作本身的感知，而劳动关系则更强调劳资双方的互动背景下劳动者对于工作环境因素的感知。在工作满意度测度方面，国内外学者基于公平理论、双因素理论、需求层次理论等开发出了具有良好信度和效度的多维度测量量表，测量维度一般包括报酬与福利、晋升、人际关系、工作本身及沟通等。王永洁（2022）从工作本身、工作灵活性、收入水平、工作时长和平台公司等 5 个维度对平台劳动者的工作满意度进行了评价，但其考察重点更强调劳动者对工作不同特征的主观认知。孙瑜和渠邑（2014）所构建的包含 7 个维度的劳动关系满意度测评体系主要针对的是传统就业形态下的劳动关系，并没有考虑平台劳动的特点。

综合已有文献，将平台劳动者对用工关系的满意度定义为，在平台用工关系运行中劳动者对自身利益诉求满足程度的主观感受和认知，可从劳动权益、个人成长、沟通与民主参与、企业成长以及工作稳定性等 5 个维度进行评价。按照奥尔德弗提出的 ERG 理论，劳动权益及工作稳定性属于劳动者在劳动关系中的生存需求，沟通与民主参与属于劳动者的关系需求，平台成长和个人成长则属于成长需求。相比以往对平台用工关系状况分析的研究，本研究构建的主观指标体系除考虑满足平台劳动者生存需要的底线性权益之外，还考虑其对组织关系、个人发展等增长性权益的需求，不仅兼顾了平台劳动者短期、长期利益，还考虑了平台劳动者等灵活就业者实现体面劳动的需求，能够对共享经济下模糊劳动关系是否和谐的动态变化进行有效评估。平台用工关系满意度指标体系如图 4.1 所示。

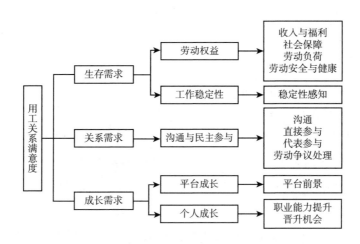

图 4.1　平台劳动者用工关系满意度指标体系框架

根据前述平台用工关系客观和主观评价指标体系设计调查问卷。问卷共包括三个部分。第一部分是调查对象的性别、学历、年龄、婚姻等基本信息；第二部分是调查对象的工作特征情况，如合同签订情况、经济收入、工作强度、劳动安全、社会保障、职业培训与职业发展、劳动争议等方面；第三部分是调查对象对于用工关系的满意度，满意度的评价选用 5 级李克特量表，非常满意、比较满意、一般满意、较不满意和很不满意，相应赋值为 5、4、3、2、1。

在调研对象方面，选择以外卖骑手作为对象。之所以选择外卖骑手作为调研对象，原因有两点：第一，外卖骑手是依托平台就业且受平台算法控制的平台劳动者中比较有代表性的职业，国家统计局发布的数据显示，截至 2021 年底，我国外卖骑手已达 1300 万人，从职业类别来看外卖骑手属于 2021 年人社部发布的新职业之一"网约配送员";在共享经济所催生的新职业、新就业群体中比较有代表性;第二,外卖骑手是目前新就业形态中劳动权益保护问题最突出、劳动争议频发的新职业之一,在我国多个省份发布的"十三五"劳动争议审判白皮书中,外卖骑手也是新业态用工劳动纠纷最多的职业。

在调查方法方面,选择以问卷调查为主、访谈法为辅的方式。

4.1.2 调查实施

本次调研共分为两个阶段。第一阶段的个体访谈,共访谈了 12 名外卖骑手和 5 名平台主要负责人,每次访谈时间主要选择在外卖骑手等候接单时的面谈或下班之后微信访谈的方式,访谈时间在 30 分钟左右,为保证访谈深度对部分骑手进行了 2~3 次回访。第二阶段为问卷调查,在前期个体访谈的基础上,结合收集的资料编制问卷并经过预测试、修订等步骤以后,采取随机抽样的方法发放调查问卷来进行数据收集,主要覆盖重庆、成都这两个新一线城市,根据区域位置、人流量和经济总量等指标综合选择了重庆市南岸区、巴南区、成都市的锦江区等 8 个区的 23 个商圈、写字楼聚集地、大学城附近等,采取在外卖骑手等候接单时在线填写的方式完成,为激励被试者认真填写问卷,告知其在填写结束后通过支付宝转账形式发 5 元报酬。调查时间为 2019 年 9~10 月,最终收集 524 份问卷,剔除答题时间过短(答题时间小于 120 秒)、前后矛盾等不合格问卷后,剩余有效问卷 425 份。

4.1.3 描述性统计分析

4.1.3.1 人口统计学特征

样本的人口统计学统计特征如表 4.2 所示。在性别方面,男性在有效问卷中达到 88.7% 的比例，女性仅为 11.3%，结合实地观察也可以发现，大部分站点无女性骑手，可见这是一个以男性为主的就业群体，这符合外卖骑手的工作较为危险、体力消耗较大且风吹日晒的工作特性。在年龄结构方面，80% 以上的骑手为青壮年，以"90 后""00 后"为主，其中 10.6% 的骑手处于 16～20 岁年龄段，74.1% 的骑手处于 21～35 岁年龄段，15.3% 的骑手处于 36～60 岁年龄段，说明骑手的青年特质明显；在户口方面，84% 的骑手为农村户口，仅 16% 为城镇户口，这是因为西部偏远地区在城市化进程化过程中，大部分周边地区年轻人选择进城务工。在受教育程度方面，39.3% 的骑手是初中及以下文化程度，41.9% 的骑手拥有高中、中专文凭，剩下的 18.8% 则受过大专或受过本科及以上高等教育，这部分人多是站长、区域负责人。在婚姻状况方面，已婚外卖骑手占总体的 60.2%，结婚有一孩占比达到 18.8%，结婚有两孩及以上占比为 9.9%，已婚未育占比为 31.3%，表明骑手养家糊口的经济压力较大。

从样本的职业性质来看，调研样本覆盖了专送骑手和众包骑手，且以专送骑手为主，所占比例分别为 61.6%、38.4%。当前，平台和骑手的关系主要有专送模式和众包模式。其中，专送模式是平台本身骑手不足时的补充性选择，如饿了么平台将配送外包给"蜂鸟配送"，一般情况骑手不与平台直接建立联系，仅承担派送任务。众包模式是直接面向骑手个体外包任务，骑手工作时间地点较为灵活，受管制较少，依附性较弱，该模式是目前除了专送模式以外吸收就业群体较主流的模式，这也符合本次调研的数据情况。值得注意的是，由于众包模式的上线时间和接单时间较为自由灵活，很多众包骑手存在"一岗多职"或"身兼数职"的情况，这也成为模糊劳动关系难以确定的一大因素。特别是在出现劳动权益纠纷时，司法判决针对众包骑手的用工关系和权益保障常常出现"同案不同判"的困境。

表4.2		样本的基本情况		
变量	选项		人数	百分比（%）
性别	男		377	88.7
	女		48	11.3
年龄	16～20岁		45	10.6
	21～35岁		315	74.1
	36～60岁		65	15.3
户籍情况	农村户口		357	84.0
	城镇户口		68	16.0
受教育程度	初中及以下		167	39.3
	高中、中专		178	41.9
	大专及以上		80	18.8
婚姻状况	未婚		170	40.0
	已婚有一孩		80	18.8
	已婚有二孩		42	9.9
	已婚未育		133	31.3
职业性质	专送		262	61.6
	众包	专职	141	33.2
		兼职	22	5.2

4.1.3.2　职业特征

外卖骑手的职业特征，主要包括外卖骑手的从业经历、择业渠道、从业时间、工作流动性、晋升渠道等。

在从业经历方面（见图4.2），仅8.7%（37人）的调查对象将外卖骑手作为第一份工作，91.3%（388人）的骑手从事过两种及以上的工作，主要集中劳动力密集行业如工厂工人、快递物流等，且其上一份主职工作集中于加工制造业（38.8%）、建筑业（22.8%）、服装纺织业（14.4%）、餐饮服务业（11.5%）。通过访谈，发现骑手更换工作的主要原因是家庭经济压力以及对自由高薪的向往。

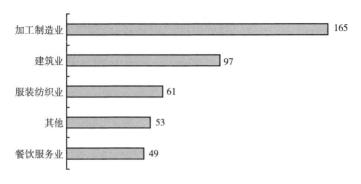

图4.2 骑手的上一份主职工作分析（单位：人）

在择业因素方面，外卖骑手以高薪和追求自由为择业主要因素。从图4.3可看出，因为"薪酬待遇高"而选择作骑手的比例高达33.6%；认为"工作时间自由"的占比24.5%，"进入门槛低"占比20.2%。以上三大因素成为青年人选择外卖行业就业的重要因素。这也从侧面反映了当前的App平台工作能够兼顾自由与收入，从表面上看在一定程度上缓和了自由与高薪的择业矛盾，也揭示了很大部分年轻人从传统工厂制单位转向平台工作的原因。另外，"发展前景好""亲朋好友推荐""方便照顾家庭"这三个因素的比例依次是11.3%、7.8%和2.6%，也成为影响其择业选择的重要因素。

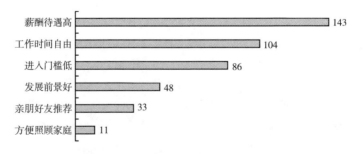

图4.3 骑手选择该职业的主要因素分析（单位：人）

在择业渠道方面，如图4.4所示，熟人推荐和平台推广是主要渠道。根据前面对骑手人口学特征的分析，外卖骑手群体主要以青年人为主的农村流动性人口，相较而言他们获取就业信息的渠道较窄，主要依靠自身的地缘或者血缘关系来获取。因此，熟人推荐是外卖骑手获取工作的重要途径之一，占比达到55.4%。排名第二的途径是平台推广，以互联网技术为支撑的外卖平台必然采取网络推送方式进行招聘，自然能够筛选出能够熟练运用互联网技术的青年群体，因此平台推广渠道选择占比为37.6%。另外，7.0%的求职者通过中介和广告等其他形式获取招聘信息。

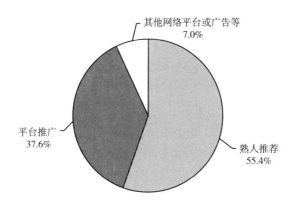

图4.4　骑手的就业渠道

从从业时间来看，外卖骑手普遍流动性较大，其就业稳定性得不到保证。通过调查可以发现（见图4.5），整体来看，外卖骑手从业时间主要集中于1~3年，占比为46.8%，工作1年及以下的占比23.1%，工作3

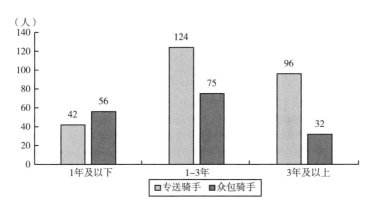

图4.5　骑手从业时间

年及以上的占比30.1%，这表明骑手的职业周期相对较短，工作不稳定。此外，不同类别的骑手在从业时间上又存在一定差异，相较专送骑手而言，工作1年及以下的众包骑手明显更多，而工作3年及以上则相对较少，这与众包骑手加入门槛较低有一定关系。

　　骑手的从业时间和经济收入是相互影响的，即随着工作年限增长，经济收入呈正向增长；而经济收入增长也正向促进骑手工作意愿。由图4.6可知，月收入4000元及以下的骑手普遍工作时间在3年以内，这也符合新手刚进入行业时的收入情况；而在月收入4001~6000元的骑手中，工作年限1~3年的比例明显较高，也表明随着年限延长，工作技能和熟练度提高，骑手继续从事这份工作的意愿也加强；当月收入增至8000元以上时，工作年限3年及以上的占比大幅提高。事实上，随着工作年限的延长，工作技能的熟练度提高，骑手继续从事这份工作的意愿也显著加强。

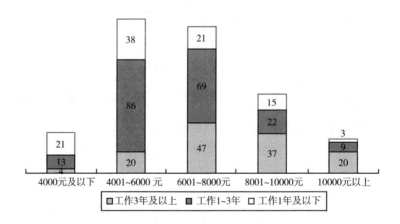

图4.6　骑手从业时间与月收入联合统计（单位：人）

4.1.4　信效度分析

　　前述所设计的平台劳动者对用工关系满意度包括劳动权益、工作稳定性、沟通与民主参与、企业成长和个人成长5个结构要素。但各要素的测量指标是否具有较高的可靠性和有效性，还需要进行进一步的信度与效度分析。表 4.3 给出的结果表明，除工作稳定性和平台成长两个结构变量的 Cronbach's α 系数为 0.667 和 0.694 外，其余要素均大于 0.7，这表明问卷具有良好的信度水平。

表 4.3　　　　　　　　　　用工关系满意度 Cronbach's α 系数

项目	用工关系满意度	劳动权益	工作稳定性	沟通与民主参与	企业成长	个人成长
项目数	11	4	1	3	1	2
Cronbach's α 系数	0.729	0.765	0.667	0.744	0.694	0.819

采用 LISREL9.2 对样本数据进行验证性因子分析，表 4.4 的结果表明，各题项的因子载荷为 0.59 ~ 0.81，均大于 0.5，且对应的 t 值均大于 2，在 p < 0.001 水平上显著，整体模型的 χ^2 值为 470.94，df 值为 209，χ^2/df 值 2.253，RMSEA 值为 0.089，GFI 值为 0.923，IFI 值为 0.962，NFI 值为 0.922，CFI 值为 0.916，说明测量模型的拟合度较理想，因而样本数据具有良好的效度水平。

表 4.4　　　　　平台劳动者用工关系满意度的验证性因子分析结果

维度	题项	验证性因子分析
劳动权益	对于目前自己在平台工作得到的收入感到满意	0.72
	对目前平台等用人单位提供的福利感到满意	0.81
	与付出的劳动相比，对自己的收入水平感到满意	0.59
	对自己每天在平台的工作量和工作节奏感到满意	0.77
	对平台等用人单位提供的劳动保障感到满意	0.68
	对平台等用人单位提供的劳动安全保护措施感到满意	0.74
工作稳定性	对目前在平台工作的整体稳定性感到满意	0.61
沟通与民主参与	对自己在工作遇到问题时，与上级之间的沟通感到满意	0.72
	对自己在平台考核等重要规章制度制定中的话语权感到满意	0.70
	对工会在维护劳动者劳动权益方面发挥的作用感到满意	0.80
平台成长	对平台未来的发展前景感到满意	0.64

维度	题项	验证性因子分析
个人成长	对自己在平台等用人单位获得的职业培训机会感到满意	0.78
	对自己在平台等用人单位获得的晋升机会感到满意	0.77

$\chi^2/df = 2.448$，RMSEA $= 0.089$，GFI $= 0.923$，IFI $= 0.962$，NFI $= 0.922$，CFI $= 0.916$

4.2　调查结果分析

4.2.1　劳动权益保障情况

4.2.1.1　合同签订情况

通过调查，在 425 份有效问卷中，仅 125 人和平台签订了书面或电子的劳动合同，占比为 29.4%，其余骑手签署的合同五花八门，多是劳务合同或合作协议，也有分包合同、转包合同和委托合同等，还有 5.9% 的人并不清楚自己所签署的合同性质，具体情况如图 4.7 所示。一些骑手在接受访谈时表示"在注册时，与平台或相关公司签订协议时，并没有仔细看其中的一些条款，更不清楚自己签订的什么合同类型"。

图 4.7　外卖骑手合同签订情况（单位：人）

比较图 4.8 和图 4.9 给出的专送骑手和众包骑手的合同签订类型，发现专送骑手与企业签订都是劳动合同或劳务合同，而众包骑手则没有劳务合同或劳动合同。事实上，骑手在注册时都会与平台签署一种合作协议，以某众包平台为例，其在与众包骑手签订的协议中的特别提示，"您知悉××众包仅提供信息撮合服务，您与××众包不存在任何形式的劳动/雇佣关系；××众包可能会基于您的优秀服务质量或其他优秀的表现向您发放相应的资金奖励，但该种资金的奖励不属于薪资，不等同于认可了您与××众包的劳动/雇佣关系"，这其实是一种规避风险的行为；而且与兼职骑手签署协议的是众包平台的经营者。

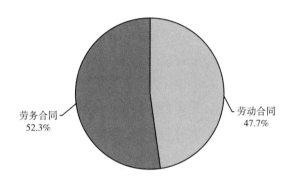

图 4.8　专送骑手合同签订比例

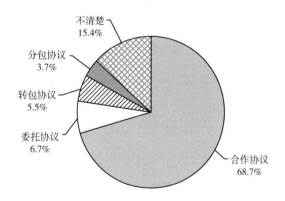

图 4.9　众包骑手合同签订情况

4.2.1.2 劳动报酬情况

在经济收入方面，如图 4.10 所示，占比最高的是月平均收入 4001 ~ 8000 元的骑手，达到 62.6%；16.3% 的外卖骑手的月收入位于 8001 ~ 10000 元，9.6% 的外卖骑手的月收入在 10000 元以上，11.5% 的外卖骑手的月收入为 4000 元及以下。在接受访谈的骑手中，有 3 位表示月收入在 6000 元左右，这一收入水平高于当地城镇私营单位就业人员平均工资，但低于城镇非私营单位就业人员平均工资，因此名义收入是较高的。在薪酬构成方面，通过访谈发现，众包骑手一般没有底薪，其经济收入主要由配送费和活动奖励两部分组成，其中每单的配送费是浮动的，由配送距离、配送单量门槛、天气、订单重量等决定；骑手的活动奖励则包括周冲单奖励、月冲单奖励以及个人表现奖励。整体来看，重庆、成都这两个区域的众包骑手的每单配送费为 4 ~ 5 元；新入职骑手每天大概送到 20 ~ 30 单，当其逐渐熟悉地理环境和优化配送路线后，业务水平可以提高至每天 40 ~ 50 单。

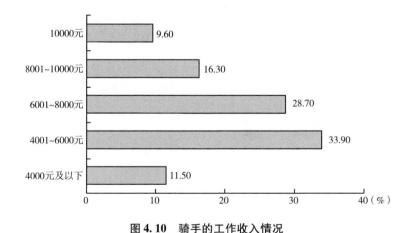

图 4.10　骑手的工作收入情况

从专送和众包骑手的收入对比来看，如图 4.11 所示，专送骑手的月平均收入集中在 4000 ~ 10000 元，而众包骑手的月平均收入则相对跨度比较大，相较于专送骑手，众包骑手的收入更不稳定。原因主要在于专送骑手每月有固定的底薪、订单量和配送距离；众包骑手则大多没有底薪，且上线时间和接单量的自主权较大。可见，专送骑手的收入较众包骑手相对更有保障。同时注意到，相较于专送骑手，众包骑手收入水平在4000元及以下和10000元以上的人数更多，可能的原因在于：一些众包骑手以兼职为主，仅利用休息时间从事外卖配送，因而收入相对较低；而工作经验丰富的众包骑手经常能够在多个平台上同时接单，也带来了更高的收入机会。因此，众包骑手的收入差距较专送骑手更高。

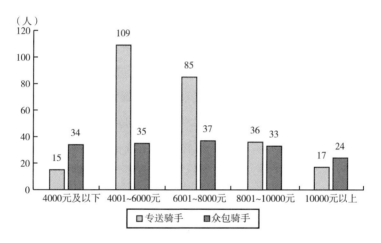

图4.11 专送骑手和众包骑手的收入比较

4.2.1.3 工作强度情况

骑手的劳动负荷可以从每天工作时长和每月工作天数两个方面来反映。调查结果如表4.5所示。

表4.5 骑手工作强度

按每天工作时长比较			按月工作天数比较		
每天工作时长	人数（人）	占比（%）	每月工作天数	人数（人）	占比（%）
4小时及以下	13	3.1	5天及以下	24	5.6
4~6小时	21	4.9	5~15天	56	13.2
6~8小时	31	7.3	15~20天	68	16.0

续表

按每天工作时长比较			按月工作天数比较		
每天工作时长	人数（人）	占比（%）	每月工作天数	人数（人）	占比（%）
8～10 小时	251	59.1	20～25 天	121	28.5
10 小时以上	109	25.6	25 天以上	156	36.7

注：表中工作时长和工作天数的数字下限为不含，上限为包含。

从表4.5给出的每天工作时间情况来看，工作时间8小时以上的骑手360人，占84.7%，其中工作10小时以上109人，达25.6%，超过国家规定的每周44小时的标准工作时间的人数较多；工作时长在6～8小时的骑手31人，占比为7.3%；不足6小时的外卖骑手仅占比为8.0%。外卖骑手每天的实际配送时段主要集中在早、中、晚的订餐高峰期，因此其工作也就具有短时高压的特征，在其他时段外卖骑手一边等待派单和抢单，一边进行休息调整，因此可以看到，超过一半的外卖骑手每天在配送岗位上停留时间超过8小时。从每天的工作强度来看超过80%的劳动者几乎处于饱和工作状态。

结合前述对骑手经济收入的分析，可对其小时工资进行粗略计算，按平均月收入6000元、每周工作6天、每天工作9小时计算，其小时工资约为27元，略高于2022年重庆市非全日制用工小时最低工资标准21元/小时，若考虑本该缴纳而大多未缴纳的医疗保险等社会保险等费用，其实际收入并不高，可以认为骑手相对高的收入是以超高的工作负荷为代价交换而来。

每月工作时长方面，如表4.5所示，36.7%的骑手每周工作时间在25天以上，每月工作15～20天、5～15天、5天及以下的骑手分别占16.0%、13.2%、5.6%；且在工作强度方面，并不存在明显的年龄、户籍的差异。可以看到，骑手工作的高强度是普遍现象。在访谈中发现，骑手工作强度高与平台企业实行的累进制的收入激励机制有较大的关系，由于骑手的基本提成和奖励金额都与订单量相关，因此骑手要想提高收入最好的办法是增加订单总数，在重庆、成都这样的新一线城市，如果一位骑手要想达到 8000 元的工资水平，平均每月需要完成 1200 单，如果整月不休息则平均每天需要完成 40 单，按每单 30 分钟计算，那么每天需要工作 12 小时。此外，骑手还可以通过在午高峰时段和夜宵时段增加跑单来增加收入，中午高峰时段的订单单价较正常单价高出 1 元左右，而在夜宵时段的单价也会比一般订单高出 2~4 元，因此很多骑手更愿意在午高峰和夜宵时段接单，一些骑手甚至在这些时段同时接多个单子，这意味着骑手的短时工作负荷较高，相应的劳动安全风险也更大。

通过比较专送骑手和众包骑手每日工作时长，可以看出不同类别骑手的工作强度，如图 4.12 所示。由于平台对专送骑手有每日最低在线时长不低于 8 小时的要求，因此没有专送骑手每日工作时间在 8 小时之下，超过 70% 的专送骑手每日工作时间在 8~10 小时，近 30% 的工作时间甚至超过了 10 个小时；相比之下，由于平台对众包骑手的在线时长没有强制要求，因此有 65 人（占 39.9%）的众包骑手在线时长在 8 小时及以下，但仍然有超过一半的众包骑手工作时间超过 8 小时。这也反映了即便是众包骑手，在平台的考核机制下还是会不自觉地延长工作时间，这也在无形中增加了职业风险。

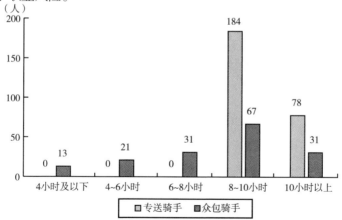

图 4.12　专送骑手和众包骑手每日工作时长对比

注：表中工作时长的数字下限为不含，上限为包含。

4.2.1.4 劳动安全

劳动安全方面，由于外卖骑手工作特殊性，高效的配送要求以及电动车较低安全性，使得其安全事故屡见不鲜。如图 4.13 所示，调查对象的有效样本中，骑手本人发生过意外事故的为 120 人，占比 28.2%，同事发生过意外事故的 204 人，占比 48.0%，本人及同事均未发生过意外事故的101 名，占 23.8%，可见骑手意外事故发生概率比较高。在对个别骑手的进一步访谈中发现，外卖骑手在送餐途中的安全隐患也是他们最担忧的问题。尽管美团、饿了么等平台自 2018 年以来通过升级骑手装备，落实智能头盔、普及智能语音系统等提升外卖骑手的劳动安全性，但是目前意外事故仍然是外卖骑手最大的显性"杀手"。对于发生意外事故可能的原因，如图 4.14 所示，87.5% 的骑手认为影响配送时间的主要原因是"工作量大，易疲劳和安全意识不足"，导致存在闯红灯等行为；70.9% 的骑手认为发生意外事故的主要原因是"配送时间紧张，超时需扣费"，这与商家的出餐速度、平台的配送超时规则有一定关系；另有 24.8% 的骑手认为是配送时需要抢单，复杂的交通情况也导致分散注意力。另外，4.3% 的骑手认为"顾客太远、顾客催餐"也在一定程度上影响配送速度，进而容易

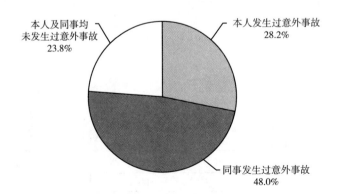

图 4.13　骑手劳动安全情况

导致事故。一位骑手在谈到工作安全时提到"接电话和接单时，不得不单

手骑车，既要看手机又要兼顾路况，遇到突发情况，会来不及刹车"。因此，外卖骑手的职业伤害风险是目前比较突出的问题。

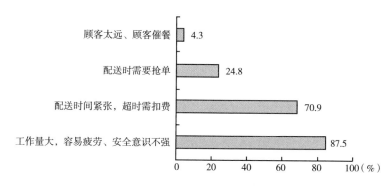

图4.14 骑手发生意外事故的原因

4.2.1.5 社会保险

社会保险包括养老保险、医疗保险、工伤保险、失业保险以及生育保险。通过对问卷调查结果分析发现，没有外卖骑手相关的企业承担任何社会保险缴费的责任，仅部分企业为骑手购买了意外伤害险，情况具体如表4.6所示。

表4.6	骑手参加的社会保险或商业保险情况		单位：人
保险种类	企业	自己	未缴纳
医疗保险	0	425	0
养老保险	0	162	263
工伤保险	0	0	425
失业保险	0	0	425
生育保险	0	0	425
意外伤害险	129	296	0

具体来看，在养老保险方面，我国基本养老保险包括城镇职工和城乡居民基本养老保险两类，虽然目前我国已经从制度上基本实现了全覆盖，但城乡居民养老保险作为兜底保障的基本制度，与城镇职工养老保险在保障功能上存在明显差距，因此目前并不具备防范老年风险的功能。从问卷

调查结果看，128 名（占比 30.1%）骑手购买了城乡居民养老保险，34 名（占比 8.0%）骑手购买了城镇职工基本养老保险，而 263 名（占比 61.9%）骑手并没有购买任何基本养老保险（见图 4.15），这表明我国基本养老保险对骑手等平台劳动者的覆盖面并不广，骑手缺少基本的养老保险进行兜底。由于外卖骑手多是青年群体，他们为未来参保的意愿比年长者相对更低。另外，注意到购买城镇职工基本养老保险的骑手中，20 名骑手为兼职骑手，他们在其全职工作中获得了职工基本养老保险，也就是说，仅约 3.3%（14 名）的骑手以灵活就业者的名义购买了城镇职工基本养老保险。

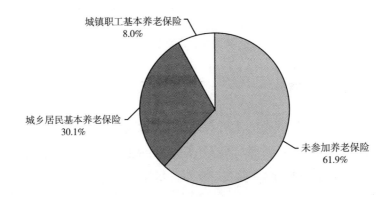

图 4.15　骑手参加养老保险情况

在医疗保险方面，我国现行的社会医疗保险制度由职工医疗保险、城乡居民基本医疗保险构成，2022 年参保率已经达到了 99.22%。本次被调查的骑手都购买了医疗保险，其中所有农村户口的 405 名骑手都购买了城乡居民基本医疗保险。其余 20 名骑手购买了城镇职工医疗保险，这部分群体主要是以骑手作为兼职工作的群体。因此，可以看到外卖骑手能够获得基本的医疗保障，但劳动关系模糊的前提下，承担医保责任的主要还是骑手自己。

在工伤保险方面，截至调查期，没有外卖骑手参加工伤保险。事实上，工伤保险一般是以劳动关系为前置条件的保险，因此在平台用工关系模糊的情形下，骑手很难有机会参加工伤保险。目前外卖骑手在职业伤害方面的保障都是以商业保险为主。例如，美团、蜂鸟众包等大型外卖平台企业都是采取强制要求的形式，要求骑手购买每日 3 元的意外伤害保险，即骑手每天只要接单就会被自动扣除 3 元的保险费。对于被调查的外卖骑手，其意外险的赔偿范围和赔偿标准为"意外身故意外伤残以及意外住院医疗，意外身故伤残最高赔付 10 万元，按照伤残等级给付；意外住院医疗最高赔付 1 万元，意外住院（含门诊）符合社保规定可报销的医疗费用，在超过人民币 100 元的部分按 80% 给付医疗保险金"。与工伤保险相比，这种意外伤害险的保险范围较窄、赔偿标准较低。有骑手在访谈中谈到"我以前在送餐过程中出过一次小的交通事故，导致手骨骨折。但是医院进行的是保守治疗，没有动手术治疗，也无法开具伤残证明，所以根本得不到保险的赔付"。

因此，综合上述分析可以看出，外卖骑手作为平台劳动者，除了基本医疗保险由于国家政策原因能够达到全覆盖以外，其余社会保险等都存在缺失的情况。尽管按照《中华人民共和国社会保险法》的规定，外卖骑手作为灵活就业者可以参加职工养老保险和医疗保险，但对于他们而言，社保费用需由自己全额承担，会带来较大的经济负担，加上骑手作为青年群体在短期内也无社保需求，因此自愿参保的意愿并不高。

4.2.2　个人发展情况

4.2.2.1　职业培训

经过调查发现，98.1% 的骑手都参加过平台强制规定的培训。比如某平台规定，骑手必须参加线下培训，否则会被接单限制，若骑手接满 50 单之后仍未参加培训，系统将关闭其接单权限，只有通过线下培训后才能够继续接单；而有的平台并不要求骑手参加培训，以众包形式为主的某配送只要求骑手通过在线答题考试、身份资料通过审核即可接单，但在接单过程中如果违规次数过多，会被平台强制要求培训。2022 年，某平台还推出了配送鼓励资深骑手作为带教师傅，对新骑手进行"一对一"线下指导，帮助新骑手熟悉工作、讲解跑单技能和平台规则，这对于新骑手更好地适应工作有一定帮助。如图 4.16 所示，虽然绝大部分都参加过职业培训，但 61.6% 的骑手仅参加过 1 次培训，参加过 5 次以上培训的仅占比 9.9%，与其他传统职业相比，平台提供的工作指导和帮助、技能培训机会和频率相对来说较少。

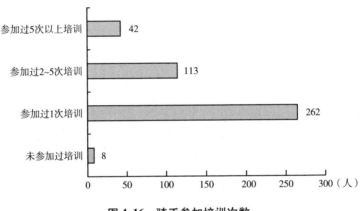

图 4.16　骑手参加培训次数

在培训内容方面，如图 4.17 所示，目前平台对外卖骑手的培训以规章制度（45.8%）、安全教育（31.6%）、客户服务（15.0%）为主，针对职业技能提升的培训明显较少（7.6%）。

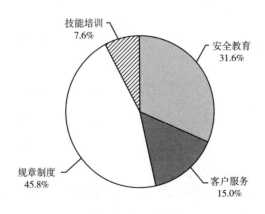

图 4.17　骑手参加培训的类型

4.2.2.2 职业发展

在职业发展方面，如图 4.18 所示，38.1% 的骑手（162 名）表示会"跳槽到其他职业"；约 37.2% 的骑手（158 人）表示"没有想法，边做边看"；另外还有 15.8% 的骑手（67 人）表示未来会创业；仅约 8.9%（38 人）表示希望能够晋升为站长、配送经理。通过访谈发现，一般来说，骑手有"骑手—组长—站长""助理—储备站长—站长—区域经理—总部"两条晋升路线。但是对于大部分骑手来说，晋升难度大、周期长、机会小，因此大部分的骑手对于未来的职业发展并没有任何想法或是未来考虑换工作。

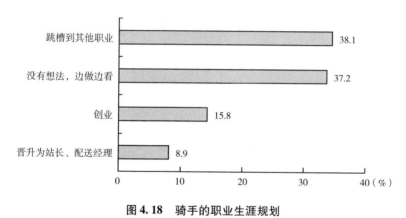

图 4.18 骑手的职业生涯规划

4.2.3 劳动争议与处理

如图 4.19 所示，被调查的外卖骑手遇到最多的劳动纠纷是经济补偿金的问题，约占 53.2%；其次是劳动合同问题，约占 22.0%。在回答"在工作中遇到问题，采取何种方式应对"时，48.0% 的骑手（204 人）表示会与平台进行协商，20% 的骑手（85 人）表示会寻求政府相关部门的帮助，选择通过诉讼方式解决纠纷或争议的骑手 8 人，占有效样本的 1.9%，13.2% 的骑手（56 人）选择其他方式，但还有 16.9% 的骑手（72

人）自认倒霉（见图 4.20）。通过访谈发现，在现实中，骑手与平台之间的劳动纠纷、争议多发生在骑手派单时出现了意外，而平台及相关企业拒绝承担任何责任的情况。一位骑手在访谈中谈到，"一旦遭遇意外维权需要一级级向上申请，浪费时间，而且维权成功的可能性较小，所以我们面临的情况很尴尬，一面希望自己多接单多挣钱，但接单越多风险就越高，所以我还得祈求自己别出车祸，别受伤"。事实上，大多数骑手在面临劳动纠纷相关问题时，即便可以选择与平台协商，但由于其所处的天然弱势地位，维权效果并不理想，最终也会选择放弃维权或采取其他不合理不合法的偏激方式进行维权。

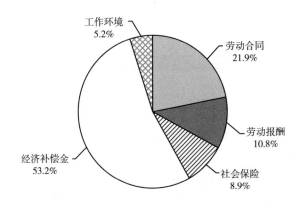

图 4.19　骑手遭遇劳动纠纷的类型

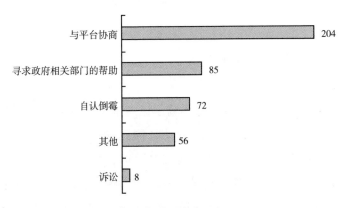

图 4.20　骑手对劳动纠纷的态度（单位：人）

4.2.4　沟通与民主参与情况

4.2.4.1　沟通机制

当骑手被问及"遇到问题（如用户不合理投诉）是否有申诉的通道"时，如图4.21所示，仅17.9%表示"是"，选择"否"占82.1%。同时，通过对专送骑手和众包骑手的对比可以发现，选择"是"的全部是专送骑手（76人），这是因为专送骑手接受平台关联企业的统一管理，在遇到问题时更倾向于直接主动沟通解决；而众包骑手比较分散，与平台之间缺少中间组织，劳动者在工作中遇到问题时很难找到沟通的渠道。而当骑手被问及"平台是否会定期收集劳动者意见并及时作出反馈"时，有367名（约占86.4%）骑手都选择了"否"，这表明外卖骑手与平台及相关企业之间的沟通机制存在缺失的情况，而平台较少定期收集劳动者意见并及时作出反馈，导致劳动者很难有机会表达自己的意见和诉求。这反映了在原子化、扁平化的管理模式下，骑手的平台认同感、归属感并不强，即便需要进行问题反馈甚至发生权益纠纷，他们都不会选择主动沟通解决，更多的是采取"用脚投票"的退让方式，这也突出了建立专门工会等集体协商组织的重要性和急迫性。

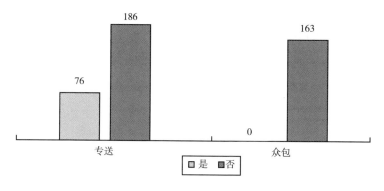

图4.21　骑手遇到问题是否有申诉的渠道（单位：人）

4.2.4.2 直接参与

当骑手被问及"能否参与涉及切身利益的规则的制定"时，399 名（约占 93.9%）骑手都选择"否"。尽管骑手与平台企业之间是否存在劳动关系尚存在争议，但是尊重劳动者的主人翁地位、保障其民主权利是二者用工关系和谐化的必然要求。以算法管理规则的制定为例，算法是外卖平台监管外卖骑手的重要手段，外卖平台以算法技术为手段持续签派、指挥、监督外卖骑手，因此算法涉及骑手的切身利益。但是，对于算法规则是否合理，外卖平台并没有征求过骑手的意见，与之协商；甚至当算法运行中出现了有利于骑手的个别空间时，平台企业还会马上对算法进行优化，进一步挤压骑手的空间。如果算法控制一味沿着有利于平台企业利益的方向走下去，会使外卖骑手的生存空间进一步恶化。

4.2.4.3 代表参与

骑手参与各级工会组织的情况，可在一定程度上反映其是否有机会间接参与平台规则的制定。在"有没有参加过工会"这一问题上，受访的骑手选择"未参加"的 318 人，占 74.8%；选择"不清楚有没有工会，所以没参加"的 107 人，占 25.2%，具体情况见图 4.22。在访谈中也发现所调研的相关平台企业并没有工会组织。由此可见，工会组织在外卖领域相关企业的缺失是普遍现象。事实上，由于传统企业的工会管理主要采取

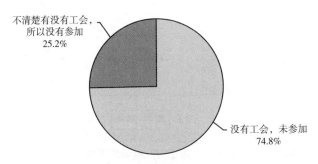

图 4.22 骑手是否参加工会

属地化管理，而外卖行业劳动者流动性大、工作空间分散，因此工会组建和加入都比较困难，导致劳动者几乎无法通过工会参与企业民主管理过程。因此，当骑手被问及"工会是否在维护骑手的合法权益方面发挥了重要作用"时，所有骑手都选择了"否"。

4.2.5　用工关系满意度

各评估项目的描述性统计和相关性分析结果，如表 4.7 所示。由统计数据来看，外卖骑手对用工关系的满意度评价的均值为 3.4445（满分为 5），说明整体上看来骑手对目前用工关系的主观感觉居于一般和比较满意之间。在用工关系的不同维度上，骑手对劳动保障、个人成长满意度评价的均值较低，分别 3.3251、3.1847，对其余 3 个维度的评价均值也介于一般和比较满意之间。通过简单的相关分析可以看出，所有项目与骑手对劳动关系的满意度都具有显著的正相关，其中劳动保障满意度与其对用工关系的满意度相关性相对最强，相关系数为 0.576，个人成长满意度与用工关系满意度的相关性次之，相关系数为 0.521，而平台成长满意度、工作稳定性满意度和用工关系的满意度相关性则表现相对较弱，相关系数分别为 0.228 和 0.294。

表 4.7　　　　　　　　　骑手对用工关系各维度满意度情况

变量	1	2	3	4	5	6	均值	标准差
用工关系满意度	1.000						3.4445	0.6094
劳动保障满意度	0.576	1.000					3.2154	0.7726
工作稳定性满意度	0.294	0.396	1.000				3.3251	0.6571
沟通与民主参与满意度	0.377	0.231	0.277	1.000			3.4791	0.5969
平台成长满意度	0.228	0.324	0.305	0.183	1.000		3.5291	0.8484
个人成长满意度	0.521	0.169	0.181	0.278	0.429	1.000	3.1847	0.5042

注：表头中的"1"代表用工关系满意度，"2"代表劳动保障满意度，"3"代表工作稳定性满意度，"4"代表沟通与民主参与满意度，"5"代表平台成长满意度，"6"代表个人成长满意度。

进一步对不同工作性质的骑手对于用工关系的满意度差异进行分析，如表4.8所示。可以看出，专送骑手对劳动保障、工作稳定性、沟通与民主参与、平台成长与个人成长等维度的满意度较众包骑手略高，因而对用工关系的整体满意度也更高。

表4.8　　　　　　　　　两类骑手对用工关系的满意度评价

骑手类别	各维度满意度	用工关系满意度
专送	(3.3189, 3.3795, 3.5471, 3.5581, 3.2410)	3.5460
众包	(3.1579, 3.1481, 3.4339, 3.4781, 3.0953)	3.2574

根据前述的分析，将骑手对用工关系的满意度（LRS）作为被解释变量，劳动保障满意度（$Security$）、工作稳定性满意度（$Stability$）、沟通与民主参与满意度（CD）、平台成长满意度（PLD）和个人成长满意度（PED）作为解释变量，建立多元线性回归模型，如方程（4.1）所示。多元线性回归分析结果如表4.9所示。

$$LRS = \alpha_0 + \alpha_1 Security + \alpha Stability + \alpha_3 CD + \alpha_4 PLD + \alpha_5 PED + \varepsilon \quad (4.1)$$

表4.9　　　　骑手对劳动关系满意度影响因素的估计分析结果（1）

指标	回归系数	标准化系数	参数标准差	t统计量	p值
常数项	1.189		0.334	3.545	0.001
劳动保障满意度	0.313	0.336	0.075	3.263	0.002
工作稳定性满意度	0.224	0.323	0.073	3.144	0.007
沟通与民主参与满意度	0.253	0.151	0.047	3.346	0.002
平台成长满意度	0.017	0.023	0.096	0.224	0.176
个人成长满意度	0.309	0.336	0.075	3.263	0.002

$R = 0.660$；调整后 $R^2 = 0.495$；$F = 17.556^{***}$

注：$***$ 表示 $p < 0.001$。

由于调整后的 R^2 较小，表明该模型的拟合优度较低，这意味着除劳动保障满意度、个人发展满意度等5个因素外，还有一些有待发掘的因素会影响骑手对劳动关系的满意度。F 检验统计量的观测值为17.556，对应的概率 p 值近似为 0，因此可以对回归方程进行显著性检验。检验结果表明，所有解释变量都与骑手对用工关系满意度正相关。通过进一步分析发现，劳动保障、工作稳定性、沟通与民主参与、个人成长 4 个维度的满意度回归系数分别为 0.313、0.224、0.253、0.309，回归系数在 0.05 的显著性水平下均通过检验，说明这几个维度与用工关系满意度具有显著的正相关性；平台成长满意度则未通过显著性检验，说明其与用工关系满意度之间的线性关系并不显著。

为了进一步筛选解释变量，采用向后筛选策略最终建立回归方程，得到回归结果如表 4.10 所示。

表 4.10　　骑手对劳动关系满意度影响因素的估计分析结果（2）

指标	回归系数	标准化系数	参数标准差	t 统计量	p 值
常数项	1.227		0.330	3.723	0.000
劳动保障满意度	0.397	0.370	0.070	4.263	0.000
工作稳定性满意度	0.231	0.352	0.068	3.277	0.000
沟通与民主参与满意度	0.277	0.255	0.041	4.042	0.000
个人成长满意度	0.358	0.351	0.062	4.206	0.000

$R = 0.639$；调整后 $R^2 = 0.489$；$\alpha = 0.05$

可以看出，剔除平台成长满意度这个解释变量后，方程的拟合优度下降较少，这表明各解释变量间可能存在多重共线性的问题。根据表 4.10 的结果显示，在显著性水平 $\alpha = 0.05$ 下，劳动保障满意度和沟通与民主参与都与用工关系的满意度呈现出显著的线性关系。最终形成的回归方程为：

$$LRS = 1.227 + 0.397 Security + 0.231 Stablity + 0.277 CD + 0.358 PED$$

$$(4.2)$$

该回归方程的经济意义在于，劳动保障满意程度每增加 1 个单位，骑手对于劳动关系的满意度平均增加 0.397 个单位；个人成长满意度每增加 1 个单位会使其对用工关系的满意度平均提高 0.358 个单位；沟通与民主参与每增加 1 个单位会使其对用工关系的满意度平均提高 0.277 个单位；工作稳定性每增加 1 个单位，则骑手对用工关系的满意度会平均提高 0.231 个单位。与其他 3 个因素相比，工作稳定性对用工关系满意度的影响较小，这可能与新时期青年群体的就业观念发生变化有一定关系。当下的青年人本身更偏好于灵活化和弹性化的工作方式，因此对于工作稳定性的追求相对较低，相应地，工作稳定性对于用工关系满意度的影响也较小。

4.3　主要调查结论

通过对共享经济背景下外卖骑手个人特征、工作特征和劳动权益等方面的调查，可以得到以下结论。

第一，共享经济下以外卖骑手为代表的平台劳动者的就业观念发生了变化，追求更自由自主的工作。外卖配送行业的从业者普遍较年轻，平均年龄 30 岁左右，作为新一代青年群体的他们不再以稳定性的"铁饭碗"式就业为目标，而更倾向追求自由、从事灵活性与自主程度高的工作，这也是他们选择转入平台就业的最重要的影响因素。

第二，外卖骑手与相关企业之间合同签订方面不规范、劳动合同签订率低现象突出。通过调研发现，目前骑手与平台企业签订劳动合同率较低，在合同类型上以劳务合同和合作协议居多，而骑手自己对于应签订什么合同也比较茫然。

第三，骑手劳动负荷趋于饱和。表面上外卖配送等平台劳动工作灵活自由，众包骑手甚至没有工作时长的限制，但实际上工作强度远超国家规定的工作时间，其休息休假的权益得不到保障的现象比较突出，虽然表面上骑手的收入可观，但可观的收入背后是普遍的超时劳动，因此其名义收入高而实际收入并没有优势。

第四，骑手的社会保险保障尤其是职业伤害保障不足。以外卖配送骑手为代表的网约配送员是交通事故的高发人群，他们本身就处于超负荷的工作状态，同时平台企业又运用算法严格控制订单任务的完成时间，这使得骑手长期处于高度紧张工作状态之中，意外伤害发生的风险概率高。虽然目前平台强制要求骑手自行购买意外伤害险，但该保险对骑手的保障有限，从覆盖面到赔偿额仍然无法满足骑手的保障需求。此外，由于大部分骑手防范生活风险的意识不足、政策宣传不到位等原因，其能够获得的养老保障也存在不足。

第五，骑手职业技能培训不足。虽然多数平台对骑手有岗前培训的强制要求，但这种培训以规章制度为主，技能提升的培训内容相对较少；而且由于培训多采取线上学习的方式，培训效果难以保证。

第六，通过对用工关系满意度的分析发现，骑手对于目前用工关系的主观感觉居于一般和比较满意之间，在构成用工关系的五个维度中，无论是专送骑手还是众包骑手，均对劳动保障和个人成长满意度最低；对用工关系的满意度影响较大的因素依次是劳动保障制度、个人发展、沟通与民主参与以及工作稳定性；而平台成长对用工关系满意度的影响并不显著。

4.4　模糊劳动关系存在的问题

通过以外卖骑手为调查对象，笔者调查了共享经济下模糊劳动关系状况，结合已有文献，可以发现目前"平台 + 个人"的新型关系存在以下五方面的问题。

4.4.1　劳动合同签订率低，劳动关系认定困难

平台劳动者与相关企业之间劳动合同签订率低、合同形式多样化现象突出。通过前述的调研发现，目前骑手与平台企业签订劳动合同率较低。来自 2018 年全国总工会的调查数据显示，外卖骑手、快递员、网约车司

机三类群体的劳动合同签订率仅为43.0%，人社部发布的同期全国企业劳动合同签订率为90%以上，这表明平台劳动者的劳动合同签订率较低。江苏省总工会的调查则发现，分行业来看，快递员的劳动合同签订率较高，达到80.2%，网约车司机的劳动合同签订率最低，仅仅为18.8%，多数司机与平台之间签订的合同为服务合作协议。

由于用工模式比较复杂，也使得很多劳动者对于自己应签订什么合同比较茫然。在外卖行业，平台为规避用工风险，往往将配送业务、支付业务等外包，不同利益主体相互交织，原本集中于单一雇主的管理特权功能被分散到多个服务商，以承担平台扩张过程中极力甩掉的人力成本并起到法律"防火墙"的作用；而这些服务商为分摊风险，再进行外包，在冗长的用工链条下，骑手的用工主体变得模糊。在用工主体缺位的情况下，平台劳动者与平台之间难以被认定为劳动关系，也使劳动者权益保护遇到障碍。从司法实践来看，由于平台用工涉及多个主体，也导致劳动关系的法律认定面临挑战。通过分析中国裁判文书网上2017年至2022年6月149个外卖骑手劳动关系认定的相关案件，发现劳动关系未被认定的案件50例（约33.6%），劳动关系能够被认定的仅占66.4%。

4.4.2　社会保险覆盖不到位，社会保障水平偏低

前述问卷调查发现，目前社会保障体系覆盖平台劳动者等灵活就业人员的保障中，以医疗保险和养老保险为主，外卖骑手养老保险参保率不足70%，这意味着部分平台劳动者处于未保、漏保状态，有的因"人户分离"等原因难以获得养老的保障。而且，他们绝大多数参加的是缴费偏低、保障水平有限的城乡居民基本养老和基本医疗保险，自愿参加城镇职工养老保险和城镇职工医疗保险的比例较低。在工伤保险方面，以外卖骑手为代表的平台劳动者，由于行业性质和平台考核制度等原因，交通事故发生率较高，但是我国现有的工伤保险制度仅覆盖与企业建立了劳动关系的职工人群。在平台企业不承认劳动者雇员身份的前提下，平台企业普遍

没有为其缴纳工伤保险的积极性。

事实上，新就业形态劳动者参与社会保险的广度和深度欠缺，已经成为我国社会保障事业所面临的重要课题。2023 年全国总工会的调查显示，23.6% 的新就业形态劳动者的社会保险参保率为零，尤以外地流动人口的问题最为突出，他们的未参保率达 30%，工伤保险参保比例仅为 12.8%。温海红等（2022）针对快递、外卖等领域的新就业形态劳动者的调查则发现，未参与任何保险或仅参与一项社会险种的劳动者占比达到 34.5%，而在参保险种方面，参加了工伤、失业、生育保险的劳动者分别占比 17.6%、17.3% 和 9.8%。北京大学政府管理学院中国国情研究中心 2019 年的调查显示，年收入在 2 万 ~5 万元的新就业形态劳动者中，未参加医疗保险的比例达到 48.1%，即使是年收入 12 万元以上的未参保者也有 12.9%，这离全民参保的目标尚存在一定差距。另外，大部分就业者参加的是保障水平偏低的城乡居民养老保险，根据人民智库 2023 年面向新就业形态劳动者的问卷调查结果，参加城镇职工养老保险和城镇职工基本医疗保险的不到 50%。

可以看到，我国虽然已经建成规模较大的社会保障体系，但是要实现共同富裕的价值目标，还需要提高社会保障制度为特定群体提供保障的"精准性"。

4.4.3　劳动者工作强度较大，劳动基准保护明显不足

劳动基准即法定最低劳动标准，是指劳动者在劳动关系中所得劳动条件的最低法定标准，包括工时休息休假、最低工资标准、劳动安全卫生等多方面。通过前述的调查研究中发现，表面上外卖配送等平台劳动工作灵活自由，骑手甚至没有工作时长的限制，但实际上工作强度远超国家规定的工作时间。事实上，超时工作的问题在共享经济的其他领域也非常普遍。2021 年清华大学发布的《中国一线城市出行平台调研报告》显示，网约车司机每日平均工作时间达到 11.05 小时，其中每日工作 12 小时以

上的司机占比约 31.75%；每周工作天数 7 天的司机占 74.76%。中国社会科学院社会学研究的调查则发现，网约配送员、网络主播、网络文学写手等新就业形态青年平均每周工作 6 天、每天工作近 9 小时。可见，相对于传统就业形态，平台劳动等新就业形态看似工作自主灵活，但实际上劳动者超时工作比较普遍。

平台劳动者的超负荷工作与平台采用的与派单量挂钩的计酬规则有较大关系，"多劳多得"的业绩导向驱使着平台劳动者自愿增加工作量，其可观的收入背后是普遍的超时劳动。换一种角度来看，正是由于劳动者缺少劳动基准的保护，其收入水平过度依赖于工作时长，使其不得不通过超负荷劳动换取收入。

4.4.4　劳动者职业技能培训不足，职业发展空间有限

通过前述的调查分析可以看出，多数平台都对外卖骑手有强制上岗培训的要求，但这些培训在内容上多以规章制度介绍为主，几乎没有涉及技能或学历的提升；在培训形式上多采取线上培训，培训流于形式，效果并不理想。

目前，新就业形态劳动者提升个人素质的主要途径是相关的技能培训或技能等级考试。根据人社部相关政策，在通过技能等级考试后则可获得一定额度的补贴。但是，来自全国总工会的调研显示，新就业形态劳动者即使通过等级考试也很难达到领取技能补贴的条件，以某外卖平台为例，该平台 2021 年在上海等地培训骑手 1 万余人，但最终通过等级认定并领取补贴者不足 10 人。可见，与平台劳动者庞大的队伍相比，其能获得的技能提升的机会是相对有限的。

从平台劳动者职业发展空间来看，其职业发展也面临"天花板"。譬如，在外卖行业，虽然头部企业相继推出站长培养计划、骑手转岗计划、"点将计划"等，旨在拓宽骑手的职业发展通道，但是能够在平台得到职业发展机会的骑手只有极少的比例。其实，这些新就业形态劳动者由于职

业发展空间受限，他们比传统劳动者更需要提升职业技能。2023 年全国总工会针对新就业形态劳动者的专项调查显示，劳动者平均年龄 34.8 岁，其中 75% 为高中及以下学历，60% 的劳动者在三年内有过换过工作的经历，而学历和技能是制约其职业发展的主要障碍。

4.4.5 劳动者话语权缺乏，集体维权较困难

在外卖、快递、网约车等领域，多数劳动者都缺乏诉求表达的途径，他们多是平台规则的被动接受者，很难民主地参与平台规则的制定。以外卖领域为例，超过 80% 的骑手在面对平台依靠算法优化缩短送达时间、超时罚款等平台单方制定的规则时，他们很难获得内部申诉渠道，其在规则制定中的话语权缺乏。

集体协商和集体合同制度在协调劳动关系中发挥着基础性作用。传统就业形态下，劳动者可以依靠工会力量参与自身劳动权益的保障。但在新就业形态快速发展趋势下，代表集体劳动权的工会组织的功能仅仅停留在生活服务层面，还尚未真正发挥起推动平台内部对话机制建立、集体协商等更高层次的功能。根据前述本课题组 2019 年的调查数据，近八成的骑手都没有参加工会，还有超过 20% 的骑手并不清楚是否有工会。虽然全国总工会在 2018 年 3 月启动了快递等八大群体加入工会的试点工作；2021年 7 月开展新就业形态劳动者入会集中行动，截至 2022 年 6 月累计发展工会会员 687 万人，但整体来看覆盖面仍然偏低，仅占从业者人数的 8%；而且由于承载集体意志的工会未能完全发挥出维护平台劳动者劳动权益的作用，因此平台劳动者对集体协会、工会组织的认同感与获得感也不高。

4.5 存在问题的原因分析

通过前述分析可以看到，共享经济下平台与劳动者之间形成的用工关

系目前存在的最核心问题是劳动者劳动权益保障不足。造成这一问题的原因可从宏观的制度层面和微观的劳资主体层面进行分析。

4.5.1　宏观层面：现有劳动法律制度存在短板

4.5.1.1　共享经济下平台劳动的法律地位不明确

在我国现行的劳动二分法框架下，从属性劳动对应劳动关系，并因此受到劳动法律的保护；而独立劳动者对应合作关系，因此受到民法的调节。可见，劳动关系成了法律保障的唯一入口。换句话说，在二分法框架下，对劳动的定性决定了劳动者权益的保障水平，而仅有的劳动法与民法共同组成了非此即彼的两个选项，要么是强制规范下具有充分保障的劳动关系，要么是缺乏强制性规范而难言保障的民事关系。

这种劳动二分法的弊端是民法与劳动法的保障力度相差过大，使得大部分处于制度空白地带的灵活就业人员无法获得相应保障。一方面，对于平台劳动者而言，他们在工作的准入与退出、工作时间、工作报酬等方面既表现出较强的自主性，但另一方面同时又因为服从算法的监督管理而表现出较强的组织从属性，而且平台工作也构成多数平台劳动者的主要收入来源，这意味着他们对于平台又表现出较强的经济从属性，组织从属性与经济从属性共同决定了平台劳动又符合判定劳动关系的从属性理论。可以看出，劳动者与平台之间因平台用工所形成的法律关系与劳动关系既有相似性又有差异性，若简单地将平台劳动认定为从属性劳动，强行纳入现行劳动保障法律调整范围，可能会大幅增加平台企业责任，不利于保护创新，也会对灵活就业产生负面影响；若将其认定为独立劳动，不仅不符合"从属性越强保障越充分"的法理，也无法有效回应平台劳动者的保障需求。因此，共享经济下平台劳动者的法律身份并不明确，是当前其劳动权益保障不充分的根本原因。

4.5.1.2　社会保障制度不适应新的用工模式

我国对常规劳动者的社会保险缴纳有法定强制要求，基本保证了社会保险"应保尽保"。但是产生于传统工业经济时代的社保制度，很难适应新就业形态所表现出的收入高不稳定性、跨区域高流动性、工作转换高灵活性、无雇主化或多雇主化等新特征，具体表现在以下几个方面。

一是以劳动关系为前提的社保制度设计，使平台劳动者社会保险的责任主体缺位。根据我国《社会保险法》的规定，社会保险所包含的"五险"在缴费上采取捆绑式模式，即用人单位无法单一选择缴纳某种或某几种险种，其中的养老保险和医疗保险由单位和个人按比例共同承担，生育、工伤和失业保险则由企业完全承担。但平台就业模式下用人单位与劳动者之间的劳动关系极度模糊，平台的雇主身份隐匿使得很难明确劳动者社保责任的首要主体。事实上，按照现行制度的规定，社会保险是以劳动关系为前提的，即企业承担社保义务的前提是劳动者具备劳动关系下的"职工"身份，否则其只能自愿缴纳养老保险和医疗保险，但显然无法被所有的社保类型所覆盖。

二是现有灵活就业人员参保政策未能提高平台劳动者参保的积极性。按照《社会保险法》《国务院关于完善企业职工基本养老保险制度的决定》等法律法规和政策文件的规定，未与企业建立劳动关系的劳动者可以自行参加职工社会保险，缴费方式通常包括两种：其一，以灵活就业人员身份在户籍地参加职工养老保险和医疗保险，且费用自负；其二，通过挂靠第三方机构的方式缴纳社保，这种方式虽然可以缴纳"五险"，但费用更高并且全部由自己负担。无论哪种缴费方式，缴费主体都是劳动者个人。在缴费基数的确定上，2019 年以前各地根据当地城镇非私营单位就业人员的工资来确定缴费基数，自 2019 年起缴费基数以当地就业人员平均工资计算口径，缴费基数有所降低但仍然较高，对于收入相对不稳定的平台劳动者缴费压力较大，可能导致参而不缴或断缴的情况，很难满足社保连续缴费的条件。此外，由于平台劳动者等新就业形态从业者多为异地就业且工作更换相对频繁，他们往往也面临户籍限制、异地账户转移接续烦琐等政策性阻碍，这些都对平台劳动者参保的积极性产生了不利影响。

三是平台劳动者面临参加工伤保险与商业意外险保障力度不足的双重困境。如前所述，目前适用于工伤保险的法律法规《社会保险法》和《工伤保险条例》都是建立在劳动关系的基础上，并强制性地将符合职工身份的劳动者纳入工伤保险范围，而用人单位则是劳动者参保的缴费主体、工伤申请的主体以及责任承担主体，这样的制度设计自然不适应于"去劳动关系化"的新就业形态等灵活就业人员参保。另外，新就业形态无法延续采用《工伤保险条例》中关于工伤认定的原则。按照该条例，劳动者工伤认定的"三工"原则，工作时间、工作场所及工作原因三要素是必需条件，只有当劳动者的工作时间和工作场所由雇主控制，劳动成果由雇主占有，作为控制方和受益方的雇主才需要为规避意外风险为劳动者购买工伤保险。这显然与平台劳动者无固定的工作时间、工作场所等特征不相适应。虽然对于职业伤害风险较高的外卖、出行等领域，平台强制性地要求劳动者购买商业意外险，但商业险的覆盖率、保障范围和保障标准等方面都并不足以替代社会保险。有研究表明，目前商业保险公司为平台快递员开发的意外险按照 3000～5000 元和 6000～8000 元两档月收入估算，投保费率分别为 3%～1.8%、1.5%～1.1%，高于当前全国平均 0.6% 的工伤保险费率标准；在保障标准上商业意外险对于平台劳动者因意外死亡所给予的最高赔付水平普遍在 50 万～80 万元，低于约 87 万元的工伤保险赔付标准（朱小玉，2021）。

4.5.1.3 适应平台用工模式的劳动基准制度空白

劳动基准制度是有关劳动报酬、劳动时间及劳动安全卫生等最低标准的法律规范的总称，对于劳动者基本的生存权利具有兜底性保障作用。目前，我国并没有体系化的劳动基准立法，有关工时基准、工资基准及职业安全卫生等方面的规范则散见于各类法律法规及政策性文件中，如《劳动法》《国务院关于职工工作时间的规定》《最低工资规定》《职业病防治法》等。由于现有的劳动基准产生于工业化时代的标准劳动关系范畴，显然对共享经济下工作时长、地点高度灵活化的平台用工模式并不适用。

首先，现有的工时规定不适应平台用工模式。1994 年颁布并实施的《劳动法》给出了明确的标准工时基准，即每日 8 小时、每周最长工时不超过 44 小时。但是，在以用户需求为导向的共享经济中，劳动者提供劳动的时间并非传统业态下相对集中的连续劳动时间段，如在外卖领域，骑手的工作时间更多集中在用餐高峰时段，其劳动具有间歇性特征，那么，平台劳动者在 App 上等待接单的时间是否应计入工时？再者，当劳动者存在跨平台服务行为时又如何计算工时？这些问题至今仍然是劳动法上的难题。另外，一方面，平台劳动者的工作具有较强的自主性，其对工作时间和工作地点具有较强的自主控制权，这与传统就业模式下用人单位决定时间、场所截然相反，劳动者在平台"多劳多得"规则的激励下有动机延长工作时间；另一方面，平台在商业效率的驱动下也缺乏限制劳动者工作时长的积极性，这就容易带来劳动者工作强度过高。综合上述两方面的因素来看，现有的工时制度无法为平台劳动者提供劳动强度的保护，究其根本原因在于对于平台劳动目前尚未形成适应性的劳动强度控制标准。

其次，现有最低工资制度也无法对平台从业者提供劳动报酬的保护。最低工资是劳动者在法定工作时间提供了正常劳动的前提下，用人单位所支付的最低劳动报酬，由此可知最低工资与工作时间存在密切关联。但是，如前所述，一方面，平台劳动者的工作时间很难准确确定；另一方面，平台对劳动者的计酬方式采取的是任务导向型，如在交通出行领域，网约车司机每完成一个派单，平台则会从乘客支付的服务费中抽取一定比例的金额后，即时将剩余部分支付给司机，这种收入的支付方式本身就与最低工资的制度设计存在一定冲突。

最后，缺少适应平台劳动的职业安全卫生基准。我国关于劳动者职业安全卫生方面的劳动基准的制度性规定主要来自《安全生产法》和《职业病防治法》，但这两部法律主要针对煤炭生产等八大传统高危行业，而运输、派送等行业的平台劳动者并不属于此范畴。由于缺乏法律层面的强制性规定，因此平台劳动者所能获得的职业安全卫生方面的劳动保护也存在不足。最重要的是，我国现行的劳动基准中所规定的"劳动"，特指具有从属性劳动并非各类劳动形态，这也意味着劳动基准所规定的雇主应承担的义务也是以劳动关系为前提条件，这也意味着平台劳动者很难被纳入现行劳动基准体系所保护的劳动者范畴。因此，在目前劳动基准立法已经被列入立法规划的情形下，迫切需要研究如何将平台用工纳入其中，以保护平台劳动者基准权益。

4.5.2 微观层面：算法主导下的劳资力量失衡

共享经济下，平台通过双边市场获取并分析海量信息数据，从而垄断数据生产资料，使其与劳动者相比拥有数据和技术权利的优势，这种优势成为平台控制和支配劳动者的基础。在数据和技术权利不对称的情形下，被资本加持的平台企业利用算法技术的设计与管理，主宰劳资双方之间的利益分配格局，致使平台劳动者完全处于被支配地位。可以说，在算法主导下"资强劳弱"的局面进一步强化，是劳动者权益保护不足的根本原因。

4.5.2.1 平台资本依靠算法体系控制分工并支配劳动

传统的工业化时代，企业通过纵向一体化来组织生产，在以产业链和集群为中轴、核心企业为主体的产业组织架构中完成创新活动，整个资源配置过程均在产业链内部展开。数字化时代，大数据、人工智能等技术的广泛应用使网络空间与物理空间相互融合，为平台企业在生产组织形式上打破传统的线性生产链条成为可能。平台企业依靠算法连接众多利益相关者，形成了一个包含用户、劳动者和供应商的网络化形式的生产组织。在这样的生产组织中，掌握算法技术的平台处于核心地位。他们通过海量数据的收集、整理，在对劳动过程进行管理的同时也拥有价格决定权，并通过轻资产运营将各种风险转移给处于边缘地位的劳动者、供应商及劳务加盟商。其中，平台通过众包的弹性雇佣模式与劳动者联结，这种弹性体现在平台可根据用户需求变化运用算法技术灵活调整劳动者的数量与工作时间，实现自身单位劳动成本最小化，但劳动者却需要承担相应的后果。

首先，用工算法的支配加速了劳动者自身去技能化的风险。在弹性化的雇佣模式下，对于低技能的劳动者而言，算法的支配使其工作时间碎片化、非标准化，其很难有机会在固定时间内完成自我的继续学习、提升就业技能，这些都极容易加速劳动者自身的去技能化，引发劳动力价值的持续贬值。长此以往，劳动者只能长期陷于低薪就业后备军之中，其职业前景并不乐观。

其次，用工算法在优化劳动过程的同时，也增加了工作强度失控的风险。平台用工算法是为劳动者的工作调度提供技术支持的，其核心是如何快速匹配劳务供需双方。以外卖领域为代表的用工算法在资本方商业效率的驱使下，为追求最优的劳动效率形成了所谓的"最严算法"，而劳动者面对"算法黑箱"则不得不接受那些突破边界的劳动强度，由此引起过度劳动的风险可能外溢到交通安全等公共领域。

4.5.2.2　平台依靠算法管理监督劳动过程并决定劳动成果的分配

平台作为联结用户和劳动者的基础设施和中介组织，通过双边市场能够轻松获取海量数据，平台因此拥有了无所不知的"上帝"视角，在劳资博弈中拥有了技术垄断权力的平台企业自然也在资源、利益分配中拥有优势，凭借这种优势，平台得以配置资源，这成为平台资本控制并监督劳动过程和支配劳动者的基础。

首先，平台依靠算法实现对劳动者的精准控制。共享经济下平台用工追求效率最优。与传统企业直接监督劳动者的表现不同，平台依靠算法技术创造出新的控制系统。以外卖平台为例，平台依靠一套 App 系统就能够从订单指派、路径规划、配送硬件、送达时间等方面对骑手的劳动进行控制，平台在通过算法贯彻其追求配送效率最优意志的同时，也对劳动者的劳动安全带来了负面影响。例如，在工作日的午高峰时段一位骑手可能同时背负多个订单，平台会依靠算法规划出最优配送方案。但是这种对"订单最大饱和度"的盲目追求，没有考虑人的疲劳、交通、天气等因素的影响，不仅是对从业者休息权的侵犯，而且也潜藏一系列的安全隐患，对身心健康造成不利影响。此外，在算法的控制下，劳动者的工作任务实现了原子化、颗粒化，他们只需要依赖算法决策、听从算法指挥，发挥自身主观能动性的空间不大，这也会带来技能水平下降的风险。

其次，平台依靠算法决定了劳动成果的分配。首先，以算法为核心的奖惩制度增加了劳动者的劳动强度。原子化的劳动者以个体身份进入平台，进入与退出都没有门槛，为了保持劳动者足够的参与强度，多数平台构建了以算法为核心的累进式激励机制，裹挟劳动者自觉地增加工作时间以完成更多的订单。在外卖行业，平台通过设置积分等级体系对外卖骑手实行"差序格局式"管理，积分评定规则又取决于骑手订单数、总里程、工作时间、晚点率等，在算法管理的巧妙引导下，骑手"过劳高收入"现象普遍。

4.5.2.3 算法"黑箱化"与算法伦理风险，加剧了平台劳动者权益保护危机

在共享经济下，尽管平台将自身定位于劳务供需双方的信息中介服务机构，但实际上平台依靠复杂的算法技术控制了从供需匹配、交易定价、服务履行等整个劳动链条，奠定了平台资本单边垄断的基本格局。平台劳动者无从知晓算法如何围绕精准的劳动控制进行决策以及遵循何种价值导向，他们被隔离在算法的"黑箱"之外，被剥夺了劳动规则制定的知情权与参与权。虽然平台企业强调算法控制在技术上中立、程序上客观，但实际上算法在本质上仍然是资本逐利的技术工具，而且由于算法技术的复杂性、隐蔽性、专业化，增加了外界监督的难度，这助长了一些平台经营者为追求经济利益而损害劳动者权益的行为。

第5章

共享经济背景下模糊劳动关系的
影响因素模型构建

　　劳动关系通常是指生产关系中直接与劳动有关的社会关系。从微观层面来看，劳动关系是雇主与雇员及其团体之间所产生的由双方劳动关系引起的表现为合作、冲突与权力关系的总和（程延园，2007）。已有文献在劳动关系的影响因素方面，提出了经济因素、技术因素、政治因素等环境因素，劳动报酬、劳动考核制度、劳动条件、劳资冲突处理、工作氛围等工作场所因素，个人价值观、信仰等个人因素。此外，政府和工会也会对劳动关系产生重要影响。虽然不同学者从不同的视角提出的劳动关系影响因素不尽相同，但对于劳动关系本身多采用员工的主观满意度间接度量。整体来看，学术界在传统企业劳动关系的影响因素方面已经进行了大量的研究，也取得了比较丰富的理论成果。但是这些研究主要针对的是传统标准化就业模式下的劳动关系，并不适用于共享经济下的模糊劳动关系。由于共享经济所催生的"平台＋个人"模糊劳动关系在就业契约、就业主体、用工主体、用工方式等各方面都有别于传统劳动关系，因此对其影响因素进行分析时需要考虑模糊劳动关系的特殊性。本部分拟运用质性研究方法构建模糊劳动关系的概念模型，并进一步运用量化实证研究对其进行验证，通过确定模糊劳动关系的影响因素，进一步明确平台用工关系治理政策、制度的发力点。

5.1　研究设计

5.1.1　研究方法

考虑到学术界对模糊劳动关系的影响因素的研究相对缺乏，本研究采用经典扎根理论这一结合定性定量的质性研究方法展开研究。扎根理论最早由施特劳斯和格莱瑟（Strauss & Glasser，1968）提出，其核心思想是通过系统化的资料收集和分析程序，不断提取、勾勒出核心概念，然后通过概念之间的比较与整合逐步上升至理论，因此扎根理论强调从经验资料中生成理论。扎根理论具备的优势包括：第一，充分依赖实际所获取的材料，尽可能忠实于实际情况，排除研究人员完全性的价值观影响，由此构建的理论更加合理。第二，在构建理论模型时结合定量定性分析，在研究设计和资料搜集方式上采用质性研究方式，在文本资料分解、整合和分析过程中又吸纳量化分析手段，理论构建具备全面性和科学性。

采用经典扎根理论进行质性研究主要包括以下四个步骤：确定研究问题、收集资料、资料分析与编码以及构建理论模型（见图5.1）。首先是通过实践连续观察和文献资料阅读确定研究问题与研究对象；在此基础上，确定访谈目标人群，制定访谈提纲；继而进入编码核心环节，将所搜集的文字材料进行分类分解、不断抽象概念化，具体编码分为一级开放性编码、二级主轴编码和三级核心编码；编码完成后构建理论模型。

在初步构建起概念模型的基础上，进一步构建Ologit回归模型，从定量角度考察外部环境和内部微观因素对模糊劳动关系的影响。

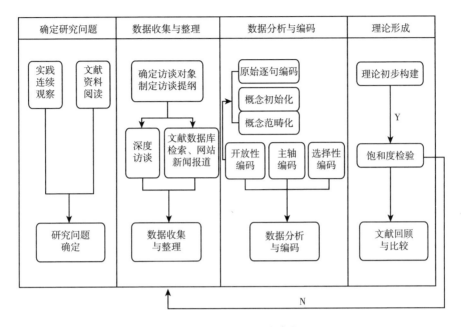

图 5.1 扎根理论研究步骤

5.1.2 数据来源

5.1.2.1 访谈数据

遵循方便抽样的原则，本研究采用观察法、文献法以及访谈法搜集了3 个平台企业的样本资料，具体见表 5.1。其中文献来源包括学术期刊媒体新闻报道、规章制度等；访谈对象方面，在外卖、网约车和即时配送三个重点领域各选择了 1 个平台；分别从平台劳动者、平台管理者以及消费者的不同视角，选择样本进行半结构化访谈，在借助质性分析软件 Nvivo11.0 对原始访谈数据进行整理和分析的基础上，根据扎根理论的研究路径，逐一对资料进行三级编码，最终形成共享经济下模糊劳动关系治理的影响因素，进而构建概念模型。

表 5.1　　　　　　　　　　　　　　样本资料的主要来源

类型	资料来源	外卖平台	网约车平台	即时配送平台
访谈资料	访谈人数	8	8	6
	平台劳动者	L_1、L_2、L_3、L_4	L_5、L_6、L_7、L_8	L_9、L_{10}、L_{11}
	平台管理者	A_1	A_2	A_3
	消费者	C_1、C_2、C_3	C_5、C_6、C_7	C_8、C_9
二手资料	公开资料	5	3	4
	内部资料	2	2	2
现场观察	调研次数	5	6	3
合计		录音90分钟，文字资料4.1万字	录音72分钟，文字资料1.5万字	录音69分钟，文字资料1.2万字

5.1.2.2　问卷数据

采用随机抽样和滚雪球相结合的方式发放调查问卷 496 份，回收 432 份，回收率 87.1%，其中有效问卷 386 份，有效率 89.4%。样本职业分布情况是：外卖骑手占 45.3%，网约车司机占 32.1%，快递员占 22.6%；在样本的地域分布方面，共涉及 21 个省、自治区、直辖市，其中重庆市所占比例最大，占全部样本的 58%。

问卷信度分析表明，Cronbach's α 等于 0.814，表明问卷的内部一致性较高。效度分析结果显示，KMO 值为 0.847，Bartlett 球形检验近似卡方值达到 0.01 的显著性水平，表明问卷具有较高的结构系数效度。

5.2　数据处理

5.2.1　开放性编码

开放性编码是以经过仔细检查后的原始资料为对象，对其进行初步译码的过程。开放性编码的程序是：定义现象—发掘同类现象—确定副范畴名称—确定范畴的性质和面向。在三级编码过程中，为确保最终结果的客观性和科学性，消除编码人员的主观价值偏向，要尽可能保持原始数据的初始状态。在文字编码过程中一般会去除文字稿中部分存在缺乏逻辑或存在模糊性的文段。另外，考虑到庞杂的初始概念中存在交叉情况，本书选择对重复频次超过 5 次以上的初始概念进行范畴化，删除了资料库中存在前后矛盾的语段。表 5.2 展示了初始概念范畴化的过程。

表 5.2　　　　　　　　　　开放式编码过程示例

编号	原始数据语段举例	贴标签	概念化
L_7	我以前在汽车公司上班，但是汽车行业不好，厂里裁人，轮休，收入减少得多，听说当网约车司机容易，现在我就利用休息时间来开网约车，可以增加收入	传统行业不景气	s_1 经济不景气
L_5	在车间里面上班，一点儿都不自由，上下班还要打卡，现在干这个网约车，想什么时候上线就什么时候上线，比较自由	自由度高	s_{22} 时间自由
L_9	在网上看到的招聘信息，现在是互联网时代，会用智能手机，稍微培训一下就会干这份工作了	互联网时代	s_2 互联网技术 s_{11} 入职门槛低
A_2	我们公司的定位就是提供信息服务，所以每单提成实际上就是信息服务费	公司提成	s_{18} 信息费
L_2	身边送外卖的都是同龄人，同事关系很简单，大家相处起来比较愉快	同事相处	s_{27} 人际关系
L_1	比起工作的高强度，最令人担忧的是人身安全。平时接单比较着急，有时候骑着车还要打电话，车子受损、人受伤也常有发生，我最担心的就是出事故	安全感	s_{15} 安全
L_4	本以为是工伤，出了事故才知道，我们所服务的外卖公司不负责上保险，而派遣公司根本没给上保险。皮球踢来踢去，最后只有自掏腰包	劳动纠纷	s_{28} 沟通 s_{29} 意外事故率
L_6	月入上万元是可以做到的，但一天起码要工作 14 个小时以上才能拿到，平均接一单我自己才赚 7~8 元。平台的抽成还很高，对我们的管理十分苛刻	工作时间	s_{10} 压力大 s_{11} 加班
L_3	保温箱由公司提供，损坏后由我们自己购买	装备	s_7 身份

续表

编号	原始数据语段举例	贴标签	概念化
L_6	忙的时候工作强度大，每天工作 14 个小时都有可能，超长劳动时间是我们工作的常态，而诉苦无门，觉得做这个工作也不长久，没什么安全保障	工作强度	s_{35}价值归属感
L_1	没有固定工作休息场所，不过公司会给每个人划定特定的商圈，然后就在这个商圈内接单。工作时间自己灵活掌握，每个月会休息 4 天，差不多一周一天吧	自由度高	s_{22}工作自由
L_8	公司官网上好像能查到基本的制度招录制度、奖惩制度，但是这些制度的修订一般都不会采纳我们的意见	管理制度	s_{47}征求意见
A_1	我们一个片区对应一个片区主管，系统会根据骑手的绩效和评分，优先派单给高分师傅，所以这也算是一种良性竞争，激励骑手把服务做好，这样才有可能接更多单	激励	s_{46}成长空间
C_6	前期公司给我们发的优惠券很多，大家出门都喜欢叫网约车，便宜又方便	订单	s_{50}消费者体验
L_2	我在送餐时曾经遇到顾客在订单备注中写"把外卖放门口，不要打电话，把垃圾带下去，否则给差评"的奇葩订单，我还是帮客户扔了垃圾，没办法，顾客就是半个老板	订单	s_{60}服务评价
L_4	平台对我们骑手是有等级区分的，在派单优先级上经常跑的、好评率高的、拒单率低的会优先获得订单，所以顾客的好评对我们获得订单很重要	派单优先权	s_{60}服务评价

5.2.2 主轴编码

主轴编码是在副范畴基础上进一步发现概念类属之间各种联系的过程。主轴编码中，仅对一个范畴进行深度分析，分析每一个范畴在概念层次上是否存在潜在相关关系，因此称为"轴心"或"主轴"。主轴编码主要遵循四个步骤：第一，阐述副范畴与现象之间本质的联系，构想主副范畴的假设性关系；第二，查验原始资料是否支持预想假设性关系；第三，进一步补充案例和原始材料，以便进行范畴定位；第四，寻找关系现象的变异性。考虑到资料整理工作量较大，运用 Nvivo11 进行词频分析，再结合人工排除，最终筛选出 52 个高频词。通过开放式编码与贴标签形成初级范畴 54 个。进一步分析初始范畴之间的关系，最终归纳出 24 个次范畴和 10 个主范畴。具体过程示例见表 5.3。

表 5.3　　　　　　　　　　　主轴编码过程示例

初级范畴				次范畴	主范畴	范畴定义
背景	目标	行动	结果			
s_1 经济不景气	s_6 收入	s_4 兼职工作	s_7 身份	S_1 宏观经济	SS_1 经济环境	产业结构调整促进了模糊劳动关系的形成
s_5 生活智能化	s_8 下单 s_9 接单	s_{10} 手机	s_{11} 入职门槛低	S_2 人机协同	SS_2 技术环境	改变劳动关系行为主体之间关系的技术环境
s_{13} 管理碎片化	s_{22} 时间自由	s_{24} 职业选择	s_7 身份	S_4 工作灵活自由	$SS3$ 就业观念变化	突破传统的职业发展模式，崇尚职业自由度和舒适度，追求在主职之外拓展可变现的职业发展路径，是共享经济繁荣的基础
	s_{23} 简单			S_5 人际关系简单		
s_{22} 时间自由	s_9 工资	s_{11} 加班	s_{10} 压力大	S_7 工作时间长	SS_4 经济收入	劳动契约中的核心内容
s_{58} 顾客催单	s_{15} 安全	s_{10} 压力大	s 意外事故率	S_9 劳动过程安全	SS_5 劳动保障	防范劳动者劳动安全风险、身体健康风险、失业风险、收入不稳定性风险等
s_{22} 时间自由	s_{16} 收入提成 s_{17} 提成	s_{11} 加班	s_{19} 职业病	S_{10} 身体健康		
s_{23} 高补贴	s_{16} 收入	s_{11} 加班	s_{20} 工作持续性差	S_{13} 职业困境	SS_6 个人发展	劳动者个人技能提升、有职业发展通道，从而使就业稳定性得以提高，个人得到成长
s_{24} 资强劳弱	s_{25} 效率	s_{26} 算法	s_{27} 被迫接受	S_{16} 民主参与	SS_7 话语权	劳动者向平台表达利益诉求、民主参与管理规则的制定
s_{28} 自由	s_{49} 体验	s_4 兼职工作	s_7 身份	S_{18} 幸福感	SS_8 工作自主	目前的职业是否自由、是否带给你幸福感

初级范畴				次范畴	主范畴	范畴定义
背景	目标	行动	结果			
s_{13}新冠疫情	s_{32}渡过难关	s_{33}协调	s_{34}减轻成本	S_{20}归属感	SS_9组织支持	劳动者如何看待自己从事的职业,对于平台如何看待自己的贡献程度并重视、关心他们的幸福感的一种感知
s_{41}需求高峰	s_{14}准时送达	s_{10}压力大	s_{52}差评率	S_{22}罚款	SS_{10}消费者评价	消费者的评价直接影响劳动者的收入
s_{48}双边市场	s_{21}订单	s_{54}消费者体验	s_{23}订单量	S_{24}客户黏性	SS_{11}消费者行为	消费者的情绪、行为间接影响着劳动者收入和平台企业的利润

5.2.3　选择性编码

选择性编码是在开放性编码和主轴编码基础上发掘出核心范畴,简要说明全部现象,以"故事线"方式描绘研究对象的逻辑关系,并通过检验不断完善概念化的过程。操作步骤是:第一,对核心内容给出简要说明;第二,经过资料整理得出因果、策略、脉络及结果逻辑,串联起核心范畴与主范畴之间的关系;第三,全部资料验证范畴间的关系;第四,继续开发范畴,完备细微主范畴的特征。通过 Nvivo11 软件选择性编码后得到本书主范畴的典型关系结构,如表5.4所示。

表5.4　　　　　　　　　　　　选择性编码

主范畴	核心范畴	关系类型
宏观经济环境	经济技术环境	模糊劳动关系的外部输入条件
技术环境		
劳动者就业观念变化	意识形态	

续表

主范畴	核心范畴	关系类型
经济收入	平台企业与平台劳动者之间的关系	模糊劳动关系的内部因素
劳动保障		
自我发展		
话语权		
工作自主		
组织支持		
顾客评价	平台劳动者与消费者之间的关系	
顾客行为	平台企业与消费者之间的关系	

5.3　模型构建及验证

5.3.1　模型构建

邓洛普（1977）建立的劳动关系系统理论是解释劳动关系系统多种因素及其相互影响的理论，该理论可简化为如图 5.2 所示的模型。根据劳动关系系统理论，劳动关系是一个动态变化的系统，但在发展的每一个阶段，该系统都有特定的行为主体（actors）、环境（context）、意识形态（role of ideology）以及规则（web of roles）。劳动关系的核心行为主体通常由劳方、资方以及政府构成；技术、市场、权利结构构成了特定的环境；意识形态则是与系统运行有关的社会文化。行为主体、环境及意识形态作为劳动关系运行的输入构成了系统的基本要素，规则则是受这些要素的影响所形成和变化的劳动关系的产出（输出），系统各个要素的冲突通过谈判、调解等，最终转化形成规则尤其是正式的制度规则，而规则作为约束性要素又将反过来对劳动关系运行中的各方主体产生影响。

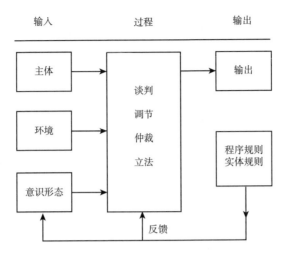

图 5.2　劳动关系系统简化模型

基于上述劳动关系系统的理论框架，结合前述通过扎根理论分析建立起的关系结构，对共享经济下模糊劳动关系理论模型进行如下修正：

第一，将消费者群体引入模糊劳动关系系统的主体中。在共享经济商业模式下，平台将劳动结果的评价权转移到消费者处，而消费者评价体系会对今后劳动者与平台的缔约机会造成影响。可以说，消费者劳动评价机制的引入，使得劳动者从传统雇佣关系下为雇主工作，在一定程度上转变为平台就业模式下的为顾客工作。因此，消费者行为和评价影响了平台与劳动者，即劳资之间的关系。访谈中一些劳动者（L_2）甚至认为"顾客就是半个老板"。例如，在外卖行业，外卖平台依据顾客评价和算法来控制业绩排序，影响任务的分配——"在派单优先级上，经常跑的、好评率高的、拒单率低的会优先获得订单"（L_4），因此也会直接影响平台劳动者的收入水平。

第二，确定影响平台企业与劳动者（"劳—资"）、劳动者与消费者（"劳—客"）、平台企业与消费者（"资—客"）三组关系的 10 个微观因素。其中，影响平台与劳动者关系的微观因素包括经济收入、劳动保障、个人发展、组织支持、话语权、工作自主；顾客评价和工作乐趣则是劳动者与消费者之间的主要影响因素；影响平台企业和消费者之间的因素变量为顾客行为。

第三，将宏观环境具体细化为经济环境和技术环境。经济环境的变化，如产业结构的调整会直接影响劳动者在传统标准化就业队伍和新形态就业队伍之间的流动；而互联网技术、人工智能及大数据技术的深入发展，打破了组织的边界，这种模糊的组织边界改变了劳资关系，使劳动者更加"原子化"。

第四，用劳动者的就业观念变化来反映模糊劳动关系系统中的意识形态。在访谈过程中很多平台劳动者（L_2、L_5）提到了"想什么时候上线就什么时候上线，比较自由""人际关系简单"等，可见新生代的劳动者崇尚职业自由度和舒适度，一些年轻人追求在主职之外拓展可变现的职业发展路径，是共享经济繁荣的基础。

第五，在过程项中，增加基于算法设计的劳动标准。传统劳动关系系统已经存在的谈判、调解、仲裁、立法等对劳动关系的协调方式，共享经济背景下，算法技术逐渐成为型塑模糊劳动关系的中轴。平台企业依靠对算法的垄断全面规范和监督劳动过程，建立更精准的劳动标准。如在访谈中有劳动者（L_7、L_1）谈到"平台提供的大数据能够提高工作效率，把我们从很多无效的工作中解脱出来""虽然算法规则是无情的，但是算法对我们所有人而言是平等的"等，因此传统的劳动关系协调方式以及基于算法设计的劳动标准模式，在一定程度上有利于促进平台劳动者的体面劳动，缓和劳资矛盾。

第六，在输出项中增加伦理规制。共享经济等新经济形态下，应该如何对待算法等伦理问题逐渐浮现。在访谈中，有劳动者（L_3）提到了"感觉自己被推着高速运转""订单送达时间被不断压缩"。共享经济时代算法不仅消解了以骑手为代表的平台劳动者的主体性地位，还可能侵害其劳动权益。因此，共享经济下模糊劳动关系治理需要考虑人机共生的伦理规制，使算法的设计符合基本的伦理道德要求。

修正后的模糊劳动关系系统如图5.3所示。

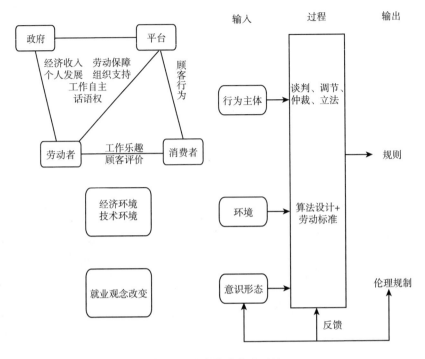

图 5.3　模糊劳动关系系统

5.3.2　模型验证及影响因素分析

5.3.2.1　变量设置

为了明确前述因素对模糊劳动关系的影响，运用问卷调查数据构建多元有序回归模型进行验证。考虑到平台用工关系目前在内涵界定、评价体系等方面尚处于探索阶段，因此本书采用平台劳动者对用工关系的满意度来衡量模糊劳动关系和谐程度。自变量方面，将 11 个因素划分为 2 个外部环境因素（OE）和 9 个内部环境因素（IE），考虑到"就业观念改变"这一范畴很难量化，而且该因素在"个人发展"中会有所体现，因此暂不考虑计算其贡献率。此外，引入年龄、婚姻等 6 个个人特征因素（PE）作为控制变量。18 个因变量定义及赋值如表 5.5 所示。

表 5.5　　　　　　　　　　　　　　　变量定义及赋值

维度	组变量	变量	变量代码	变量赋值
被解释变量	劳动关系满意度		Y	非常不满意 =1，不满意 =2，一般 =3，满意 =4，非常满意 =5
外部环境（OE）	经济环境	宏观经济	a_1	影响非常小 =1，影响较小 =2，一般 =3，影响较大 =4，影响非常大 =5
	技术环境	技术进步	a_2	影响非常小 =1，影响较小 =2，一般 =3，影响较大 =4，影响非常大 =5
内部环境（IE）	"劳—资"之间关系	经济收入	b_1	非常符合 =1，比较符合 =2，一般 =3，比较符合 =4，非常符合 =5
		劳动保障	b_2	非常符合 =1，比较符合 =2，一般 =3，比较符合 =4，非常符合 =5
		自我发展	b_3	非常符合 =1，比较符合 =2，一般 =3，比较符合 =4，非常符合 =5
		话语权	b_4	非常符合 =1，比较符合 =2，一般 =3，比较符合 =4，非常符合 =5
		组织支持	b_5	非常符合 =1，比较符合 =2，一般 =3，比较符合 =4，非常符合 =5
		工作自主	b_6	非常符合 =1，比较符合 =2，一般 =3，比较符合 =4，非常符合 =5
	"劳—客"之间关系	顾客评价	c_1	影响非常小 =1，影响较小 =2，一般 =3，影响较大 =4，影响非常大 =5
		工作乐趣	c_2	影响非常小 =1，影响较小 =2，一般 =3，影响较大 =4，影响非常大 =5
	"资—客"之间关系	顾客行为	d_1	影响非常小 =1，影响较小 =2，一般 =3，影响较大 =4，影响非常大 =5
个人特征（PE）		年龄	e_1	25 岁及以下 =1，26～30 岁 =2，31～35 岁 =3，35 岁以上 =4
		性别	e_2	女性 =0，男性 =1
		婚姻	e_3	未婚 =0，已婚 =1
		从事本工作年限	e_4	2 年及以下 =1，3～5 年 =2，6 年及以上 =3
		户籍	e_5	本地城镇 =1，外地城镇 =2，本地农村 =3，外地农村 =4
		学历	e_6	中专及以下 =1，大专 =2，本科 =3，硕士研究生及以上 =4

5.3.2.2　模型选择与构建

考虑到因变量"劳动关系满意度"是一个五分变量，属于多分类且有序的变量，因此这里选择可处理结果为多分类且有序的 Ologit 回归模型对模糊劳动关系的影响因素进行实证分析。模型建立过程如下：

设 y 表示在 $\{1, 2, 3, 4, 5\}$ 上取值的有序响应，x 为解释变量，假定潜变量 $y_i^* = x\beta + \varepsilon$（$y_i^*$ 不可观测）。

$$
y = \begin{cases}
1, & y_i^* \leqslant r_1 \\
2, & r_1 < y_i^* \leqslant r_2 \\
3, & r_2 < y_i^* \leqslant r_3 \\
4, & r_3 < y_i^* \leqslant r_4 \\
5, & r_4 < y_i^* \leqslant r_5
\end{cases}
\tag{5.1}
$$

其中，$r_1 < r_2 < r_3 < r_4 < r_5$，且它们均为未知切点。

假设残差 ε 服从 logistics 分布，可推导出给定的 x 与 y 的条件分布并计算出响应概率，如下所示：

$$
p = (y = 1 \,|\, x) = p(y_i^* \leqslant r_1 \,|\, x) = \phi(r_1 - x\beta)
$$

$$
p = (y = 2 \,|\, x) = p(r_1 < y_i^* \leqslant r_2 \,|\, x) = \phi(r_2 - x\beta) - \phi(r_1 - x\beta)
$$

$$
p = (y = 3 \,|\, x) = p(r_2 < y_i^* \leqslant r_3 \,|\, x) = \phi(r_3 - x\beta) - \phi(r_2 - x\beta)
$$

$$
p = (y = 4 \,|\, x) = p(r_3 < y_i^* \leqslant r_4 \,|\, x) = \phi(r_4 - x\beta) - \phi(r_3 - x\beta)
$$

$$
p = (y = 5 \,|\, x) = p(y_i^* \geqslant r_5 \,|\, x) = 1 - \phi(r_5 - x\beta)
\tag{5.2}
$$

上述模型中，$p(y_i > i) = \phi(r_i - x\beta) = \dfrac{\mathrm{e}^{(r_i - x\beta)}}{1 + \mathrm{e}^{(r_i - x\beta)}}$，$i = 1, 2, 3, 4, 5$。

注意到 Ologit 模型中的回归系数不能衡量自变量到底对因变量的影响程度有多大，而只能作为各自变量相互比较、排序的依据，因此，为了进一步考察各影响因素对用工关系满意度的影响程度和方向，需要借助常对数模型将回归系数转换成弹性，以测算各自变量的边际贡献。这里的边际贡献是指其他变量取均值时，该变量变动 1 单位对因变量选择的概率影响，可用发生比率（odds ratio，OR）表示。即：

$$odds(p) = e^{(\alpha+\beta_1 x_1+\beta_2 x_2+\cdots+\beta_i x_i)} \tag{5.3}$$

$$\alpha = \frac{e_{ai}}{\sum e_{mi}}, \beta = \frac{e_{bi}}{\sum e_{mi}}, \gamma = \frac{e_{ci}}{\sum e_{mi}} (i=1,2,3,4,5)$$

进一步运用下列公式计算各组变量对因变量实际的作用效果：

$$e_{mi} = \partial y_i / \partial x_{mi} (m=a,b,c,d;i=1,2,3,4) \tag{5.4}$$

其中，e 表示自变量对因变量的弹性系数，α 是外部环境因素的贡献率，e_{ai} 是外部环境因素中的各个自变量，β 是内部环境的整体贡献率，e_{bi} 代表内部环境中反映平台劳动者与平台（"劳—资"）之间关系的各自变量，γ 是平台劳动者个体因素的贡献率，e_{ci} 为反映平台劳动者与消费者（"劳—客"）之间关系的自变量，e_{di} 是反映平台与消费者（"资—客"）之间关系的自变量。

5.3.2.3　回归结果

在使用软件 Stata15 进行回归分析前首先检验是否存在多重共线性问题。由 vif 命令可知，平均方差膨胀系数（VIF）虽然略大于 1 但小于 10，而且所有变量的 VIF 均值都小于 5，说明不存在严重的多重共线性。

在表 5.6 所给出的实证结果中，模型Ⅰ、模型Ⅱ是按照外部环境和内部环境两组变量分别对平台用工关系得到的回归结果，模型Ⅲ是内外部因素对平台用工关系的回归结果，模型Ⅳ则进一步加入了人口特征变量进行控制。从模型的检验参数来看，所有回归方程都具有统计学意义。模型Ⅲ中，综合了外部环境和内部环境维度中的四组变量与模型Ⅰ和模型Ⅱ进行比较，R^2 得到提高，且除工作自主和工作乐趣外，其余变量对因变量具有显著影响作用（$p<0.1$）。与模型Ⅲ相比，模型Ⅳ虽然加入了控制变量，

且 R^2 略有提高，但对被解释变量的解释能力并没有显著增加。

表 5.6 回归结果及共线性检验

维度	组变量	代码	变量	模型			
				模型 I	模型 II	模型 III	模型 IV
外部环境	经济环境	a_1	宏观经济	0.557 ***		0.524 **	0.468 **
	技术环境	a_2	技术进步	0.625 ***		− 0.339 **	− 0.462 **
内部环境	"劳—资"之间关系特征	b_1	经济收入		1.524 ***	1.235 ***	1.446 ***
		b_2	劳动保障		1.909 ***	1.567 ***	1.781 ***
		b_3	个人发展		0.707 ***	0.623 **	0.665 ***
		b_4	话语权		1.502 ***	1.433 ***	1.471 ***
		b_5	组织支持		0.559 **	0.455 **	0.559 **
		b_6	工作自主		0.364	0.288	0.375
	"劳—客"之间关系特征	c_1	顾客评价		1.088 **	0.953 ***	1.275 ***
		c_2	工作乐趣		0.412	0.361	0.353
	"资—客"之间关系特征	d_1	顾客行为		− 0.977 *	− 1.075 *	− 1.269 *
个人特征		e_1	年龄				− 0.512
		e_2	性别				− 0.271
		e_3	婚姻				0.267
		e_4	从事本工作年限				0.306
		e_5	户籍				− 0.021
		e_6	学历				0.393
N				386	380	364	357
R^2				0.0987	0.3478	0.5426	0.5472
Log likelihood				− 771.6483	− 382.4428	− 356.0211	− 327.0285
$LR \chi^2$				117.51	259.21	314.95	345.02
$P > \chi^2$				0.0000	0.0000	0.0000	0.0000
Mean VIF				1.12	1.07	1.28	1.17

注：*、** 和 *** 分别表示 $p < 0.1$、$p < 0.05$ 和 $p < 0.01$。

为确定各自变量对因变量的影响程度和方向，在 Stata15 中利用 mfx 命令计算模型Ⅲ、模型Ⅳ中各变量的 OR 值，由此得到表5.7。可以看到，评估模型的有效性参数并没有明显变化；而且与表5.6 给出的结果相同，除工作乐趣在外的其余变量均保持了对平台用工关系的显著影响。但是，无论在模型Ⅲ还是模型Ⅳ中，工作乐趣都产生了显著影响，这在表5.6 中没有表现出来。进一步，根据表5.7 的结果得到各因素的贡献率，见表5.8。

表 5.7   模型 OR 值

变量名称	模型Ⅲ			模型Ⅳ		
	OR	标准差	Z	OR	标准差	Z
经济环境	1.708	0.156	1.98 *	1.597	0.166	2.29 **
技术环境	1.494	0.319	0.61 **	1.481	0.303	0.66 **
经济收入	3.454	0.693	0.82 **	3.107	0.610	0.79 **
劳动保障	4.187	1.223	3.79 **	3.672	1.156	3.71 **
个人发展	1.995	0.412	1.71 **	1.864	0.404	1.52 **
话语权	3.502	1.136	3.55 **	3.277	1.089	3.42 **
组织支持	2.205	0.358	0.92 **	2.130	0.347	0.88
工作自主	0.988	0.945	0.45 **	0.875	0.458	0.64 *
顾客评价	1.134	1.109	2.96 ***	1.789	1.122	2.91 ***
工作乐趣	0.634	0.927	0.36 **	0.569	0.891	0.29 *
顾客行为	1.331	− 0.904	− 3.23 *	3.024	1.019	− 3.22 *
年龄				2.104	1.253	− 0.35
性别				0.633	0.257	− 1.18
婚姻				1.597	0.567	0.34
工作年限				1.352	0.641	0.38
户籍				1.424	0.349	− 0.19
文化程度				1.597	0.525	0.08
$Pseudo\ R^2$	0.5426			0.5472		
$Log\ likelihood$	− 356.0211			− 327.0285		

续表

变量名称	模型Ⅲ			模型Ⅳ		
	OR	标准差	*Z*	*OR*	标准差	*Z*
$LR\chi^2$	314.95			345.02		
$P>\chi^2$	0.0000			0.0000		
Mean VIF	1.28			1.17		

注：* 、** 和 *** 分别表示 $p<0.1$、$p<0.05$ 和 $p<0.01$。

表5.8　　　　　　　　平台用工关系影响因素的贡献度情况　　　　　单位:%

维度	贡献度	组变量	贡献度	变量	贡献度
外部环境	11.82	经济环境	4.58	经济环境	4.58
		技术进步	7.24	技术进步	7.24
内部环境	88.18	"劳—资"之间关系	70.64	经济收入	17.23
				劳动保障	20.71
				个人发展	10.28
				话语权	13.05
				组织支持	9.37
		"劳—客"之间关系	10.29	顾客评价	6.22
				工作乐趣	4.07
		"资—客"之间关系	7.25	顾客行为	7.25

5.3.2.4　结果分析

1. 内部环境对平台用工关系的影响

结合表5.7和表5.8给出的结果，可以看出，内部环境是影响平台用工关系的核心因素。由于研究根据平台劳动者的主观评价对因变量赋值，因此表5.8给出的结果表明，从劳动者视角来看，在内部环境中对模糊劳动关系影响较大的因素依次是劳动保障、经济收入和话语权，分别占20.71%、17.23%、13.05%，影响相对较小的是个人发展（10.28%）、组织支持（9.37%）以及顾客行为（7.25%）、顾客评价（6.22%）以及工作乐趣（4.07%）。此外，工作自主性对模糊劳动关系的影响并不显著。

首先，劳动保障和经济收入是影响模糊劳动关系的关键因素。一方面，从表5.7看出，劳动保障变量对应的 OR 值为4.187，表明在其他条件不变的情况下劳动保障程度每提高一个等级，平台劳动者对用工关系的满意度提高一个等级的可能性将增加4.19%。主要原因在于，现行的劳动保障法规，传统的工时制度、休息休假等劳动保障标准无法覆盖到平台劳动者，平台企业未承担劳动者权益保障的责任，这在一定程度上影响了平台与平台劳动者之间的良性互动，可见要优化模糊劳动关系，先应该从政策上明确各方主体在劳动者权益保障方面的责任。另一方面，劳动者的经济收入变量对应的 OR 值为3.454，这意味着劳动者收入每提高一个等级，劳动者对用工关系满意度提高一个等级的可能性会增加3.45%。本书第4章的研究表明，表面上看大多数平台劳动者的经济收入高于传统行业，但却是通过超负荷的劳动换来的，其实际收入并不高。事实上，在网约车、外卖等行业，平台企业在早期的市场竞争阶段往往利用其资金优势为劳动供需双方提供高额补贴以占据较大的市场份额，这给早期的平台劳动者带来了相当可观的收入，但当平台企业成为头部企业之后，其对劳动者的补贴、奖励力度不断下降，部分行业甚至提高了所抽取管理费的比重，使劳动者收入恶化。

其次，尽管平台就业模式下组织形态变得更加松散，但同标准劳动关系一样，话语权和组织支持同样重要。为平台劳动者提供话语权的实质是劳动者参与，即劳动者以个体参与、代表参与的方式介入平台的组织管理过程，通过与平台管理层发生交互作用，提高劳动者对自身工作与组织管理实践的影响。一方面，管理的"一元论"认为，由资方发起劳动者参与有利于促进其对决策结果的承诺，改善工作动机并提高其工作满意度，从而对组织绩效产生积极影响。表5.7和表5.8表明，话语权每提高一个等级，则其对于用工关系满意度提高一个等级的可能性会增加3.50%，而话语权对模糊用工关系的贡献占13.05%。一些受访者在接受访谈时曾表示"希望能够有机会与平台进行交流，反馈工作中的一些意见、建议等"，也

"希望平台在制定规章制度时能够多听听大家的意见"。通过访谈发现，平台劳动者希望能够民主参与到平台劳动报酬、奖惩办法、工作时间、劳动定额标准等规则的制定中。

另一方面，刻画人与人之间利益互惠行为的社会交换理论认为，劳动关系是基于社会交换而形成的社会关系，即组织通过人力资源管理各种实践，如公平的薪酬、表达话语权的渠道、个人成长机会等，使劳动者形成组织重视其自身贡献并关心他们利益的一种情感认知——组织支持感（perceived organizational support），并以努力和忠诚回报组织。较强的组织支持感会使劳动者有更强的工作动机，而较低的组织支持感则不仅使其产生离职的倾向，也会降低工作满意度。表5.7和表5.8给出的结果表明，组织支持感每提高一个等级，其对于用工关系满意度提高一个等级的可能性会增加2.205%，而组织支持感对模糊用工关系的贡献占9.37%。

可以看出，尽管平台用工模式与传统就业模式相比，组织形态更加松散，以任务为导向的用工模式使劳动者和平台及其关联企业之间表现出即时性的经济交换关系，但事实上平台劳动者作为新就业形态从业者与传统就业形态从业者一样也需要参与管理规则的制定，这不仅满足劳动者自身对于创造性、成就感和社会认可等非货币需求，使其获得挑战、自我价值和自我实现等感受，以最大化发挥潜能，同时也有利于平衡平台用工模式下资强劳弱的权力关系。此外，和传统就业形态从业者一样，平台劳动者也需要除经济交换之外的社会情感交换，劳动者从平台及其关联企业的管理实践中感知到的组织支持有利于改善劳动关系。

最后，反映劳动者与顾客关系的顾客评价以及反映平台和顾客关系的顾客行为都对模糊劳动关系有一定的影响。微观层面的劳动关系博弈方通常只考虑劳、资双方，但前述的质性研究和实证分析结果表明，在平台就业模式下消费者这一主体也会对劳动者和资本之间的关系产生重要影响。从表5.7和表5.8给出的结果来看，工作乐趣、顾客评价每提高一个等级，则劳动者对模糊劳动关系的满意度提高一个等级的可能性分别增加0.63%、1.13%。从表5.6可知，顾客行为（如投诉）对模糊劳动关系的

影响系数为 − 1.075，影响也比较显著；而且由表 5.8 可知，顾客评价和顾客行为对模糊劳动关系的影响分别为 6.22%、7.25%，因此消费者对于"平台 + 个人"新型关系的影响不容忽视。

平台劳动在本质上是一种满足消费者个性化、多样化需求的精准服务劳动，因而其以消费者需求为导向的本质决定了在平台劳动秩序中消费者的角色比重大幅提升。

马克思的劳动过程理论认为，资方通过制度化管理方式控制劳动过程，以消除劳动中的不确定因素从而获得更多剩余价值。劳动者面对劳动控制，则会通过形成合作意愿、抗争和反抗等方式进行主体性表达，迎合或挑战资本的控制，这种双向互动构成了劳动过程的整体样貌。以往研究发现，服务业中的劳动控制有显性与隐性两种，分别对应着不同的反抗策略。显性控制注重对劳动过程的直接控制，资方要求劳方以符合规则和要求的方式表达适当的情绪，而劳方则使用自我建构等策略维持自主性并反抗资方与顾客（徐冠群和袁晓川，2022）。如航空公司通过空乘人员的程式化培训，对其形象、言行举止进行管理控制，并借助"假乘客"身份监督这种情感劳动，这就是一种显性控制，而空姐则运用假性亲密关系反抗资本压迫。再如，销售类服务业企业通过业绩考核对劳动者进行控制，劳动者看似拥有较高的自主性，但实则仍需服从资方控制。在这种隐性控制下，劳动者为实现业绩目标需塑造令"资""客"双方都感到满意的形象。

与传统的服务行业不同的是，在共享经济新经济形态下，作为资方的平台在算法技术的加持下隐藏于管理制度之后，成为看不见的雇主，新技术的应用使其可实现劳动过程的远程监督；同时，资方通过引入消费者评价机制制造出一种"劳—客"关系，从而将传统的劳资矛盾不动声色地转移到劳动者和消费者之间，这促进了平台劳动者的情感劳动，使其服从平台和消费者的规训。因此，不同于传统服务行业，平台劳动中的双重控制重塑了"劳、资、客"的互动关系，也使得消费者在平台用工关系中扮演了重要的角色。

2. 外部环境对平台用工关系的影响

表5.8表明，经济环境和技术环境两个外部环境变量对平台用工关系中的影响分别为4.58%和7.24%，其中技术环境对平台用工关系存在不利影响。事实上，平台用工的兴起与经济社会背景有着密切的联系。一方面，随着经济社会的发展与人民生活水平的提高，消费需求从过去同质化、大规模的需求转向个性化、多样化、高质量的需求，需求侧的变化推动了传统服务业的转型升级，并由此孕育出新业态，进而派生出新的就业需求和就业形态。分析结果显示，宏观经济水平每增加1%，平台劳动者对用工关系的满意度就会增加1.60%。这意味着经济环境不仅促进就业数量增长，也严重影响平台劳动者对于薪资报酬、工作环境、劳动强度等方面的情感体验。另一方面，马克思主义经济学认为，劳动关系是生产关系的核心，因而劳动关系由生产力决定并对生产力起反作用，二者之间的相互关系可概括为：技术进步会改变生产方式，进而改变劳动关系；而劳动关系也会反作用于技术进步和经济增长，只有在劳动关系和谐的条件下，持续的技术进步、高质量的经济增长才可能实现，反之如果劳动关系紧张，劳动者就会全力抵制新的生产技术。结合平台用工关系来看，技术环境的影响包括正向影响和负向影响，其中正向影响是互联网、大数据等新技术的应用，将工作内容拆分成碎片化的微任务，平台劳动者不受时空限制即可与劳动需求方匹配，使工作灵活性前所未有地提高。陈龙（2022）认为平台就业模式中数字技术具有建构性的一面，它体现在为平台劳动者搭建起了一个现实世界之外的数字世界的劳动过程。但是，基于数据驱动的算法管理取代传统的科层化管理，平台劳动过程被算法技术以更隐秘的方式所控制，在一定程度上使劳资权力关系失衡，影响了劳动者在用工关系中的工作感知。从实证分析结果来看，基于算法的劳动过程控制对于平台劳动者对劳动关系的负面感知超过了正面感知，使技术环境对模糊劳动关系表现出不利影响。

5.4　模型阐释

邓洛普所构建的劳动关系系统，包含了特定的主体、特定的背景、维系系统的共同意识形态以及规范行动者在工作场所与工作社区的规则，其核心在于解释为什么在不同的劳动关系系统中会产生出特定的规则，并且劳动关系系统是怎样以及为什么会对这些规则产生影响的。但是，新业态、新就业形态的不断涌现，使以邓洛普模型为代表的劳动关系系统理论面临挑战。

首先，由于新技术在平台劳动中的应用直接加持了资方力量，加之平台劳动者缺少被劳动法认定的雇员身份，使得劳动关系行为主体之间的关系呈现复杂化趋势。前述分析在传统三方主体的基础上，增加了代表"客"的消费者，实证结果也表明，顾客行为和顾客评价对劳动者所感知的模糊劳动关系的影响占 13.47%。另外，需要指出的是，按照邓洛普对传统的劳动关系系统的理解，劳方不仅指劳动者个体，还包括工会等劳动者组织，但目前缺少代表平台劳动者集体利益的工会组织。

其次，传统劳动关系系统理论认为，工作场所的技术环境，会对工作安排、监管方式、劳动安全等产生重要的影响，而在平台就业模式下技术对劳动关系的影响存在进一步放大的趋势。

最后，传统劳动关系系统认为，劳资双方既有共同利益也有利益冲突，但通过协调与妥协，会形成系统的输出项——规则（主要是指实体性规则和程序性规则），这种规则就是正式的劳动关系治理制度，使劳资冲突得以解决；而且规则会随着环境的改变和主体地位的改变而改变。在"平台+个人"用工关系中，包括薪酬、社会保障等各项规章制度在内的治理规则尚未完全建立，这也影响了劳动者对于用工关系的感知。根据模糊用工关系影响因素的分析结论，未来迫切需要围绕劳动保障、经济收入、劳动者话语权以及个人发展等方面建立正式的劳动关系治理制度。尤其是在话语权方面，邓洛普模型认为，规则的制定应由雇主和雇员共同制定，而劳动者、企业、政府三个行为主体都应该在治理规则制定中扮演决定性角色。但是，从第 4 部分的分析可以看出，算法主导下的劳资权力关系失衡使平台劳动者较少有机会参与到治理规则的制定中，这也在一定程度上影响了劳动者对于模糊劳动关系的感知。因此，需要政府充分发挥自身作用，从宏观层面采取措施，以动态平衡劳资双方的力量。

第 6 章

共享经济背景下模糊劳动关系
治理的国内实践探索

　　劳动关系治理是指运用规范化、制度化的治理途径，通过明晰代表劳动者、企业、政府、工会及其他社会组织在企业的生产经营服务中形成的权责利等，规范各参与主体的行为并保障其权利，从而形成和谐劳动关系。结合前述对共享经济下模糊劳动关系现状以及影响因素的分析，现阶段我国对于"平台+劳动者"新型关系的治理，重点应围绕平台劳动者薪酬待遇、个人发展、话语权等劳动权益保障问题，明确并推动相关责任主体承担相应权利义务责任，从而实现平台劳动者与平台之间关系的良性互动。实践方面，近年来我国政府针对平台劳动者为代表的新就业形态劳动者，重点围绕如何保障其劳动权益进行了一些政策探索，在政策的推动下，一些头部平台企业践行社会责任，从算法优化、劳动者权益保障及职业发展等方面进行微观的管理实践探索。无论是宏观层面上的政策探索还是微观层面上的管理实践探索，都为构建共享经济下模糊劳动关系治理机制并形成具体的建议积累了经验。本章将梳理并分析目前我国在共享经济模糊劳动关系治理方面的一些实践探索，并分析其中的不足。

6.1 模糊劳动关系治理的政策探索与制度建设

6.1.1 我国模糊劳动关系治理的政策演进

共享经济最早兴起于网约车行业，2010 年"易到用车"作为国内第一家网约车企业出现，标志着网约车这个新兴行业的诞生，随后，2012 年"快的打车"和"滴滴打车"、2014 年"嘀嗒拼车"、2015 年"神州专车"等先后上线，随着国内网约车行业通过融资、补贴换市场、并购等路径实现规模扩张，共享经济下的平台用工模式逐渐引发社会关注。几乎与此同时，外卖行业开始起步，2013 年美团外卖推出线上外卖业务，标志着国内平台用工行业范围进一步扩大。但是，由于这一时期平台用工模式刚刚萌芽，从更好地保护创新的角度国家几乎没有对平台用工中出现的一些问题进行回应，对模糊劳动关系的治理基本集中在地方政府层面零星的探索，国家层面的统一治理模式和政策都尚未形成。2016 年 7 月交通运输部等部门出台第一部针对网约车的政策文件《网络预约出租汽车运营服务管理暂行办法》，这是国家首次提出对平台用工的治理办法。因此，可以将 2016 年视为模糊劳动关系治理的元年。考察国家对平台用工治理的演变历程，可将 2016 年以来的政策变迁大致划分为以下三个阶段。

6.1.1.1 第一阶段：平台模糊劳动关系治理探索期（2016～2018 年）

自 2016 年开始，伴随着共享经济规模化扩张，重点领域的平台用工问题逐渐显现。《网络预约出租汽车运营服务管理暂行办法》正式揭开了我国对平台用工治理进行探索的序幕。该文件强调了平台公司应当与司机建立劳动关系，同时维护和保障驾驶员合法权益。2016 年 7 月国务院出台《关于深化改革推进出租汽车行业健康发展的指导意见》，这是中央第一部关于规范共享经济发展的政策文件；2017 年国家发改委等八部委发布《关于促进分享经济发展的指导性意见》，首次提出将遵循"鼓励创新，包容审慎"的原则对待共享经济的发展，该意见也首次正式提出了将"探索建立平台从业者社会保险制度"，之后国家出台的若干政策文件秉持着"包容审慎"原则，强调要促进新业态的发展、加强对新就业形态的支持，切实维护劳动者合法权益。通过梳理 2016~2018 年我国对平台用工治理的主要政策（见表6.1）可以看出，这一阶段国家鼓励创新的价值导向非常明确，因此政策上更多强调"包容"，即给共享经济的发展留足"观察期"，鼓励大胆创新而避免"管死"。相应地，该阶段围绕共享经济用工的治理政策更多是对实践中出现的网约车交通事故等核心问题的回应，但制度建设未进入实质性阶段。

表 6.1 　　模糊劳动关系治理探索期的主要政策（2016~2018 年）

时间	发布部门	政策文件名称	模糊劳动关系治理的主要内容
2016 - 7 - 26	交通运输部等	《网络预约出租汽车运营服务管理暂行办法》	网约车平台应当与驾驶员签订多种形式的劳动合同或者协议，明确双方的权利和义务；维护和保障驾驶员合法权益
2016 - 7 - 28	国务院	《关于深化改革推进出租汽车行业健康发展的指导意见》	网约车平台要维护和保障驾驶员合法权益
2017 - 4 - 19	国务院	《关于做好当前和今后一段时期内就业创业工作的意见》	建立适应新就业形态特点的用工和社保等制度
2017 - 7 - 3	国家发改委等	《关于促进分享经济发展的指导性意见》	研究完善适应共享经济特点的灵活就业人员社会保险参保缴费措施，切实加强劳动者权益保障
2018 - 9 - 18	国家发改委等	《关于发展数字经济稳定并扩大就业的指导意见》	不断完善新就业形态劳动用工，继续完善适应新就业形态的社会保险参保缴费政策和管理服务机制

6.1.1.2 第二阶段：在发展中规范的模糊劳动关系治理时期（2019～2020年）

2019～2020年是模糊劳动关系治理在发展中逐步规范的时期，互联网平台用工规模伴随着新经济形态的爆发式增长不断扩大，同时平台用工风险隐患也开始集中爆发，平台劳动者猝死、工伤难以认定、劳动保障权利缺失等问题也日益凸显出来，共享经济发展面临着既有制度不适应、政策保障不健全等诸多问题。对此，习近平总书记强调，新业态虽是后来者，但依法规范不要姗姗来迟，要及时跟上研究，把法律短板及时补齐，在变化中不断完善。① 政府意识到共享经济的发展及其衍生出的用工关系问题，必须依靠法治方式和法治手段加以规制。与此同时，2020年出现的新冠疫情恶化了就业形势，在这种背景下，政府对模糊劳动关系治理的政策目标开始从"鼓励创新"转向"发展与保护之间的平衡"，相应的治理逻辑也开始从发展逻辑转向发展与保护并重的逻辑，也就是说，既要稳就业、促发展，又要兜牢劳动者权益保护底线。从2019～2020年出台的4个相关文件可以看出，这一阶段的政策重点在于强化各项政策保障的落地（见表6.2）。

表6.2　模糊劳动关系治理发展规范期的主要政策（2019～2020年）

时间	发布部门	政策文件名称	模糊劳动关系治理的主要内容
2019 - 8 - 8	国务院办公厅	《关于促进平台经济规范健康发展的指导意见》	抓紧研究完善平台企业用工和灵活就业等从业人员社保政策；加强对平台从业人员的职业技能培训
2020 - 3 - 20	国务院办公厅	《关于应对新冠肺炎疫情影响强化稳就业举措的实施意见》	支持劳动者依托平台就业；引导平台企业与平台就业人员就劳动报酬、工作时间、劳动保护等建立制度化、常态化沟通协调机制。取消灵活就业人员参加企业职工基本养老保险的省内城乡户籍限制

① 让"新就业形态"茁壮成长［EB/OL］.（2020 - 06 - 09）［2023 - 12 - 20］. https://www.ndrc.gov.cn/fggz/jyysr/jysrsbxf/202006/t20200609_1231019.html.

时间	发布部门	政策文件名称	模糊劳动关系治理的主要内容
2020 - 7 - 31	国务院办公厅	《关于支持多渠道灵活就业的意见》	研究制定平台就业劳动保障政策，明确互联网平台企业在劳动者权益保护方面的责任
2020 - 7 - 15	国家发改委等	《关于支持新业态新模式健康发展激活消费市场带动扩大就业的意见》	探索适应跨平台、多雇主间灵活就业的权益保障、社会保障等政策

6.1.1.3　第三阶段：在规范中发展的模糊劳动关系治理时期（2021年至今）

2021 年，我国对共享经济下模糊劳动关系的治理进入规范中发展时期。这一阶段互联网平台市场集中度进一步提高，数量庞大的平台劳动者话语权与劳动权益保障缺乏的问题更加突出，尽管政府因地制宜加快完善平台用工相关法律法规，但从整体上来看，保障新业态劳动者权益的有效制度供给仍显不足。为此，国家聚焦维护新业态劳动者权益，相关部门开始密集性地出台一系列文件，尤其是 2021 年 7 月八部委联合印发的《关于维护新就业形态劳动者劳动保障权益的指导意见》，首次明确提出了新就业形态下"不完全符合确立劳动关系情形"的表述，至此我国增加了介于劳动关系和劳务关系之间的第三种劳动形态，也形成了"劳动关系—不完全符合确立劳动关系情形—民事关系"的新业态用工治理的制度性框架，这标志着我国对平台用工治理及平台劳动者的权益保障的制度构建开始进入实质性阶段（见表6.3）。

表 6.3　模糊劳动关系治理发展规范期的主要政策（2021年至今）

时间	发布部门	政策文件名称	模糊劳动关系治理的主要内容
2021 - 6 - 23	交通运输部等	《关于做好快递员群体合法权益保障工作的意见》	提出利益分配、劳动报酬、社会保险、作业环境、企业主体责任、规范用工管理等八项任务措施，初步明确了做好快递员权益保障工作的路径

143

时间	发布部门	政策文件名称	模糊劳动关系治理的主要内容
2021 - 7 - 23	人社部等	《关于维护新就业形态劳动者劳动保障权益的指导意见》	规范用工，明确劳动者权益保障责任；健全制度，补齐劳动者权益保障短板
2021 - 7 - 26	市场监管总局等	《关于落实网络餐饮平台责任切实维护外卖送餐员权益的指导意见》	保障劳动收入、保障劳动安全、完善社会保障、优化从业环境
2021 - 8 - 30	中华全国总工会	《关于切实维护新就业形态劳动者劳动保障权益的意见》	加快推进建会入会、切实维护合法权益、推动健全劳动保障法律制度、及时提供优质服务等
2021 - 12	交通运输部等	《关于加强交通运输新业态从业人员权益保障工作的意见》	完善平台和从业人员利益分配机制、支持从业人员参加社会保险、保障合理劳动报酬、保障获得合理休息、改善从业环境和工作条件、加强人文关怀、强化工会组织保障作用

6.1.2 我国模糊劳动关系治理的政策现状

随着共享经济的发展逐渐进入平稳期，"平台 + 个人"新型关系中存在的"短板"逐渐暴露出来，主要是其打破了旧有行业和法律秩序下的利益关系和管理规范，对传统劳动法律体系、就业服务管理、社会保障政策等形成一定冲击。2020 年 5 月习近平总书记在全国政协经济界联组会指出，新就业形态劳动者法律保障是新就业形态领域当前最突出的问题。在这种背景下，国家聚焦以平台劳动者为代表的新就业形态劳动者劳动权益保护问题，从用工主体责任、劳动报酬、休息休假、社会保险等方面增加精细化制度供给。

6.1.2.1 用工主体责任方面

确定共享经济下平台用工过程中的权利与责任，在本质上就是确定平台与劳动者之间是否构成劳动关系，但该问题至今仍然是我国法律界未解的难题。在我国现行的劳动"二分法"法律框架下，劳动法和民法两者之间没有过渡类型，该观点在传统工业经济时代尚适应现实需要，但进入共享经济时代后这种划分方式已经不再适应平台用工模式，具有"弱从属性"的用工模式大量涌现，既无法纳入"强从属性"的标准劳动关系中，也无法纳入"无从属性"的民法关系中，平台劳动成为介于从属劳动和独立劳动之间的第三类劳动。为此，《关于维护新就业形态劳动者劳动保障权益的指导意见》在提及规范用工时，专门针对平台用工提出了"不完全符合确立劳动关系情形但企业对劳动者进行劳动管理的"的第二种情形，这种用工情形对应的正是所谓的第三类劳动，可以看出国家层面已经正式引入了"劳动三分法"这一新业态用工的制度构架。

在国家将"劳动三分法"正式纳入政策文件的基础上，我国地方政府也先后在该制度框架下出台了明确用工规范的相关政策，目的是通过界定不同类型的劳动关系，明确相关企业的用工责任，以避免发生因用工责任无法确认、劳动者合法权益受侵害等问题。不过，个别省份对于"第三类劳动"部分规定的细节上存在差异，如广东省明确将"不完全符合确定劳动关系情形"称为新型用工关系；北京市则将三种用工关系下的劳动者分类为平台单位就业员工、平台劳动者、平台个人灵活就业人员；宁夏、江苏、海南等地的政策文件，则尝试从劳动者的视角将"不完全符合劳动关系"具象化为"劳动者具有较强的工作自主性且其在工作期间受到平台规则管理"，这些界定通过明确"第三类劳动"的表现形式，为司法实践指明了方向。此外，江苏、安徽、江西三省还针对近年频发的平台诱导新就业形态劳动者注册为个体工商户的情况，给出了明令禁止的规定。

6.1.2.2　劳动者劳动权益保障方面

劳动权益保障是打造和谐劳动关系的重中之重，因此，针对平台劳动者等新就业形态劳动者在这一领域存在的一些痛点、难点问题，国家层面和省级层面都出台了一些法规和政策，为保障其权益构筑制度屏障。现有的政策主要涉及劳动强度与劳动报酬、劳动安全、社会保险、职业伤害保障等方面。

1. 劳动强度与劳动报酬

在劳动强度与劳动报酬方面，国家制定的《关于维护新就业形态劳动者劳动保障权益的指导意见》（以下简称"维护新业态劳动者权益的意见"）提出，将"敦促企业以最低工资为标准支付劳动报酬、建立劳动报酬增长机制""推动行业明确劳动定额标准，科学确定劳动者工作量和劳动强度"，表明无论平台用工属于哪种类型，平台劳动者在正常劳动情况下完成行业定额，至少都能按照当地最低工资标准获得劳动报酬，工作时间也不会超过规定的最高工作时间。不过，由于平台劳动在工作时间上、薪酬计发上具有较强的灵活性，因此这一政策如何落地还有待进一步观察。从省级层面来看，大部分省份都完全照搬国家层面的相关规定，仅个别省份对政策进行了适当的细化。例如，上海、山东等省份要求劳动者在提供正常劳动情况下，折算到小时后的劳动报酬应不低于本市最低工资标准；天津则要求企业应参照国家工作时间相关规定，与新就业形态劳动者协商约定工作时间，并向工作时间内提供正常劳动的劳动者支付不低于当地最低工资标准的劳动报酬。从行业层面来看，国家市场监管总局等部门出台的《关于落实网络餐饮平台责任切实维护外卖送餐员权益的指导意见》中，要求平台确定外卖骑手劳动定额标准和每单最低报酬，以保证其在提供正常劳动下的实际所得不低于当地最低工资标准；而在工作时间方面，则提出了"确定订单饱和度""连续送单超过 4 小时停止派单 20 分钟"等具体的措施。交通运输部牵头的《关于加强交通运输新业态从业人员权益保障工作的意见》所规定的网约车司机等从业人员的劳动基准与外卖骑手类似：劳动报酬上要"多方共同协商报酬计算规则和标准"，强调敦促网约车司机的正常劳动收入水平不低于当地最低工资标准的劳动报酬；工作时间方面的规制政策也与骑手类似。

从上述政策规定可以看出，要对平台在劳动基准方面进行规制的前提是科学确定劳动定额，也就是说，对于以按单计酬的平台而言，必须首先量化网约车司机、骑手等劳动者的正常劳动与劳动定额，否则无法对平台劳动者的最低工资和工作强度进行规范。事实上，在前述诸项规制要素中，目前可量化的指标仅有"外卖每单最低报酬"或者"网约车每公里最低报酬"，对于如何界定劳动者正常的劳动状态，何为有效劳动定额，以及在正常劳动状态下完成多少订单属于有效劳动定额并未有明确的结论。

2. 社会保险

在我国，灵活就业者的社保问题是一个长期存在的问题，随着依托互联网就业的新就业形态劳动者渐成规模，游离在社保体系之外的灵活就业者的社会保障问题引起了社会更广泛的关注。

（1）养老保险和医疗保险。

在灵活就业人员的养老保险和医疗保险方面，国家的政策重点是放开其在就业地参加保险的户籍限制，以扩大灵活就业人员社保的覆盖面。如2020 年 3 月国务院出台的《关于应对新冠肺炎疫情影响强化稳就业举措的实施意见》提出，针对灵活就业人员参加企业职工基本养老保险的要取消省内城乡户籍限制；"十四五"医保规划提出，要放开灵活就业人员参加医保的户籍限制；2021 年出台的"维护新业态劳动者权益的意见"则进一步要求，除个别超大型城市外，各地要全面消除灵活就业者参加社会保险的户籍制度壁垒。此外，2019 年出台的《国务院办公厅关于印发降低社会保险费率综合方案的通知》中，明确将社保个人缴费基数的计算标准由"非私营单位就业人员平均工资"调整为"全口径城镇单位就业人员平均工资"，这在一定程度上降低了缴费基数；同时，该通知允许灵活就业人员在该工资水平的60% ~ 300%选择适当的缴费基数。这些政策在一定程度上有利于缓解平台劳动者等灵活就业人员参与养老保险的缴费压力，提高其参保积极性。

（2）职业伤害保障。

我国目前实行的工伤保险制度是以劳动关系为前提条件的，因此平台劳动者与企业之间劳动关系模糊成为了其参加工伤保险难以绕开的障碍。事实上，长期以来，我国针对灵活就业人员的职业伤害保障制度都处于空白状态，平台用工模式的兴起与发展进一步放大了老问题。在此背景下，国务院于 2017 年 4 月在《关于做好当前和今后一段时期就业创业工作的意见》中首次提出探索适应灵活就业人员的失业、工伤保险保障方式；2019 年 8 月《国务院办公厅关于促进平台经济规范健康发展的指导意见》和 2020 年 2 月的中央一号文件先后强调要开展"新业态从业人员职业伤害保障试点"；2021 年出台的"维护新就业形态劳动者权益的意见"则进一步明确了将在现行工伤保险制度框架下建立新就业形态劳动者的职业伤害保障制度，这也是国家首次从政策层面上明确将构建由政府主导的新就业形态劳动者职业伤害保障制度。2021 年 12 月人社部等十部门下发的《关于开展新就业形态就业人员职业伤害保障试点工作的通知》提出，要在"工伤保险制度框架下，解决职业伤害保障不平衡不充分问题"。

从实践层面来看，各地针对缺乏劳动关系的灵活就业人员或是新就业形态劳动者，积极探索并试点如何突破工伤保险设定的参保条件，并分别形成了直接进入工伤保险的保障模式、单工伤保险模式，这两种保障模式都未突破现有工伤保险制度框架，与之相对应的是工伤保险制度外的保障模式。

模式一：直接进入工伤保险的保障模式。山东潍坊和江苏南通针对灵活就业人员，先后在 2009 年和 2015 年实施了直接加入工伤保险的制度改革。两地的方案均采取了劳动者个体参保并承担缴费义务的方式，并要求与职工养老保险、医疗保险捆绑缴费，这实际上提高了参保的门槛，因此覆盖范围并不高。

模式二：工伤保险制度内的单工伤保险模式。最近几年，广东和浙江先后探索建立工伤保险制度框架内的单险种工伤保险，并由此形成了以广东为代表的单工伤保险"单轨制"模式和以浙江为代表的"双轨制"模式。前者规定由平台为劳动者单独参加工伤保险，从而压实了平台企业在职业伤害保障方面的责任；而后者虽然强调平台企业的责任主体地位，但明确了其可通过引入补充商业保险转移责任，从而建立起政府、平台企业与社会力量三方共担的保障机制。不过有学者认为这种单工伤保险方案与劳动关系脱钩，等价于拔掉了制度所依赖的"锚"，劳动者的工伤认定存在难度（王天玉，2021）。

　　模式三：工伤保险制度外的保障模式。2018 年，苏州市吴江区构建了政府委托、商业保险经办的职业伤害保障模式，其本质是一种完全独立于工伤保险的政府主导型商业保险。该模式的保障人群是在该区域就业但缺乏劳动关系的劳动者；劳动者每人每年仅需缴费180元，而且政府还会对部分群体给予财政补助。与潍坊和南通的保障模式相比，该模式不要求与职工医保和养老保险捆绑缴费，因此降低了参保的缴费门槛，覆盖面也大大增加；但是该模式仍然需要考虑商业保险营利性的问题。2019年江西九江同样针对无劳动关系的灵活就业人员采取类似的保障模式，不同之处在于其将职业伤害保险纳入社保经办，劳动者自愿参保并缴费，虽然无须考虑保险缴费水平与保险待遇水平之间的对应关系，但保障水平有所降低。

不同地区针对未建立劳动关系的灵活就业人员，所试点开展的职业伤害保障模式之间的差异，如表6.4所示。

表6.4　　　各地关于平台劳动者职业伤害保障政策的比较

项目	工伤保险制度框架内				工伤保险制度框架外	
地区	山东潍坊市	江苏南通市	广东省	浙江省	苏州吴江区	江西九江市
保障人群	未建立劳动关系的灵活就业人员	未建立劳动关系的灵活就业人员	网约车等未与平台建立劳动关系的平台劳动者	新就业形态劳动者	无劳动关系的新就业形态劳动者	未建立劳动关系的灵活就业人员
模式	直接参加工伤保险	直接参加工伤保险	单工伤保险"单轨制"模式	单工伤保险"双轨制"模式	政府主导、商业保险经办	新设保险
缴费主体	劳动者	劳动者	平台	平台	劳动者	劳动者
是否自愿	否	是	是	是	是	是
参保限制	需同步参与职工养老保险、医疗保险	需同步参与职工养老保险、医疗保险	无	无	吴江区内就业、建立劳动关系后退出	无
缴费基数及费率	上年度职工社会保险费月缴费基数的1%	上年度社会保险费月缴费基数的0.5%	上年度全省就业人员月平均工资的60%～300%区间，对应行业基准费率	全省上年度职工月平均工资，费率由各地单独核定	每人每年180元，财政补助部分群体每人每年120元	每人每年180元

续表

项目	工伤保险制度框架内				工伤保险制度框架外	
保障水平	除特殊情况外，参照《工伤保险条例》执行	除特殊情况外，参照《工伤保险条例》执行	按照《工伤保险条例》《广东省工伤保险条例》实施	工伤保险基金支付的待遇按《工伤保险条例》	医疗费首先由医保报销，余额部分以3万元为限报销；职业伤害伤残补助金最高15万元；职业伤害伤残津贴最高21万元；职业伤害身故补助金40万元	职业伤害住院医疗费上限2万元；职业伤害伤残补助金最高8万元；无职业伤害伤残津贴；职业伤害身故补助金20万元

资料来源：作者根据各地灵活就业人员职业伤害保障办法整理而来。

虽然上述三种试点的保障模式能够为平台劳动者提供一定保障，但也都存在某些局限性。首先，大部分省份的职业保障政策都未强制参保，而当下以青年群体为主的平台劳动者更关注短期利益，风险意识缺乏，这很可能引起保险的"逆向选择"。其次，一些保障模式的参保门槛较高，如潍坊和南通将工伤保险与职工养老与医保捆绑，不利于参保面的扩大；大部分保险政策要求参保对象应为"未建立劳动关系"的新就业形态劳动者，可能导致一些兼职的网约车司机、外卖骑手（他们已经与全职工作的用人单位签订劳动合同）无保可依。

6.1.2.3 公共就业服务政策方面

2020年2月，人社部先后出台《关于实施职业技能提升行动"互联网＋职业技能培训计划"的通知》《百日免费线上技能培训行动方案》等文件，组织开展网约配送员等新职业的技能培训，通过职业技能培训补贴政策、引导企业、新就业形态劳动者积极组织或参与职业技能培训。与此同时，2021年11月人社部启动了新就业形态技能提升试点工作，对外卖骑手、网约车司机等新兴就业群体开展技能提升培训和就业促进项目，旨在提高其就业稳定性。

6.1.2.4　用工算法监管方面

算法作为支撑平台劳动形态的技术基础，帮助互联网平台快速高效地匹配劳务供需双方。平台作为技术的优势方，通过缺乏管制的算法管理实现供需匹配的自动化决策。尤其是在外卖等领域的平台用工方面，平台为追求最优劳动效率对平台劳动者使用算法管理形成了最严算法，也给劳动者带来了过度劳动等劳动风险。但作为一个全新的现象，平台用工的算法较少受到监管。为此，"维护新就业形态劳动者权益的意见"指出，将督促平台围绕平台进入退出、订单抽成比例、奖惩等涉及劳动者权益的算法规则进行修订；与此同时，国家市场监管总局等七部委发布的《关于落实网络餐饮平台责任切实维护外卖送餐员权益的指导意见》则首次明确要求平台用"算法取中"代替"最严算法"，合理确定订单数量等考核要素。2022年3月，国家网信办等四部门发布了《互联网信息服务算法推荐管理规定》，要求平台在运用算法时保护骑手等劳动者的合法权益。这些政策的出台，也推动美团、饿了么、滴滴等平台先后公开、优化关于用工的一些算法规则，使"算法取中"在不同行业得到改善，更好地保障了平台劳动者的劳动权益。

然而，对于我国相关的监管机构而言，对包括用工算法在内的算法监管仍然是一个全新的领域，由于相关的法律制度并不健全，使得政府在对平台的算法监管时缺乏监管依据。

6.2　模糊劳动关系治理成效

从劳动关系治理的微观层面来看，劳动者与资本关系的和谐程度是检验治理成效的标准。在劳动关系治理分析模型中，只有当劳动者与平台资本关系和谐，才能推动技术进步，推动平台经济稳定健康发展。共享经济下模糊劳动关系的治理政策最后落实到微观层面，就是代表资方的平台与平台劳动者之间的博弈。因此，针对 2021 年 7 月以来有关部门、省、市围绕新就业形态劳动者权益保障密集出台的一系列政策，不同行业的头部平台企业给出了回应，这种回应就可以视作政府作为治理主体对模糊劳动关系治理所取得的成效。

6.2.1 平台企业对治理政策的回应策略

以外卖领域的某头部企业为例。如前文所说，2021 年以来，政府出台的种种政策加上良好的舆论监督环境，促使该平台从算法治理、民主参与、劳动安全、骑手职业发展等方面进行一系列的改革，积极采取措施改善与外卖骑手之间的关系。

第一，在算法治理方面，2022 年 5 月该平台宣布优化外卖系统算法，从订单与骑手两个角度出发，采取了预判和识别异常场景发生、给予骑手更多自主选择权等措施以解决因异常场景导致的配送超时问题、加强骑手劳动安全保障。此外，该平台还试点将骑手预估送达时间由原先的"时间点"调整为弹性的"时间段"；在全国 15 个城市试点新的"服务星级"激励机制，改进直接对骑手差评、超时等进行扣款的薪酬制度，并根据全月累计积分来评定骑手的服务质量进而确定对应奖励，延长外卖骑手的评价周期，并给予骑手更多的正向激励。与此同时，该平台在 2021 年 9 月公布了订单分配和骑手配送时间的算法运行逻辑，在推动算法规则的透明化上迈出了一大步。

第二，在推动骑手的民主参与技能提升方面，该平台定期召开骑手座谈会，设立产品体验官，充分采纳骑手的观点和意见，体现出该平台解决骑手诉求的意愿；推出"同舟计划"，通过设立"老带新"常态机制，让有经验的老骑手们帮助新骑手，帮后者更好地融入和适应工作。

第三，在骑手的职业发展方面，该平台牵头申报了"网约配送员"新职业，完成国家职业技能标准和职业培训包的研制工作，成为人力资源和社会保障部"新就业形态技能提升和就业促进项目"首批试点企业。同时，该平台完善骑手职业技能培训体系，为骑手提供了 100% 覆盖网约配送员五级标准的课程和培训。此外，该平台还积极拓宽骑手职业发展道路。2021年10月，该平台推出站长培养计划、骑手转岗计划等，开放了客服、培训师、运营主管等转岗通道。

第四，在骑手的劳动安全方面，该平台正积极参与职业伤害保障试点，并承诺将支付参与试点骑手的所有费用。

外卖、网约车等共享经济重点领域的头部企业对治理政策所采取的回应策略如表6.5所示。

表6.5 **各领域互联网平台对治理政策的回应策略**

领域	平台企业	回应策略
外卖	A平台	1. 算法取中：优化算法系统，为骑手的配送服务留出8分钟弹性时间； 2. 民主沟通：召开骑手座谈会，听取骑手诉求的意愿； 3. 个人发展：推出站长培养计划、骑手转岗计划； 4. 职业伤害保障：正积极参与职业伤害保障试点，并将支付参与试点骑手的所有费用； 5. 绩效考核改进：推动合作商试点"服务星级"阶梯化激励机制，将骑手的月度奖励与月度积分挂钩，对差评、超时等情况的处理从扣款改为扣分，骑手可在后续通过加分项弥补
	B平台	1. 算法取中：不采用最短配送时效进行考核、骑手可申请灵活配送时间、增加对延时送达的免罚场景； 2. 推动用工主体承担责任：督促服务商与骑手依法确定劳动关系、履行雇主责任；禁止以任何形式诱导或强迫骑手转为个体工商户规避用工主体责任行为； 3. 人性化关怀：成立"蓝骑士基金"，覆盖外卖行业所有骑士，为其家庭提供大病救助、子女入学帮扶
网约车	C平台	1. 设立治理机构：成立网约车司机生态发展委员会，意在改善收入波动、权益保障不够健全、平台规则不完善等问题； 2. 民主参与：线上调研、司机开放日、司机共创会、司机恳谈会等形式，面向司机群体求取意见和建议； 3. 收入公开制度：为司机构建稳定灵活的收入模式，确保其收入可感可知、账单公开透明； 4. 算法公开：公开司机派单的算法规则，及司机端的抽成规则

6.2.2 启示

在劳动关系治理中，政府的重要角色之一是立法者，而平台与平台劳动者之间则在其给定的治理规则下进行博弈。但是，对于平台用工中出现的用工算法等问题，仅靠政府治理很难完全妥善解决。在这种情形下，需要平台履行其作为平台商业生态圈主导者的社会责任，从而推动劳资双方关系的和谐。平台具有生态性与连接性，它连接起众多不同类型的利益主体，构成了一个平台生态圈，该生态圈核心成员包括劳动者、劳务关联企业（如外卖领域的劳务外包企业、支付外包企业）、用户、政府等。在这种情形下，平台不仅是单一企业与劳动者直接连接，更重要的是通过平台连接形成自我组织、自我生长、自我进化、自我迭代的平台生态圈，以生态圈形式与劳动者连接。因此，平台与劳动者之间通过两条路径连接起来，一条路径是"用工主体→劳动者"，另一条路径则是"用工主体→平台用工生态圈→劳动者"。相应地，平台对于劳动者的社会责任包括两个层面：一是平台作为直接的用工主体采取对劳动者负责任的行为；二是作为平台的运营主体推动生态圈中的其他成员对劳动者负责任的行为，从而确保生态圈的运行符合对劳动者的社会责任要求。例如，在某平台对平台用工治理政策的回应策略中，一方面，其作为用工主体直接践行社会责任的举措包括算法取中、人性化关怀等，另一方面，其作为平台运营商，还提出将"督促服务商与骑手依法确定劳动关系、履行雇主责任"，其实质是推动生态圈内的劳务关联企业采取对劳动者负责任的行为。

6.3　模糊劳动关系治理机制存在的不足

6.3.1　平台劳动者权益保障的相关政策体系有待细化

通过前述对共享经济下模糊劳动关系治理相关的法律政策梳理，可以看出，"维护新业态劳动者权益的意见"出台的标志性意义在于，划分出"不完全劳动关系"这一中间类型，从而为确认劳动关系有难度的平台劳动者赋予相应的部分劳动保障权益提供制度接口和逻辑依据。在该意见的指引下各级地方政府结合自身实际制定相应的政策措施，旨在补齐劳动者权益保障的制度短板，我国新业态用工治理政策体系初步形成，但是仍然存在一些不足。

6.3.1.1　平台用工类型的认定标准尚不明确

虽然"维护新业态劳动者权益的意见"划分了共享经济等新业态下的三类用工关系，但是由于其认定标准目前尚不明确，这使得很难清晰界定劳动关系、不完全关系以及依托平台的自由职业三类用工关系之间的边界。一方面，在缺乏相关配套政策明确用工类型认定标准的情形下，可能产生隐蔽雇佣、"去劳动关系化"等现象，不利于劳动者权益的保护。譬如，根据第 4 章对骑手劳动关系状况的分析，经济收入超过 4000 元的骑手达到 88.5%，工作 10 小时以上的骑手达 25.6%，超过国家规定每周 40 小时标准工作时间的人数较多。从经济从属性和劳动时间来看，这些骑手与企业之间可能已经构成了标准劳动关系，但由于缺乏清晰的认定标准可能使得可以纳入原有劳动关系权益保障体系的劳动群体被排除在外，这种隐蔽雇佣毫无疑问会降低劳动者可获得的权益保障水平。另一方面，不完全劳动关系可能诱导平台相关企业"去劳动关系化"的行为。"维护新业态劳动者权益的意见"将依托平台就业的自由职业者视作非劳动关系法律主体，因此其不受到劳动法的保护，但是这可能诱发企业将劳动关系下的"雇员"转变为劳务关系下的"独立劳动者"，以降低用工成本。2021 年北京致诚农民工法律援助与研究中心发布的《外卖平台用工模式法律研究报告》显示，在全国已出现了超过 190 万家"疑似骑手个体户"，并在个别地区呈现出集中分布的态势；2021 年全国新设个体工商户 1970.1 万户，同比增长 17.2%，远超 2012～2020 年年均 11.8% 的增速。"维护新业态劳动者权益的意见"的出台可能是导致这一现象的重要原因。为此，人社部等部门对美团、饿了么等 10 余家平台企业开展联合行政指导，美团等平台也发表声明要求禁止骑手注册成为个体工商户，但是这些举措并不能从根本上解决制度的短板。

6.3.1.2 适应平台用工的劳动基准制度空白

劳动基准制度是为保障就业者开展劳动，而从最低工资、工作时间、休息休假等方面建立关于劳动条件最低限度的要求。尽管 2021 年国家层面出台的"维护新就业形态劳动者权益的意见"与省、市级层面在新就业形态劳动者权益保障方面，都针对"不完全符合劳动关系"的劳动者，即第三类劳动者，明确其可以享受最低工资、工作时间、劳动安全等劳动基准方面的权益，但如何从制度上保障工作时间、劳动报酬等劳动基准的实施尚不明确。

事实上，由于平台劳动者通常具有进出平台相对自由、工作时间自主、劳动报酬计发灵活等特点，因此导致很难将其纳入现有的劳动基准制度。例如，按照我国《最低工资规定》，"对于实行计件工资形式的企业，应在确定劳动定额的基础上，保证劳动者的小时工资不低于相应的最低工资标准"，这表明最低工资实施的前提是量化劳动定额。但是，由于平台劳动者具有随时进出平台及跨平台就业的自主性，导致很难对外卖、网约车等领域的劳动者在单位时间内的工作量进行科学的测定，故而也无法明确相应的行业劳动定额，真正实现劳动者的最低工资权益保障。

6.3.1.3 现有的社会保障制度缺乏灵活性

现代社会保障制度是人类社会在工业化进程中为化解贫困、失业、伤残、疾病和年迈无助等风险而构建的一个社会安全网。但随着互联网经济时代的到来，平台就业等新就业形态层出不穷，建立于工业化时代的社保制度在服务新就业形态劳动者时表现出灵活性不足的问题，难以适应灵活就业人员的社保需求。这些问题主要表现在以下方面：

第一，新就业形态劳动者参保的制度设计欠缺灵活性。虽然国家的社保法将职工基本医疗保险与职工养老保险的参保对象拓展至灵活就业人员，但按目前这两项保险的参保制度设计，灵活就业者要参保必须个人承担原用人单位和职工的缴费责任，加上缴费水平偏高，影响了该群体参保积极性。而且，养老保险和医疗保险参保制度设计上没有考虑到不同职业、收入、年龄的灵活就业者对社会保障的差异化需求，因此在缴费基数及费率、缴费时间等方面缺乏灵活性。

第二，社保转移接续制度缺乏灵活性。虽然国家持续推进放开灵活就业人员参保的户籍限制，但是灵活就业人员在跨区域流动时仍然存在社保不能完全转移的情况，这影响了异地养老者的利益。事实上，我国现有的社保体系建立在劳动力流动性较低的情况下，而地区间的政策差异使得转移接续非常复杂，而新就业形态劳动者就业灵活化使得其在社保关系转移接续上面临隐形壁垒。

6.3.2　治理主体相对单一

从我国对于平台用工的治理来看，主要强调单一政府作为治理主体的作用，对于平台劳动者要从通过补齐制度短板，兜住劳动权益保障的底线。然而，由于平台型企业兼具企业属性和市场属性，在平台生态圈内被赋予了较大的公共权力，传统的用工监管体系很难进入平台自留地，容易形成治理"黑箱"。而且整体来看，政府在平台用工监管方面的制度建构往往比较滞后，很难适应平台用工动态变化的各种趋势。事实上，在新就业形态劳动者出现了职业伤害保障缺乏、超负荷劳动等问题之后，政府才开始建立针对新就业形态劳动者的保障制度。可见，这种过于依赖政府的垂直治理方式，缺乏对多元主体在平台用工治理中发挥作用的考虑。

首先，缺少代表劳动者话语权的工会组织。集体组织是保护劳动者的合法权益的重要力量。韦伯夫妇（Sidney Webb & Beatrice Potter Webb）1894 年出版的《英国工会运动史》中提出，可通过集体交涉来调和劳资关系中的利益对立、冲突，也就是说依靠集体协商以及集体合同制度寻求双方利益的平衡点。约翰·康芒斯也认为，建立劳资双方的沟通渠道能够促使双方通过谈判实现合作共赢，而工会的组织形式代表了劳动者的集体利益。因此，工会的主要职能在于代表工人的集体力量进行谈判，以形成有利于劳方的条约。尤其是在平台就业模式下资强劳弱的现象更加突出，而工会组织的介入则能够在一定程度上缓解这种局面，使双方通过协商形成一种和谐的劳动秩序。但是，目前共享经济下代表新就业形态劳动者的工会尚未真正发挥其在调解劳资关系中的作用。

其次，平台未充分发挥治理主体的作用。平台型企业在企业与市场的双重属性下，不仅作为企业追求经济利润的最大化，同时也承担着生态圈中"社会人"角色，被赋予的公共权力逐步增大。在平台众包用工模式下，劳动关系由平台雇佣转为第三方雇佣或与个体商户的合作关系，无论哪种模式下平台似乎都没有直接与平台劳动者建立雇佣关系，无须承担劳动法下的用人单位职责。从这个角度来看，平台劳动者的确可被视作平台的一类用户从而与平台形成合作关系的群体。事实上，平台劳动者的劳动过程更像是移动片段的模块方式嵌入平台，而平台则通过这种方式将劳动的外部性成本完全转嫁到劳动者和与之相关联的企业。在现有的政策体系尚未完全跟上新业态发展的情况下，仅仅依靠政府监管，很难完全应对平台用工治理的需求，需将平台引入模糊劳动关系的治理中，形成多元共治的局面。

6.3.3 传统用工监管机制面临冲击

政府对于平台用工的监管，是政府对平台企业的用工行为进行管制，以规范其行为的过程。从监管目标来看，现阶段政府对于平台用工监管最大的挑战，来自在新业态发展与劳动者保护之间的权衡取舍。由于平台企业在结构及运营方式上，都与传统企业存在差异，这决定了传统的用工监管机制面临挑战。

首先，从监管对象来看，由于平台具有多边市场性质，这决定了政府对平台用工的监管不仅是对平台作为用人主体的监管，而且还涉及对用工生态圈内劳务关联企业的监管。一方面，平台、劳务关联企业、劳动者之间相互嵌套、相互影响，另一方面，作为买方的消费者、作为卖方的企业

（如商家）等多重对象也可能牵涉其中，这大大增加了监管对象的复杂性，也使得政府对平台用工进行监管时很难准确识别出监管对象。例如，人社部要求企业应向平台劳动者按时足额支付不低于当地最低工资标准的劳动报酬，不得克扣或者无故拖欠。但在用人主体、报酬支付主体及缔约主体分离的情况下，政府在对欠薪行为进行监管时就很难直接精准锁定相关的责任主体。

其次，从监管内容来看，算法用工监管是平台企业用工监管的重要内容。目前，我国将平台算法用工的监管纳入了平台监管框架。但是，由于算法的"黑箱"特性使得企业在数据和算法上拥有非对称优势，客观上隐藏了算法自身存在的缺陷，加上监管机构本身在算法技术方面的能力有限，使其很难对算法信息进行审查。从监管主体来看，对于平台算法运用的监管责任归属于市场监管机构，而对平台用工的监管则由劳动监察部门负责，这种分散监管的模式更难以满足算法监管对专业化的监管需求。

最后，从监管方式与监管力度来看，由于共享经济新业态的显著特点之一是生产单元小，且与平台用工相关的企业较多，劳动者规模大。企业经营场所分散化、隐蔽化的特点大大增加了劳动保障监察的难度，再加上这些关联企业往往没有实体经营场所，在传统的属地化用工监管模式下，劳动监察部门对共享经济领域的用工监察行为难以实施；而且，由于平台用工标准在区域、行业等存在异质性，这也容易导致政府的监管呈现出无序化状态，反而加剧劳动者的从业风险。在监管力度方面，由于政府面临着效率与公平、灵活性与保障性、发展与保护之间的多重悖论，因此作为监管主体以何种力度对平台相关的用工行为进行监管，只有把握好监管尺度才能够避免用工成本上升而影响新业态的发展速度。

第 7 章

共享经济背景下模糊劳动关系
治理的国外经验

作为国家治理体系的重要组织部分，劳动关系治理强调作为治理主体的政府通过法律规制促进劳动关系双方理性交往，以实现劳资力量的动态平衡。杜连峰（2022）认为，政府主导的治理逻辑分为偏重资方或偏重劳方两种。偏重资方，指最大限度地促进资本经济的发展并保障劳动者基本生存权益；偏重劳方，指维持资本经济发展并最大限度地提高劳动者工资等福利待遇。从世界各国共享经济的发展历程来看，不同国家在共享经济发展较早期都采取了偏重资本、忽视劳动者权益的治理逻辑，但带来的后果是围绕平台劳动者法律身份认定、权益保障等问题的劳动争议频繁发生，影响了社会劳动关系的整体和谐。究其根本原因在于，在各国偏重资方的治理逻辑下，相关的劳动法律制度滞后于资本扩张的速度。因此，最近几年各国围绕认定平台劳动者身份、如何保障其劳动权益等治理难题，已经开始了探索与法律实践。

不过，由于不同国家在经济发展水平、历史文化背景与法律框架的不同，因此在平台劳动的性质认定以及权益保护的方案设计等方面都存在差异。本章研究内容拟从不同国家对劳动关系判定标准出发，比较不同标准并梳理其在平台劳动者劳动关系判定中的效果，进而比较不同国家在平台从业者权益保障上的制度设计以及具体做法，为我国从制度上规范、协调平台用工关系提供借鉴。

7.1　不同国家劳动关系的认定标准及其对平台劳动者法律身份的认定

劳动关系的判断标准是劳动法理论和制度的逻辑起点，因此平台用工性质的判定离不开传统劳动关系标准理论。该理论认为，从属性是劳动关系认定的核心准则，也就是说劳动者是否具备从属性，是区分劳动关系与自雇佣的核心标尺，以及为具备从属性的雇员提供劳动法保护的基本前提。一般来说，从属性越强，劳动者应获得的保护力度也越强，而资本方所需要承担的责任也越多。从属性主要包括人格从属性和经济从属性两方面，其中人格从属性是从属性的核心特征。由于不同国家对于从属性的理解存在差异，由此带来了劳动关系认定的"从属论"和"控制论"两种思路，前者从雇员的角度强调雇主对雇员的指挥和管理，而后者则从雇主的角度强调其对雇员工作控制的程度；此外，由于不同国家对从属性强度划分的不同，形成了劳动关系认定的"二分法"和"三分法"两种不同类型。以下按照劳动关系认定方式的不同，分别比较劳动关系"二分法"和"三分法"国家的相关法律规定，及其对平台用工性质的认定。

7.1.1　以劳动关系"二分法"为基础的国家

劳动关系"二分法"将从属性划分为强弱两档，对从属性强的劳动者完全肯定其劳动关系并享受劳动法的保护；从属性弱的劳动者则被认定为属于民事关系下的"自雇者"，而不能获得相应的保护。这种"非黑即白"的划分方式对应了"全有或全无"的劳动保护模式，因此备受争议。

目前，世界上主要以传统劳动"二分法"的思维逻辑进行劳动关系认定的典型国家有美国和日本等。

7.1.1.1 美国

美国劳动法体系对劳动关系认定采取的是劳动者还是独立承包人的两分法，一旦雇员没有被认定为劳动者，就不享有劳动法所规定的权利。在判定劳动关系性质的标准方面，主要采用"控制标准"，该标准囊括了十项认定要素如雇主控制雇员工作细节的程度等来衡量雇员受控程度，在其他控制条件不变的情况下，雇员受控制程度越强则表明雇主与雇员存在劳动关系的可能性越大。此外，在美国公平劳动标准法（Fair Labor Standards Act）中"组织标准"和"经济现实标准"也被视为控制标准的补充，前者衡量雇员工作内容与雇主业务板块的相关程度，如果雇员工作内容是公司业务的组成部分，那么二者劳动关系成立。"经济现实标准"则考虑了雇主和雇员对生产资料的投入程度、双方关系的持久性等因素。近年来，随着劳动关系日益复杂化，美国逐渐建立了更复杂、更精确的"多因素标准"，分别是：美国劳工部、美国联邦税务总署、加利福尼亚州（以下简称"加州"）最高法院提出的经济现实标准下的七因素标准；确定雇员身份的"普通法测试模型"中所包含的 20 个因素标准；Borello Test 标准（也称十一因素标准）。但是，法学专家普遍认为，与控制标准相比，上述三个判例标准延伸考虑了更多的判定因素，虽然对劳动关系的认定灵活度相对较高，但由于考虑的因素较多，因此在司法实践中的可操作性也有所下降。

美国对网约车司机等平台劳动者的定性，并没有突破基本的二分法，也就是说平台劳动者的身份仅限于雇员或独立承包商。在司法实践中，美国法院一开始主要采用控制权测试标准认定平台劳动者身份，但由于标准众多且没有决定性因素，也没有各因素权重比值，法官具有极大的自由裁量权；此外，由于各个法律的立法目的不同，如劳动法、就业法和税法等，同一名工人在不同场景寻求不同的法律保护时，其身份认定可能出现不同的结果。因此，控制权测试下的二分法并不适用平台劳动者，因此美国法律界又发展出了 ABC 测试标准及其多种变形以应对共享经济中的劳动纠纷，其中 ABC 测试标准采取偏向保护劳动者的立场，对平台方提出了更高的要求和责任。例如，在 2018 年加州法院审理司机诉讼快递公司 Dynamex 一案中，就使用 ABC 测试，将 Dynamex 平台下的司机认定为雇员，代表了加州工人分类法格局的重大转变。2020 年 1 月 1 日加州议会通过第 5 号法案（以下简称 AB5）（通常被称为《零工工人法案》），是唯一一项全面性地约束共享经济平台的强制性法案。该法案以 ABC 测试代替了控制权测试，站在倾斜保护平台劳动者的立场，将原来的独立承包商划分到雇员一类中，除非雇主可以在三个方面全部证明工人是独立承包商。

然而，由于 AB5 法案侧重于保护劳动者权益，因此遭受了不同平台企业的抵制。如 2020 年 Lyft、优步和 DoorDash 共同投入了 2 亿美元以推动加州地区通过"第 22 号提案"，从而豁免其遵守 AB5 法案，即无须将平台劳动者视为雇员，但仍然需要为他们提供部分劳动权利保护（涂永前，2021）。该提案的形成也在其他州产生了涟漪效应，美国近一半的州围绕平台劳动者和平台企业之间的关系立法，其中多数立法都将劳动者定位于独立承包商。譬如，阿拉斯加州议会在 2017 年就通过了"网约车司机不属于雇员"的法案，该法案指出网约车司机不能享有州就业法所规定的一切雇员权利。

从美国对共享经济就业者身份认定的立法过程来看，平台的市场属性决定了其提供的服务具有准公共服务性质，因此涉及了多方利益，在多方利益的博弈下，要立法保护平台劳动者的权益显得非常艰难。尽管"第 22 号提案"从法律上将平台劳动者定位于"独立承包商"，却在保护平台劳动者方面迈出了实质性的步伐：该法案明确要求平台为平台劳动者提供部分劳动保护。虽然未明确在雇员与独立承包商之间增加第三类主体，但本质上也是向"劳动三分法"转型的尝试，这与我国出台的"维护新就业形态劳动者权益的意见"有着相似之处。

7.1.1.2　日本

日本劳动法学界将现实中存在的承包、委托等劳务供给行为，称为契约劳动①。契约劳动是指"基于委托、承包契约依从用户企业的指示提供服务的人"，其处于雇佣契约和个体经营的中间领域（雇佣的个体经营）。日本劳动立法虽没有针对契约劳动的法律规范，但其是劳动者认定理论的重要组成部分。

对于契约劳动的法律调整，日本根据立法目的的不同，对"劳动者"进行差别化界定来实现。1976 年日本出台的《劳动基准法》将劳动者定义为：无论什么职业，被企业使用并从中取得工资的人。一方面，1985年日本权威劳动组织"劳动基准法研究会"从个别法的角度，围绕人格从属性和经济从属性两方面提出了判定劳动者的从属性标准。其中，以工作依赖为特征的人格从属性是指劳动者听从雇主监督指挥从事相应劳动；而以收入依赖性为特征的经济从属性则是劳动者通过劳动付出获得相应的经济回报。以此为依据，日本的《劳动基准法》明确了劳动者应得到最低工资、工作时间以及工伤保险等基本劳动权益。另一方面，日本的《工会法》则从集体法的角度定义"劳动者"是"依靠工资、薪酬等生活的人"，该界定甚至不要求劳动者获得雇佣，也就是劳动者无须具备所谓的"使用从属性"，只要是依靠薪金等收入生活即可。日本《工会法》为劳动者提供的主要权益保护是集体劳动权，如开展集体协商与罢工的主动维权行动等。由此可以看出，日本根据立法目的的不同使劳动者的定义及实际适用存在差别，这种"劳动者"统一概念下的"多样化路径"，可以根据被保护的劳动对象确定保护程度。

近年来，由于共享经济在日本的兴起，日本现有的《劳动基准法》也很难对共享经济平台从业者的人格从属性进行认定，因而在日本的司法实

---

① 国际劳工组织 1997 年曾在第 85 届大会上首次提出"契约劳动"，并提议制定专门的公约，但由于各国对该问题的理解存在分歧并未成行。

践中骑手、网约车司机等职业被排除在基本权益之外。需要指出的是，在共享经济萌芽之前，外卖配送等服务业已经发展成为了较成熟的服务模式，因此依托互联网的共享经济与相关传统服务业形成了竞争关系。譬如，共享经济出现之前，日本的传统外卖送餐业务就已经比较成熟，外卖骑手都是由餐馆自行雇佣，并不存在共享经济下劳动关系认定的争议，而注重就业稳定性的日本政府对于共享经济的导入也较其他国家更谨慎。

7.1.1.3　美国与日本的比较

日本和美国虽然本质都建立在劳动关系"二分法"基础上，但在判定标准、核心判定准则以及对劳动关系下的劳动权益界定方面都不尽相同。

首先，在判别标准上，日本有明确的标准界定是否存在劳动关系，不同标准必须同时成立才可认定为劳动关系。相比较而言，美国采用的多因素判定标准则更变通，需要司法部门在实际判定过程中根据具体情况灵活应用，因此也更能够适应当前复杂的平台劳动者身份认定的情况，但是过于灵活的认定标准也使得司法更容易受到外在因素的影响，其公正性难以得到保证。

其次，在判定核心准则上，日本判定劳动关系遵从从属性核心准则，并综合多维度（经济从属性、人格从属性和组织从属性）来评判雇员对雇主的总体依赖程度；美国则从控制论的角度出发，通过雇主对雇员的劳动过程指挥监督的控制程度来判定用工关系。可以发现，日本与美国两种判定准则的考察角度分别是雇员和雇主，但都是以劳工双方的关系紧密性判断为本质。

最后，在劳动者权益界定与保护上可以发现，虽然日、美两国都根据各国法律规定对认定为标准劳动关系的劳动者给予了相应的劳动权益保障，但对于未被认定的劳动者权益保障却各有所异。具体到平台劳动的情形，按照日本对于劳动关系的认定标准，平台劳动者只能被认定为《工会法》下的劳动者，仅能享受到集体劳动权；美国将平台劳动者认定为独立承包商，劳动者与平台的关系受《垄断法》调节，在独立承包商身份下该法律可以确保劳动者获得与平台公平交易的权利。

美、日两国的劳动关系"二分法"的比较具体如表7.1所示。

表7.1　　　　　　美国和日本对劳动者法律身份认定规则的比较

比较项目	美国	日本
争议焦点	雇员还是独立承包商	所属劳动者类型
判定标准	控制权测试标准ABC测试等	主体性、从属性
核心标准	控制标准、组织标准	从属性
劳动者权益	认定为雇员则享受劳动法律所规定的权益保障	根据劳动者获得《劳动基准法》或《工会法》的认可情况来赋予相应的权益保障

7.1.2　以劳动关系"三分法"为基础的国家

　　劳动关系"二分法"在本质上是依据从属性准则将劳动者的从属性强度划分为强从属性和弱从属性，分别对应劳动关系和民事关系，从而获得"全有或全无"的劳动保护。这种划分方式虽然避免了边界模糊带来司法和行政的不当裁量，但两极化的劳动保护模式缺乏过渡性的保障机制，难以对介于强和弱从属性劳动之间的劳动给付行为提供保障。劳动关系"三分法"则指在劳动关系是和否之间设立一种中间类型的劳动关系，使处于劳动关系和民事关系之间的劳动者可以获得相应的法律保护和权益保障。采用劳动关系"三分法"的典型国家以欧美国家为主，如英国、德国、加拿大等。

7.1.2.1　英国

　　作为劳动关系"三分法"的先行者，英国劳动法在将劳动者划分为工人与自雇者（self‑employed contractor）两大群体的基础上，进一步将工人群体划分为标准就业的雇员（employee）和灵活就业的非雇员工人（worker），其中对于自雇者的判定采取了以控制性测试标准为主、以工作独特性认定为辅的标准：控制性标准主要强调劳动受领方对劳动给付方劳动时间的控制，而对于工作灵活、工作替代性较强的劳动给付方，适当放宽认定标准，将其认定为非雇员工人。英国的保障制度以非雇员工人为起点，通过基本权益实现底线保障，充分尊重劳动灵活性，在此基础上针对雇员设置解雇保护等强力保障机制，维护标准就业的稳定性；而对于自雇者法律保障主要是反歧视，而其他权利义务则需要与客户进行约定，可见从雇员到非雇员的工人再到自雇者，法定保障程度逐级递减。

在英国，司法界对平台劳动者"劳动身份"的争议最早可以追溯到2016年的伦敦优步两司机就其就业权利对优步提起诉讼，当年10月英国劳动法庭就此纠纷判定优步的司机为非雇员工人。随后，优步对这一裁决的多次上诉均败诉。2021年2月英国最高法院对该案作出了最终判决，认定双方存在从属和依赖关系，司机应被定义为优步的"工人"并因此获得最低工资和带薪休假等部分权益保障。法院采用控制性标准来判定优步与司机的关系，认为优步从服务方式、计价方式、薪酬、客户等方面对司机实行严格规定与控制。另外，最高法院还重新定义了工作时间，认为司机自打开应用开始便应计算工作时间。

值得注意的是，英国最高法院裁决在不彻底突破传统劳动法基本原理的同时，引入了"平台社会责任"和"雇佣关系过渡态"的概念，确立了平台就业者的权益保障的底线，同时加大了劳动保障弹性，有利于应对新经济形态下日益复杂灵活的就业形式。

7.1.2.2　德国

德国的《劳动法院法》依据从属性理论构建了"劳动三分法"的制度框架，将劳动划分为从属性劳动、经营性劳动及独立性劳动三类，分别对应人格不独立的雇员、人格独立但经济上有从属性的类雇员以及经济和人格都独立的自雇者。对于处于中间类型的劳动者——类雇员，他们对雇主虽然没有人格从属性，但具有较强的经济从属性，而且有获得与雇员相似的社会保护的需求。对类雇员经济从属性的认定，德国相关法律规定，如果劳动受让方是唯一的，则劳动者的收入构成了其主要生活来源，则双方存在经济从属关系；即使劳动受让方不唯一，那么只要劳动者从其中一位受让方获得超过整体收入的50%，也可认为劳动者具备经济从属性。

在"三分法"的分类框架下，德国法律对不同类型的劳动者提供差异化的保护：对雇员给予完全的倾斜保护，对类雇员给予不完全的倾斜保护，对独立劳动者不给予倾斜保护。值得注意的是，不同的类雇员群体获得的社会保护是不同的：以手艺人、小老板等为代表的"家内劳动者"，他们以承揽方式为雇主提供劳务，由于相对于一般的类雇员更为弱势，所以德国相关法律为其提供了与雇员几乎相同的劳动保护；为企业安排和签订交易合同的"商业代表"能获得的保护最少；其余的类雇员群体则享有带薪休假、劳动安全保护、集体协商等权益，但通常被排除在法定社会保险制度之外。

平台劳动者与"家内劳动者"在工作模式上有相似性，因此德国法律不仅将其视为类雇员，还为其给予较强的劳动保护。结合德国现有的劳动关系认定标准，可以看到，德国对于平台劳动者的认定弱化了人格从属性要求，而主要按照超过50%的收入标准判定经济从属性，只要符合该条件的平台劳动者均可以作为类雇员而获得相应的劳动保护。

7.1.2.3 加拿大

早期，加拿大也是使用"劳动二分法"的国家，并以"控制、工具的所有权、盈利机会以及损失的风险"四要素控制检验方法作为劳动关系认定的核心标准。但随着经济社会发展，加拿大出现了商人、水管工、手艺人等只为一家公司全职工作、具有经济依赖性的自雇者。加拿大劳动法学界的权威学者阿瑟斯教授注意到这一点，并于1965年创新性地提出了"依赖型承揽人"（dependent contractors）的概念，认为独立出这部分自雇者是为了赋予其集体谈判权，使其获得产业关系法的合法保护。经过多次的立法修法决定，依赖型承揽人也被正式纳入集体劳动关系立法。在对依赖型承揽人的界定方面，加拿大劳动法以经济依赖性核心准则，强调无论生产工具是否由劳动者提供，只要劳动者80%的经济报酬来自同一个雇主，其工作性质就可被认为具备经济依赖性。此外，一些地方政府的劳工委员会还引入了劳动关系的唯一性、持续性以及综合依赖程度等其他考量因素，来共同判定劳动者是否是依赖型承揽人。但是在加拿大，由于网约车司机一直被视为平台的独立承包人，因此其并不能获得雇员或依赖型承揽者相应的福利。

7.1.2.4 意大利

意大利目前的劳动"三分法"也是从劳动"二分法"发展而来。1942 年《意大利民法典》确立了"从属性劳动"与"自治性劳动"的二元体系，20 世纪 60 年代灵活就业逐渐涌现，大部分灵活就业者被排除在劳动法律保护体系之外，传统劳动"二分法"在意大利已然"捉襟见肘"。在经历漫长的立法修改之后，意大利政府于 1973 年出台《意大利民事诉讼法》明确了劳动"三分法"的合法性，将原先适用于从属性劳动的"劳动诉讼"程序延拓到一部分自治性劳动者中最弱势的群体，如代理关系、商业代表关系等。之后，法学界提出了"准从属性劳动"这种中间类型，并从劳动者与委托人之间的关系持续性等 4 个要素来进行判别。但这种划分带来了企业隐蔽雇佣的后果，也使意大利准从属性劳动者数量猛增。直到 1995 年意大利出台养老保险改革法案，才赋予了自治性和准从属性劳动者一些原本为雇员所享有的社会保险福利。

在对平台劳动者法律身份的认定方面，2021 年 2 月意大利检方首次将外卖骑手认定为公司雇员而不是独立劳动者，具有重要的里程碑意义。意大利检方认为，外卖平台公司与骑手建立的合同关系是一种"合作性的、持续的劳务提供合同"，这种关系是具备"准从属性"特征的劳动关系，因此外卖平台必须为骑手提供必要的保障，如为其购买保险、提供必要的劳保设备等。可以看出，尽管意大利对平台用工中劳动关系的认定，并未像英国高院判决那样明确，但是意大利劳动法通过扩大从属性标准的内涵，将技术与组织从属论作为判定准从属性劳动者的核心准则，只要劳动者符合两项条件，即工作亲自完成和工作给付持续性就可按照准从属性准则被纳入劳动法保护体系。除此之外，准从属性劳动者可获得社会保险、集体协商、诉讼程序等多方面的社会保护。同时随着意大利法律的不断完善，准从属性劳动的分类进一步细化，这也为外卖骑手等平台劳动者提供更为精准的权益保护奠定了法律基础。因此，平台劳动者权益保障的需求可以在意大利劳动法律框架下基本得到满足。

7.1.2.5　西班牙

西班牙的原有劳动法仍然以劳动"二分法"为主流框架，将劳动者划分为传统雇员和独立承包商，其中，传统雇员的认定是按照雇主行使的管理权、工人自主权、工作时长、生产工具的提供等因素综合考量。为了保护其中一部分独立承包商，西班牙在劳动法中增设了经济依赖型自雇劳动者这种类型。

在西班牙的劳动法中，判定某劳动者是否从属于特定组织的关键要素是经济依赖度阈值。为了区分经济依赖型自雇劳动者和雇员，西班牙设立了4条判别标准：第一，劳动者对委托人指令的依赖性；第二，劳动者完成劳动给付的独立性；第三，劳动者承担经营的风险性；第四，劳动者拥有生产工具的实际所有权。在此基础上，为了区分具有一定经济依赖性的自雇劳动者与完全的独立承包商，西班牙还建立了以下几条标准：一是劳动者至少75%的收入来自委托人；第二，劳动者没有雇用分包商；第三，劳动者面对的是单一委托人。而且，西班牙于2007年出台了《自雇工人法》，增加了区分经济依赖型自雇工人和独立承包商的"关系的连续性"这条标准，增加了对于工作时间和地点等的进一步规定。但是，在制度实践中，如何确认劳动者的经济收入在程序上相当烦琐，因此能被确定为经济依赖型自雇劳动者的少之又少。

尽管经济依赖型自雇劳动者无法获得与雇员一样的法律地位，但与独立承包商相比，他们可以享受带薪休假、专门的劳动纠纷解决机制的权利。因此，该种分类是为了保护部分劳动者提供的一种特殊的法律安排。

近年来，随着外卖行业的发展及外卖骑手数量呈现爆发式增长，西班牙发生了多起骑手谴责工作条件并期望受到劳动法保护的案例。2021 年 3 月西班牙出台了首部外卖员法案《骑手法》，首次以立法形式明确了骑手的雇员身份，而不是经济依赖型自雇劳动者，由此明确了外卖骑手与外卖平台存在劳动关系，平台必须为其承担劳动法上的全部义务。

尽管西班牙以劳动关系"三分法"为基准，但在判定外卖骑手的身份时仍采取了"一刀切"做法，确定配送员与平台之间存在劳动关系，但这可能导致企业用工成本的大幅上涨，劳动者和消费者的额外负担加大，最终影响新业态的发展，因此这种做法并没有平衡好发展与保护之间的关系；同时《骑手法》的出台也忽视了骑手的真实利益诉求，导致法律供给与实际需求不匹配，不仅浪费了公共资源，反而还引起了骑手的抗议。

7.1.2.6　以劳动关系"三分法"为基础的国家的比较

通过以上的系统梳理可以发现，从劳动"三分法"的形成路径来看，英国和德国的劳动法一开始就设有第三类劳动法律主体，而其他国家则主要是为适应现实需要，在原有的劳动主体"二分法"基础上增设了中间类型劳动者。无论这些国家是否存在历史文化背景的差异，但其目的都是通过扩大劳动法律的保护对象，让人身从属性较弱、但经济从属性较强的劳动者享有劳动法律的保护，但各国在具体的判定标准及其为第三类劳动者所提供的劳动保护不尽相同。

首先，在中间类型劳动关系主体判定准则方面，结合各国的司法实践可以发现，从属性或依赖性仍然是主要准则，其中，德国和意大利两个国家判定的理论依据是从属论，而其余国家如英国和西班牙主要采取控制论。在具体判定标准上，德国、加拿大、西班牙主要考虑的都是劳动给付方收入来源来自同一劳动受领方的比重。结合外卖、网约车等共享经济的不同领域来看，平台劳动具有很强的灵活性，这使得劳动者对于平台并未表现出显著的人格和组织从属性，相比而言经济从属性特征则比较显著。因此，从经济从属性的角度，即根据劳动者对平台经济依赖程度来判定平台劳动者是否属于中间类型劳动者，也是目前劳动"三分法"国家判定平台劳动者法律身份的主流标准。但是，显然要在司法上判定证明劳动者收入来源的比重比较困难，而且如果考虑到劳动者对委托方的经济依赖程度可能与自身收入水平之间存在关联，那么通过直接划定统一比例的方式来判定经济依赖程度可能并不合理。

其次，在劳动者权益方面，尽管大部分国家都赋予了第三类劳动主体合法的集体劳动权，但在其他具体权益如工资待遇、休息休假等方面存在一定差异。优步司机在英国被确定为工人之后，将享有法定的最低工资、带薪假期等权益，但他们并不享受解雇保护；而在西班牙，外卖骑手则享受到工伤和失业保险等权益。整体来看，这些差异主要源于各国法律对劳动关系认定标准及中间类型劳动主体的认识的不同。事实上，目前无论在司法界还是学术界，法律应如何保护平台劳动这种新出现的中间类型劳动，仍然是一个存在争议的问题。对于不同国家而言，如何通过制度设计平衡新经济发展与劳动者权益保护、就业灵活性和劳动保障性之间的关系才是问题的关键。

各国的比较具体如表7.2所示。

表7.2　　　　以劳动关系"三元论"为基础的国家之间的比较

比较项目	英国	德国	加拿大	意大利	西班牙
中间类型劳动关系主体名称	非雇员工人	类雇员	依赖型承揽人	准从属性劳动者	经济依赖型自雇劳动者
判定劳动关系的核心准则	控制性	从属性	控制论	技术与组织从属论	控制论
判定中间类型劳动关系主体的核心标准	从属性	经济从属性	80%经济依赖度阈值	"持续与协同的合作""项目工作""由委托人组织合作"	75%经济依赖度阈值
劳动者权益保障	最低工资、带薪假期、基本工时	争议调解、带薪假期、工会和集体协商、非歧视性保护	基本的劳动权、集体谈判权、合同终止前获得通知的权利	诉讼程序集体协商社会保险	最低工资、带薪休假、集体协商、工伤和失业保险

7.1.3 "二分法"和"三分法"认定平台劳动者法律身份的效果比较

7.1.3.1 劳动关系"二分法"的优势和劣势

劳动关系"二分法"的优越性在于，应用起来相对简单，在实践中司法部门或行政部门可只关注劳动关系认定问题，一旦认定了劳动给付方和劳动受让方之间的法律关系，则按照劳动法或民法进行相应的规制即可；但缺点在于对于模棱两可的劳务交易关系，劳动者与用人单位之间的关系要么是劳动关系，要么作为自由职业者或自雇者而形成劳务关系，相应的劳动权利也只能是全有或全无的状态。

在"二分法"劳动法律框架下，一方面，无论按照从属性判定标准还是控制性判定标准，平台劳动者都很难被直接认定为劳动法下的法律主体，而更多被纳入民法下的法律主体，相应地，平台劳动者基本被排除在劳动法保护之外，无法获得劳动法所规定的社会保障、带薪休假、加班工资、就业保护等各项权益；另一方面，当平台劳动者有维权诉求时只能通过诉讼来维权，也无法通过劳动部门调解和仲裁进行维权，这无疑会增加劳动者维权的成本导致诉讼案件激增，也将平台拖入无休止的诉讼中。

尽管有学者提出，在坚持传统二分法的基础上可通过扩大劳动关系内涵，将平台劳动者纳入劳动法体系之中，从而使其获得权益保障，但由此带来的可能后果是雇主对劳动者的控制和管理程度增强，平台就业本身所具有的灵活性下降；同时，如果以"一刀切"的方式贸然将平台劳动者视为传统标准劳动关系的劳动主体，不仅会大幅增加平台企业用工成本，而且显然不利于新经济业态的可持续发展。

7.1.3.2 劳动关系"三分法"的优势和劣势

劳动关系"三分法"的优点在于，在两极化的路径之外开辟了"第三条道路",将劳动法律的适用对象从兼具人格和经济双重从属性的劳动者扩大到不具备人身从属性但有经济从属性的劳动者,并为其建立专门的第三类调整机制,这扩大了劳动法的保护范围,也使让劳动权益保障制度灵活性提高。

但是,增设第三类劳动者可能为司法实践带来两个问题。一是经济从属性判定标准的确定及可操作性问题。不同国家设定劳动者从委托人处获得收入占总收入的不同比重作为判别标准,但这些标准多是依靠长期司法实践形成的经验,缺乏理论依据,且不考虑劳动者收入水平的差异而划定统一标准的做法也欠妥当。另外即使划定了统一的收入标准但在司法实践中的可操作性也不佳。二是如何避免"第三类劳动者"被错误划分的问题,中间类型的劳动者是有经济从属性但没有人格从属性的劳动者,相较于经济从属性人格从属性的判定更复杂,这就导致司法实践中可能出现具有双重从属性的雇员被错误认定为"第三类劳动者",使其原本应享受的全部劳动保护降级为部分劳动保护;或者是将"第三类劳动者"错误划定为雇员,为其提供过度的劳动保护。

通过上述分析可以发现,对于平台劳动者与平台之间的关系,如果按照一些学者的主张,与时俱进地增设第三类劳动者从而将平台劳动者纳入其中,真正的难点在于如何建立从属性劳动与第三类劳动、第三类劳动与独立劳动之间的认定标准。尤其是在对于雇佣和自雇之间的界限尚缺乏真正成熟的立法的情况下,如果贸然使用劳动三分法,可能会使局面更混乱。

笔者研究发现,即使在相同的法律背景下也存在同案异判的情形,主要原因在于:第一,不同案件中法院对于平台从业者"工作自主性"程度的判断不同。无论从"控制论"还是"从属论"的角度,劳动者自主支配工作的程度是司法判定劳动者与平台是否存在劳动关系的关键,但不同法官在这方面具有较大的自由裁量权。第二,不同法官对平台性质的看法上也存在差别。通常共享经济领域的互联网平台企业包括建立在 App 软件基础上的按需工作平台和劳务众包平台,其中劳务众包平台的劳动者(如自由摄影师）多属于自由职业者，学界与司法界对其法律身份达成了共识，但按需工作平台中涉及的劳动关系认定问题更典型，也更复杂。由于不同学者对两种平台企业定义不同，使得他们对于劳动关系是否成立的看法不同。虽然多数平台都强调自己信息中介，且其对劳动者的控制是出于维护品牌形象的需要，因而其与劳动者之间的劳动关系不成立。但从劳动者的角度出发，则倾向于认为自己受到平台控制，同时自己的劳动给付构成企业业务的组成部分，因此平台企业应承担雇主责任。

7.2　不同国家平台劳动者劳动保障制度

新就业形态发展过程中的劳动权益保障"短板"是一个世界性的难题，目前并没有公认的有效解决办法，但了解其他国家在平台劳动者权益保障方面的做法，能够对我国形成有一定的经验借鉴。事实上，无论是建立在新标准上的"雇员"，还是二分法之外的"第三类劳动者"，都仅仅是置放劳动权益的"盒子"，这个"盒子"里面究竟有哪些劳动权益是因国而异的。

各国的劳动保障制度主要是对劳动者经济性权利的保障，其主要表现形式包括工资收入如最低工资、停工期间的工资损失补偿（主要指病假工资、带薪年休假等）、长期或短期退出劳动力市场的工资损失补偿、养老保险、失业保险等。此外，劳务议价权和劳动条件协商权是获取合理收入的重要途径，因此集体行动权利也是重要的经济性权利。由于劳动权益保障制度的类型和标准是因国而异的，各国经济发展阶段、收入水平、社会保障制度模式等方面的不同，决定了其在具体制度设计上的不同，而且不同行业的劳动权益保障需求不同，这些因素都决定了并不存在统一的"第三类劳动者"权益保障制度。

7.2.1 劳动基准领域的经济权利保障方面

劳动基准是有关劳动条件的最低标准，主要确定工作时间、工资、休假等标准，具有底线性、法定性特征，其中相关的经济权利主要涉及社会保险、最低工资等。

7.2.1.1 德国

根据德国的社会法理论，适用劳动法的出发点是劳动关系，而社会保险的前提则是就业关系。因此，即使雇员与雇主的劳动关系已经结束，或者确定已经建立劳动关系但仍未真正开展，那么二者都会产生社会保险关系。例如，如果雇员入职后因接受劳动培训而没有开展实质性工作，社会保险关系仍然成立，这说明社会保险关系与劳动关系并不完全是严格对应的，而且社会保险制度不仅应覆盖普通劳动者，还应当将某些特定群体纳入其中，他们也有强制参保的必要。

德国在劳动"三分法"框架下，折中性地赋予了类雇员劳动法和社会保险法中部分普通雇员权利，这在一定程度上较好地平衡了用人单位和劳动者双方的利益。以工伤保险为例，德国将类雇员纳入工伤保险范畴，"类雇员"不分年龄、收入或工作方式均可参加工伤保险，而雇主是雇员工伤保险的缴费主体。除此以外，德国相关法律则规定，"类雇员"的养老保险、医疗保险以及失业保险费用由用人单位和劳动者共同承担，政府给予一定财政补贴。据来自我国商务部的消息，自 2020 年新冠疫情暴发以来，德国政府专门安排了 75 亿欧元用于自雇者的基本安全保障。此外，德国允许灵活就业人员建立职业工会，自愿参会和参会之后的强制参保意外事故保险制度较好地解决了职业伤害问题。可见，德国的劳动法律制度强调对类雇员劳动基准领域经济权利的保护，使其享有类似劳动者的权利，如职业安全健康制度、工伤保险制度等。

7.2.1.2　日本

在日本，新兴行业的从业者属于非全日制用工，也称短时间劳动者，主要是指以工作时间为标准，工作时数低于法律规定的劳动者。目前，日本已经建立起一套覆盖了非全日制用工的社会保障制度。根据日本劳动法规定，无论劳动者的劳动属于什么类型，都有权享受工伤保险和失业保险、医疗和养老保险。从实际情况来看，日本对于非全日制用工社会保险的覆盖面是相当广泛的，在这种基础上，日本针对一些例外情形主要是通过制度"打补丁"的方式，填补其社会保险制度存在的重复参保等漏洞。

在养老保险方面，日本政府构建了覆盖非全日制用工的多层次养老保险体系，以为其提供更全面的养老保险：第一层次为基础性的国民养老保险，被称为国民年金，与我国的城乡居民养老保险类似，具有强制性、全覆盖的特点；第二层次的养老保险则是仅针对全日制雇员的福利养老保险和共济养老保险，分别被称为厚生年金和共济年金，由此构建起的双层养老保险制度体系能够为非全日制用工下的劳动者提供基本养老保障。工伤保险方面，日本形成了工伤保险的特别准入制度，该制度主要是通过《劳动者灾害补偿保险法》来明确工伤保险的人员范围、缴费基数及缴费方式，确保灵活就业或者特殊就业劳动群体的工伤保障。

7.2.1.3　意大利

意大利采取单独立法的方式对"准从属性劳动者"给予特殊保护。首先，"准从属劳动者"被强制纳入养老保险、职业伤害保险范围。在保险金缴纳方式上，通过从劳动者收入强制扣除的方式，要求员工和企业共同缴纳保险。此外，意大利明确规定准从属性劳动者有权享受工伤保险，为了预防其工伤和职业病，相关法律明确要求企业必须加强工作场所的风险防范，规制安全卫生。例如，2018 年 6 月和 2019 年 3 月，意大利皮耶蒙特大区和拉齐奥大区就各自通过了针对平台劳动者的立法提案，提案提出严禁平台为劳动者按件计酬，并明确了最低工资标准，同时要求平台为劳动者购买工伤保险、生育险和第三方责任险。

7.2.2　集体行动领域的经济权利保障方面

集体行动领域的经济权利，也称集体劳动权，是指劳动者作为相对弱势的一方，可以集合起来形成与雇主相对均衡的力量，以改善劳动者的经济条件和劳动条件，通常包括团结权、集体谈判权和争议权，劳动者通过行使团结权组建工会，与雇主进行集体谈判，并以争议权作为保障。

目前，在世界各国网约车司机、外卖骑手等平台劳动者对集体劳动的诉求普遍存在，尤其是在平台企业通过算法压缩工作时间、提高劳动强度的背景下这种诉求更强烈，2021 年美国优步和来福平台司机举行罢工以获得加入工会和集体谈判的权利就体现出这一点。但是，平台用工模式动摇了集体劳动权所依附的工作模式的基础，使得平台劳动者实现其集体劳动权面临组织和法律方面的障碍。一方面，平台用工模式不利于工会组织的形成。传统工业经济时代下的劳动者处于同一工作场所，具有相对稳定的工作时间和群体结构，这给工会组织的形成与发展带来了方便。但在平台用工模式下，"组织"情境逐渐消失、劳动者更加"原子化"，使得建立传统工会的组织缺少了良好的土壤。另一方面，从法律层面来看，在平台劳动者法律身份尚不明确的情形下，通过立法或政策推动其集体劳动权的实现，也可能面临合法性的障碍。尤其是在集体协商制度发达的欧美国家，平台劳动者通过组建工会与平台进行集体谈判时可能面临与反垄断法的问题。例如，美国 1944 年通过立法明确将独立承包商排除在反垄断法的豁免适用范围之外（哈珀，2015）；荷兰 2007 年则出台政策规定，围绕自雇者最低工资的集体协议被排除在荷兰反垄断法的豁免范围之外[①]。

---

① 荷兰《竞争法》（Mededingingswet）第 6 条第 1 款规定，如果企业之间的协议、企业协会的决定、企业之间的协同行为的目的或效果是防止、限制或扭曲荷兰整个或部分市场的竞争，应予以禁止；但是该条款不适用于集体协议。

为了保证平台劳动者加入工会或进行集体协商的合法性，一些西方国家通过扩大集体劳动立法的适用范围，推动集体劳动权向非劳动关系领域的扩张。加拿大、意大利、英国、德国等国家都在其集体劳动法中将"雇员"概念扩大到中间类型的劳动者，但是司法实践中对于"经济依赖"判别难的问题依然存在。澳大利亚等国家则通过单独立法，明确赋予某些职业群体的自雇者集体劳动权。例如，澳大利亚2012年出台的《道路安全薪酬法》就允许自雇的公路运输司机就薪酬进行集体谈判。加拿大1992年颁布的《艺术家身份法》则是世界上第一个明确将集体劳动关系扩张至具有独立承揽人身份的艺术家的国家，允许他们组成协会，进行集体谈判。此外，奥地利的家庭工人和自由职业记者、法国的表演技术家和自由职业记者、爱尔兰的自由职业音乐家和配音演员等，都被允许有集体谈判的权利。

通过国外立法推动集体劳动权向非劳动关系领域扩张的经验，可以看出，对处于议价能力弱势的职业群体给予集体劳动保护机制是必要的。目前真正从立法层面关注到平台劳动者集体劳动权的国家还非常少，法国是其中之一。2016年法国出台的《埃尔霍姆里法案》就规定，"如果平台有劳务定价权，那么就不得在合同条款中要求劳动者放弃以集体拒绝提供劳务为目标的行动，并且不得以集体行动为由惩罚工作者"，这在一定程度上可能与法国历来对罢工行动采取的宽松态度有关。还有一些国家则在制度实践中不断为平台劳动者的组织创造空间。在英国，随着网约车司机被认定为工人，优步公司也与英国第一大工会 GMB 工会之间达成了协议，网约车司机成立的工会首次获得认可，GMB 工会将有权代表英国的优步司机参加有关劳动权益的集体谈判。西班牙的 Riders X Derechos 平台系维护骑手权益的组织，虽然不享有集体协商与组织罢工的权利，但是可以向骑手提供战略与法律援助。比利时的自雇者合作社组织"艺术工作者联合会"也积极吸收平台劳动者入会，致力于为其争取权益。

7.2.3　各国平台劳动者劳动保障措施比较

综合 7.2.1 节和 7.2.2 节的分析,笔者总结出不同国家给予平台劳动者的劳动保护措施,如表 7.3 所示。

表 7.3　　　　　　　　不同国家对平台劳动者的劳动保护

国家	劳动关系划分方式	劳动者类型	劳动者的劳动保障权益
英国	三分法	非雇员劳动者	1. 最低工资、带薪休假、最低休息时间等权益; 2. 组建工会和组织工会活动时豁免侵权责任的权利,以及作为独立工会成员时,不被非正当解雇以及不被歧视的权利等
德国	三分法	类雇员	1. 享有法定带薪休假权利; 2. 享有《劳动安全能保护法》和《一般平等待遇法》所赋予的保护; 3. 可签订类雇员集体合同
加拿大	三分法	非独立承包人	1. 合同终止前通知劳动者的义务; 2. 享有集体谈判相关权利
意大利	三分法	准从属性劳动者	1. 针对外卖骑手,平台需与其建立"准从属性"合同关系,并为其提供必要的保障,如购买保险,提供必要的确保安全的劳保设备等; 2. 平台和平台劳动者共同承担工伤保险缴费责任; 3. 享有集体谈判权利

7.3　不同国家模糊劳动关系治理经验对我国的启示

第一,设立中间类型劳动法保护主体。

在我国劳动"二分法"法律框架下,劳动者的给付劳动要么属于从属性劳动,要么属于独立劳动。因此,资方与劳方要么存在劳动关系且用人单位承担雇主责任,保障劳动者基本的劳动权益;要么两者形成劳务关系，用人单位不承担雇主责任，而劳动者作为自雇者不享受任何法定的劳动权利。在当前平台劳动者的从属性特征尚不明确的情形下，无法将平台用工关系直接归类为劳动关系或劳务关系，造成了制度的真空地带。而劳动关系"三分法"将一些具有经济从属性但不具有人身从属性的劳动者作为中间类型的劳动者，并对其予以劳动法的部分保护。事实上，加拿大、意大利、西班牙等大部分采用劳动关系"三分法"的国家在市场经济发展初期并未对这部分劳动者提供劳动保护，但随着法治的发展，逐步将其纳入劳动法保护对象。因此，我国劳动法可逐步扩大使用范围，设立中间类型劳动者，从而形成对不同类型劳动者的保护机制。

第二，将经济从属性作为认定平台用工关系的重要因素。

在对平台用工关系的判定方面，无论是德国等国的从属性标准，还是美国等国的控制标准或经济现实标准都具有较强的弹性和包容性，在司法实践中法官会综合考虑劳动者提供服务的类型、平台对劳动者的管理、劳动者的工作时间、劳动者的服务在平台业务中的重要性等全部要素，对从属关系进行实质性、综合性考察，似乎并没有一个决定性因素。

不过，值得注意的是，从德国、西班牙等国家对平台用工关系的认定实践看，他们都无一例外地将经济从属性作为重要的判定标准。事实上，当平台劳动者在工作时间、工作地点等方面表现出较强自主性而使其人格从属性表面特征减弱的情形下，绕开"似有似无"的人格从属性，而将其经济从属性作为重要因素，不失为可行的方法。而在对经济从属性进行判定时，这些国家都将劳动者的收入比例作为重要依据之一。虽然这种标准的司法适用性欠佳，但对于我国划分平台用工的不同类型具有一定的借鉴意义。

第三，兜底保障第三类劳动者的基本劳动权益。

认定平台劳动者法律身份的最终目的是为其提供必要的劳动保护，因此首先需要确定平台劳动者合法权益的清单。从劳动"三分法"国家的立法经验来看，各国都向平台劳动者赋予了集体劳动权，但在劳动基准领域则为其提供低于雇员身份的劳动保护，其实质是一种兜底性的权益保障。

这在一定程度上是灵活性与保障性、保护创新与保护劳动者、就业保护与社会保护等多重政策目标权衡的结果。我国以平台劳动者为代表的灵活就业者规模已经达到 2 亿人，如何保障这些新就业形态劳动者权益已经成为当下最迫切的问题。在这种情形下，借鉴其他国家的思路，绕开平台劳动者法律身份认定的困境，明确并兜底保障其基本劳动权益，成为最有效、最快速的解决思路。

根据国际劳工组织对体面劳动的理解，平台劳动者应被赋予的基本权益包括以下三个方面。首先，劳动安全卫生的权利。安全卫生与劳动者的健康权和生命权相关，应是所有劳动者共同享受的基本权益。为应对劳动主体的多元化，2019 年韩国政府对与劳动者权益密切相关的《工业安全与健康法》进行了修订完善，平台劳动者的劳动权益被正式纳入该法调整保护范围。以此为鉴，我国的劳动调整与保护法律也应将安全与健康标准延展至平台劳动者。其次，劳动工时和工资福利的权利。劳动工时和工资福利事关劳动者的基本生活保障和健康权，也是国际劳工组织多次提及的劳动者基本权利，故应从法律上为其提供基本保障。因此，应根据劳动法，结合平台劳动者工作特点对其工作时间和最低工资的标准加以明确。最后，针对特殊职业的以职业伤害保障为核心的社会保险权益。职业伤害保障作为劳动者从事劳动的基本兜底性权益，不仅是劳动者安全卫生权利的延伸，更是当前社会保险制度的重要补充。借鉴其他国家对平台劳动者权益保障的经验，可在原有的社会保障体系内，针对职业风险较高的平台劳动者设立意外险等特色的商业保险计划。例如，美国通过立法要求交通类平台企业要为事故投保，再以政策鼓励保险公司为网约车司机开发新的保险产品。韩国、葡萄牙也以强制要求形式搭建平台企业与保险机构的合作关系，要求平台企业提供责任保险，设立适当的商业保险政策来降低新兴劳动者从业风险。

第四，建立区域性、行业性的集体协商机制，协调劳资关系。

按照大部分国家的劳动法规定，劳动关系法律主体身份是每个劳动者享有集体协商权的先决条件，也就是说只有被法律合法认定为与用人单位存在劳动关系的劳动者才有权利依法加入工会进行集体协商活动。目前关于平台劳动者是否可以参与集体协商涉及两个法理问题。第一，平台劳动者是否具备加入工会的资格。国际劳工组织认为劳动者参与工会是其基本权利，不应该以其雇员身份为前提，因此平台劳动者即使不是劳动关系法律主体，法律也应该赋予其加入工会的权利。二是平台劳动者是否具备集体协商的权利。依照国际劳工组织公约精神，工人无论其是否具有雇员身份都应享有集体协商的权利，但仍然需要法律层面的确认。迄今为止，德国、加拿大、意大利、西班牙等国家都通过立法确立了平台劳动者集体协商的合法权利。因此，我国应借鉴其他国家的立法经验，在立法中明确平台劳动者有权加入和组织工会，开展集体协商。

事实上，一方面，工会是加强集体协商的重要方式之一，部分国家扩张现有工会职能或者推动成立新就业群体新型工会。日本工会就按照《劳动组合法》，认为共享经济等新业态下的新型劳动者也拥有工会会员资格，将符合条件的新型劳动者纳入现有工会进行保护。澳大利亚成立司机工会"共享出行司机联盟"以维护网约车司机相关福利待遇，并针对网约车领域专门设立了监管机构和委员会——"点对点交通管理局"，主要负责全面落实新就业领域的监管规则，以弥补传统监管领域的空白。此外，澳大利亚将平台外卖骑手纳入运输工会，维护其合法劳动权益。另一方面，平台企业与劳动者保护协会、行业组织合作共同推动新型从业者劳动保护，也是不同国家平台用工治理方面的新趋势。据美国媒体 CNET 报道，美国优步公司与国际机械师和航空航天协会合作成立了独立司机协会来帮助 3 万多会员司机维护权利。美国的网约车巨头来福车公司则与自由职业者联盟密切合作，推动网约车领域的顺风车司机参与民间团体的医保计划等福利项目。荷兰政府成立共享经济行业协会，对共享经济相关问题进行集体协商。

可以看到，世界上不同国家围绕新就业形态劳动者权益保护，通过区域性、行业性的集体协商，初步形成了宏观政府、中观行业以及微观平台共同参与的平台用工关系的治理模式，其中宏观层面政府负责制定平台劳动者就业保护政策，以满足其主要利益诉求与个性化需求；中观层面的行业则开展区域性、行业性的平等集体协商，以集体合同的方式调整集体劳动关系；微观层面的平台则侧重于平台劳动者工资生成和争议处理机制的构建。通过平台用工的内外各利益主体共同参与治理，最终形成模糊劳动关系综合治理体系，为推动平台劳动者与平台企业的良性互动乃至共享经济的健康发展提供有效保障。

第 8 章

共享经济背景下模糊劳动关系
协同治理框架构建

构建和谐劳动关系是加强和创新社会治理、维护社会稳定的重要组成部分。传统劳动关系理论认为，对企业内部科层治理体制所产生的劳资冲突问题，可以通过劳动治理相关制度的介入，动态平衡传统从属性劳动下劳资双方的强弱力量对比，调节传统劳动关系的运行状态，由此形成传统劳动关系的制度治理逻辑。

共享经济出现的"平台＋个人"新型关系，打破了传统行业和法律秩序下的劳资双方的利益关系和管理规范。按照基于传统劳动关系理论的制度治理逻辑，新业态下的模糊劳动关系可以通过制度修缮纳入传统劳动关系的调整范畴；传统劳动关系理论具有较强包容性和适配性，仍然可以为平台新型用工关系建立及治理提供理论支撑。以常凯为代表的学者认为，平台劳动本质上并没有超越传统劳动关系的框架，因此主张通过平台用工法治化使其回归雇佣（常凯，2021）。这种制度治理逻辑从治理目标上主张扩大劳动法治的对象，将平台劳动者纳入其中；在治理主体上强调政府的力量；在治理边界上则考虑平台劳动者跨平台就业的特征，强调通过创新用工契约签订方式、员工权益保障方式等来延伸传统劳动关系的治理边界，以解决当前的平台新型用工困境；从顶层设计上仍然是建构以科层体制为特征的用工关系治理模式。从各国围绕共享经济的用工治理的实践来看，德国、意大利在劳动"三分法"框架下，将网约平台劳动者作为类雇员、经济依赖型自雇工人，并为其提供分层劳动保护，正是体现了制度治理的逻辑。2021年7月以来我国出台的各项维护平台劳动者劳动保障权益的政策虽未上升到法律层面，但其政策意图同样是将平台企业和劳动者纳入劳动关系的制度框架，对处于弱势的平台从业者进行保护，这在本质上也是一种以政府为主导的制度治理。

但是，这套建立在传统劳动关系理论下的制度治理逻辑，没有考虑到平台特有的市场属性及其由此被赋予的较大的公共权力，仅靠以制度为引领的用工监管体系很难完全进入平台的自留地。例如，在平台用工模式下，算法作为平台运行的底层逻辑也影响着平台劳动者的切身利益，因此是政府用工监管的重要方面。然而由于算法的隐蔽性，仅仅依靠政府的法治监管是不够的，还需要平台共同参与、协同治理。因此，需要在模糊劳动关系的治理框架中引入多元主体。

8.1　以生态系统的思维搭建多元主体协同治理框架

8.1.1　平台生态系统

在生物学领域，生态系统原意是由生物与环境共同组成的一个统一整体，生物与环境之间相互影响、相互制约，在一定时期内处于相对稳定的动态平衡状态。而在管理学领域，生态系统是以实体间的相互作用、半自主为表征的集合系统，系统实体之间相互依赖彼此的活动，在某种程度上受到层级控制。对于近年来兴起的互联网平台，学界认为它是一个由平台及其利益相关者及其他相关环境因素组成的特殊商业系统。其中，互联网平台位居中心地位，为用户、劳动者等利益相关者搭建交互场所、设计交互规则，帮助其实现资源连接与供需匹配。这些利益相关者在遵从平台主张的价值理念的前提下，既相互作用又保持着半自治的状态：平台是匹配劳务需求双方的中介，平台劳动者是劳动的供给者，用户是劳动的需求方，劳务关联企业为用工提供相关的配套服务，政府保障该用工生态系统的外部支撑环境，只有各主体共同发挥作用才能实现劳资价值共创。以外卖平台为例，如图8.1所示，平台的利益相关者包括劳务关联企业（合作商）、平台劳动者、员工、商家、用户等，而在生态圈内各主体通过资金、物流、信息各方面的互动，并在政府的外部治理与平台的内部治理下维持动态平衡。平台不断整合各主体的利益诉求，推动用工系统满足价值创造的最大化。

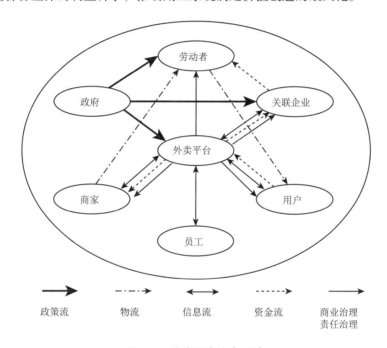

图8.1　外卖平台生态系统

8.1.2　模糊劳动关系协同治理框架构建

以生态系统的思维，可构建多元主体参与、内外协同的模糊劳动关系治理框架，通过外部的政府、行业和内部的平台生态系统互动、合作，实现对模糊劳动关系的共同治理。结合前面对模糊劳动关系现状及其影响因素的分析，并梳理国内外模糊劳动关系治理方面的实践经验，可进一步明确不同主体在模糊劳动关系治理中所发挥的作用、相互关系以及现阶段的重点任务，如图 8.2 所示。

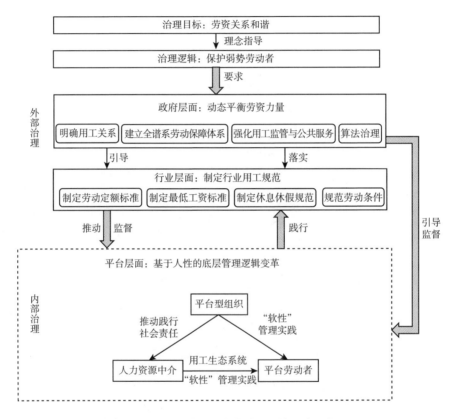

图 8.2 共享经济下模糊劳动关系协同治理框架

8.1.2.1 政府层面：平衡劳资双方力量

政府在规范平台用工、引领其他主体参与劳动关系协同治理方面应积极发挥主导作用。政府作为制度制定与实施的主体，主要通过修缮或制定与新业态、新就业形态相关的政策法律、规定条例等来参与治理，此种参与是主导式、引导式的。政府对于共享经济下模糊劳动关系的治理的本质就是，在共享经济的不同发展阶段动态平衡劳资力量，缓和劳资矛盾。现阶段资本在算法的加持下资强劳弱的局面进一步加剧，使得平台劳动者等新就业形态劳动者劳动权益保障问题突出。因此，政府在现阶段对于模糊劳动关系治理的重心是补齐新形态就业者权益保障的制度短板。其一，建立平台用工中劳动关系认定标准，进一步明确不同平台用工类型，以适应新型劳动关系的规制需求。其二，建立覆盖新就业形态劳动者的全谱系劳动保障政策，保障其合法权益。其三，强化平台用工相关的监管及公共服务。加强对平台劳动者公共就业服务，平台对于低技能平台劳动者的算法管理可能进一步带来技能稀释问题，因此政府应该加强对平台劳动者的职业技能培训等。其四，算法治理。健全与平台用工相关的算法规则标准，加强对平台用工算法的监管，同时以柔性的规范手段激励平台在用工算法方面向善发展。

8.1.2.2　行业层面：明确行业差异性的劳动标准

在行业层面，行业性组织作为调节劳动关系的社会团体，其主要承担为市场主体服务、行业沟通、企业自律、关系协调等各大功能的重任，是协调新型劳资关系、率先制定平台用工标准的积极实践者和先行者。行业性组织主要包括行业协会和行业工会，其主要职能在于，根据新业态平台行业不同的特点来制定针对性的劳动标准。同行业的各个市场平台可以通过发起成立行业组织，围绕劳动标准、劳动强度等方面，探索制定行业的用工规则、用工标准，从而形成行业性的劳动定额、休息休假规范、劳动条件规范；在此基础上，通过行业协会和行业工会从行业集体角度倡导和推行规范化的用工方式，辅助推动良性市场秩序的形成和发展。行业组织作为介于政府和市场之间的中间性质的非正式组织，可以探索形成并践行关于平台用工的规范，能够对模糊劳动关系形成柔性监管机制，成熟之后可为国家制定相关法律时提供参考借鉴。

8.1.2.3 平台层面：基于"人性"底层逻辑的管理变革

在平台生态系统中，互联网平台与其核心利益相关者共创价值、共同演化，而平台企业在生态系统中处于核心地位，是连接劳务需求双方、各方实现价值共创的关键。因此，平台在生态圈中的领导力决定了其在模糊劳动关系的治理中同样应承担主体责任，其中最关键是要通过以"人性"为底层逻辑的管理变革践行社会责任。这里的社会责任包括两个层次。第一层次是平台企业在市场属性下作为独立的运营主体，应对劳动者承担符合底线要求和满足其合理期望的社会责任。符合底线要求是指平台应自觉维护劳动者最基本的权益，例如，平台作为用人主体为劳动者提供最基本的劳动安全措施、推进算法取中改革，就是平台应承担的基本法律义务和道德义务。现实中一些头部平台企业面向劳动者设立的体现人文关怀的公益性基金，就是平台为满足劳动者底线之上的价值诉求而履行社会责任。平台社会责任的第二层次是平台作为平台生态圈的领导者，应推动生态圈内其他成员，如劳务关联企业，对劳动者承担符合底线要求和合理期望的要求负责任。例如，外卖平台利用其影响力，敦促承接其支付外包业务的合作企业向骑手按时、足额支付工资，就是推动关联企业的经营行为符合对劳动者的底线责任。此外，平台企业还可以利用其影响力，通过机制创新，引导利益相关方回应劳动者的价值诉求，如外卖平台向订餐用户推出"是否愿意多等五分钟"的功能，尽管这并没有根本上解决骑手困于算法系统的问题，但这种行为实际上是平台引导消费者共同为骑手创造弹性工作时间。

因此，在共享经济的模糊劳动关系治理框架下，平台应注重承担的治理责任包括：首先，通过负责任的平台算法，提供必要的劳动安全措施等，维护平台劳动者最基本的劳动权益，提升就业质量；其次，在通过算法控制劳动过程之外，从激励机制、福利计划、对话机制、职业建设等方面开展面向平台劳动者的"软性"管理实践，满足劳动者的情感需求；最后，通过履责价值导向和赋能，支持推动生态圈中其他外包的中介组织履行对劳动者的社会责任。

8.2　基于演化博弈的平台企业用工行为
协同治理机制分析

  劳动关系理论主流的分析框架中，劳、资、政是三个核心主体。根据国际劳工组织 1976 年发布的《三方协商促进实施国际劳工标准公约》的规定，政府（通常以劳动部门为代表）、雇主、工人之间，就制定与实施经济与社会政策而进行的所有交往和活动，即由政府、雇工组织和工会通过一定的组织机构和运作机制共同处理所有涉及劳动关系的问题，如劳动立法、经济与社会政策的制定、就业与劳动条件、工资水平、劳动标准、职业培训、社会保障、职业安全与卫生、劳动争议处理以及对产业行为的规范与防范等，这就是劳动关系三方协商机制，也称劳动关系三方原则。但共享经济发展所衍生的"平台 + 个人"的新型关系，由于存在用工主体责任不清晰，由此带来了劳动者劳动权益保障缺失等问题。如前所述，为了促进"平台 + 个人"新型工作关系和谐化，需要政府、行业以及企业多元主体协同治理。一方面，政府在协调劳资关系中承担着规制者的角色，除增加制度供给对平台劳动者给予倾斜保护之外，还应该积极对平台用工行为进行监管；另一方面平台需要强化自身的企业社会责任，通过自律机制建设劳资双边博弈的公平公正。

  从已有文献对平台用工治理的研究来看，目前学界关注的焦点在于作为治理主体的政府应如何完善制度规划，这种研究默认劳动关系治理采取的是政府强制的一元化治理模式，忽略了其他社会主体参与治理的可能性。陈微波（2021）从利益相关者理论视角构建了平台用工治理的伦理治理逻辑，其实质是将劳动者视作平台的利益相关者，强调平台在用工治理中的社会责任。黄再胜（2019）则从治理主体的角度提出了利益相关方共同参与的、去中心化的协同治理思想。不过鲜有学者探讨模糊劳动关系协同治理模式的实现机制。事实上，在模糊劳动关系的协同治理过程中，政府部门与平台的行为策略选择是相互影响的。以平台劳动者劳动权益保障问题为例，平台作为企业，其追求利润最大化是永恒的目标，这决定了其主动履行用工责任的动机不足，在这种情况下需要政府监管部门的积极参与。但现实中，平台用工关系涉及第三方甚至更多方，远比传统的劳务派遣等用工模式复杂，用工中相关的违规行为也更隐蔽。在监管机制尚不健全以及政府隔层监管的情况下，单靠外部监管很难深入平台内部。而且由于平台技术壁垒以及监管部门权限等问题，在平台企业配合度较低的情况下，监管部门即使尽责履职，也难以完全规避平台用工失范行为。因此，模糊劳动关系的协同治理面临一定困境。如何进行合理的机制设计，以形成协同治理模式下各参与主体之间良性互动、合作共赢的局面，是网络平台用工行为规范发展的关键环节之一。

近年来，演化博弈在平台经济问题研究方面得到一定应用（崔莉和雷宏振，2018；卢珂等，2018），但对于平台用工的研究多采用定性分析，鲜有针对协同治理主体的行为策略分析。随着平台用工的兴起，政府、平台企业以及劳动者各利益相关者之间的关系更加复杂，劳动者权益保障问题突出。利用演化博弈理论能更好地描述平台用工发展中的问题。因此，本章基于演化博弈基本思想，建立平台用工协同治理模式下政府、平台企业的演化博弈模型，分析在有限理性的情况下各方的动态策略选择，以期找到平台用工规范发展的长期演化路径。为了明确多元主体在平台用工治理中的作用，笔者在模型中引入了代表行业力量的行业协会，并构建行业协会参与度和劳动者的参与度两个关键参数，通过探究这两个参数如何影响演化博弈系统向最优的稳定点方向演化，来分析平台用工关系协同治理的微观机制。

8.2.1　模型构建

假设 1：平台企业的策略集合为｛自律，不自律｝，"自律"策略指平台企业具有履行社会责任的自觉性，主动承担企业责任，例如改善服务协议内容或用工合同、优化平台算法等；"不自律"策略指平台企业将利益最大化放在首位，忽视甚至侵犯劳动者合法权益，由此也面临更高被规制或被处罚的风险。政府的策略集合为｛严格监管，放松监管｝："严格监管"策略指政府在平台用工监管中积极作为，严格制定并执行平台企业的资质审查、责任承担等制度；"放松监管"策略是指政府在平台用工监管中被动不作为，以"弹性用工"为由对平台企业不当用工行为放松监管或不加约束。平台企业主体采取"自律"策略的概率为 x，采取"不自律"策略的概率为 $1-x$；政府主体采取"严格监管"的概率为 y，采取"放松监管"的比例为 $1-y$；且 $0 < x$，$y < 1$。

假设2：在协同治理过程中，若政府部门采取积极监管的策略，则其需要花费的成本 c 由两部分构成：固定成本为 c_0 和边际成本，其中边际成本的高低取决于中观层面的行业协会所发挥的作用。所以，$c = c_0 + \dfrac{1-p}{k}$，其中 p（$0 \leqslant p < 1$）表示行业协会在治理过程中的参与度，k 代表政府自身监管能力。

假设3：劳动者在协同治理过程中的参与度为 q。当劳动者主观上感受到平台企业对自己的劳动权益有侵害时，可通过政府劳动监察部门等进行维权或通过如今发达的互联网媒体进行曝光，此时平台在用工方面的一些违规行为被相关部门查处的概率为 $\mu = \varepsilon + q(1-\varepsilon)$，其中 ε 表示政府相关部门自身查处企业违规行为的概率。

假设4：如果政府部门对平台用工行为进行积极监管，则可获得收益 s_g，s_g 包括积极监管所带来的劳动者福利及公信力的提升；如果政府部门选择"放松监管"策略，一旦劳动者采取维权或在媒体曝光，则政府部门会因公信力下降等因素遭受损失 l_g。

假设5：在协同治理过程中，如果企业自律即主动发挥社会责任，承担维护劳动者权益的责任或义务，则产生社会福利提升效应 m，平台获得政府的奖励 b；而且由于良好的社会声誉以及劳动者努力工作的回报，平台从中获得收益 s_e。反之，如果平台不自律，在用工方面存在违法超时加班、拖欠薪资等违规行为，虽然其可获得额外收益 Δs_p，但也带来社会福

利损失 n 。而且如果政府部门查处到平台采取在用工方面的违规行为，则会对平台进行处罚，设当期罚金为 f ，同时平台还可能在未来遭受预期的失去声誉等损失 l_p 。

模型各参数的符号及含义如表 8.1 所示。

表 8.1　　　　　　　　　　　模型各参数的符号及含义

参数符号	参数含义
p	平台用工协同治理中行业协会的参与度
q	平台用工协同治理中劳动者的参与度
k	用工治理中政府部门中的监管能力
c	政府部门采取积极监管时所产生的监管成本
s_g	政府部门积极监管时获得的收益
μ	政府部门查处企业违规行为的总概率
ε	政府部门自身查处企业违规行为的概率
m	平台采取自律策略时社会福利水平的提升
s_p	平台采取自律策略时获得的收益
b	平台采取自律策略时获得的奖励
Δs_p	平台采取不自律策略时获得的额外收益
n	平台采取不自律策略时社会福利水平的损失
l_g	企业的不自律行为被曝光时政府部门的损失
f	企业在用工方面的违规行为被政府部门查处时所缴纳的罚金
l_p	企业在用工方面的违规行为被曝光带来的预期损失

政府部门与平台博弈的支付矩阵如图 8.3 所示。

		平台	
		自律行为（x）	不自律行为（$1-x$）
政府部门	积极监管（y）	$s_g + m - c$, $s_p + b$	$s_g - c - n$, $s_p + \Delta s_p - \mu(f + l_p)$
	消极监管（$1-y$）	m , $s_p + b$	$-n - q l_g$, $s_p + \Delta s_p - q(f + l_p)$

图 8.3　政府部门与平台博弈的支付矩阵

8.2.2 模型的求解与分析

根据如图8.3所示的收益支付矩阵，可以得出政府部门在积极监管和消极监管时不同策略下的期望收益分别为：

$$E_{g1} = x(s_g + m - c) + (1 - x)(s_g - c - n)$$
$$= s_g - c - n + xm + xn \tag{8.1}$$
$$E_{g2} = xm + (1 - x)(-n - ql_g)$$
$$= -n + xm + xn - ql_g + qxl_g \tag{8.2}$$

进一步得到政府的期望收益为：

$$\bar{E} = yE_{g1} + (1 - y)E_{g2} \tag{8.3}$$

同理可得，平台在自律策略和不自律策略下的期望收益分别为：

$$E_{p1} = s_p + b \tag{8.4}$$
$$E_{p2} = y[s_p + \Delta s_p - \mu(f + l_p)] + (1 - y)[s_p + \Delta s_p - q(f + l_p)]$$
$$= s_p + \Delta s_p + (yq - q - y\mu)(f + l_p) \tag{8.5}$$

则平台的期望收益为

$$\bar{\bar{E}} = xE_{p1} + (1 - x)E_{p2} \tag{8.6}$$

由式（8.1）、式（8.2）、式（8.3）可得企业和政府部门的复制动态方程，分别如式（8.7）、式（8.8）所示。

$$F(x) = \frac{\mathrm{d}x}{\mathrm{d}t} = x(1 - x)(E_{p1} - \bar{E})$$
$$= x(1 - x)[b - \Delta s_p - (yq - q - y\mu)(f + l_p)] \tag{8.7}$$
$$F(y) = \frac{\mathrm{d}y}{\mathrm{d}t} = y(1 - y)(E_{g1} - \bar{E})$$
$$= y(1 - y)(s_g + qn - xqn - c) \tag{8.8}$$

令 $\dfrac{\mathrm{d}x}{\mathrm{d}t} = 0$、$\dfrac{\mathrm{d}y}{\mathrm{d}t} = 0$，可得该演化博弈系统的5个局部均衡点，分别为

$(0, 0)$、$(0, 1)$、$(1, 0)$、$(1, 1)$、(x^*, y^*)，其中 $x^* = \dfrac{\Delta s_p - c + qn}{qn}$，

$y^* = \dfrac{b + \Delta s_p + q(f + l_p)}{q(f + l_p)}$。

由于演化博弈中的复制动态方程系统反映的是群体的动态，因而由单个复制动态方程求出的均衡点不一定是系统的演化稳定策略。根据弗雷德曼（Friedman，1991）提出的方法，可以通过雅可比矩阵分析微分方程的稳定性。由双方复制动态方程得雅可比矩阵为：

$$J = \begin{bmatrix} \dfrac{\partial F(x)}{\partial x} & \dfrac{\partial F(x)}{\partial y} \\ \dfrac{\partial F(y)}{\partial x} & \dfrac{\partial F(y)}{\partial y} \end{bmatrix} = \begin{bmatrix} a_{11} & a_{12} \\ a_{21} & a_{22} \end{bmatrix} \tag{8.9}$$

其中，$a_{11} = (1 - 2x)[b - \Delta s_p - (yq - q - y\mu)(f + l_p)]$，$a_{12} = x(1 - x)(f + l_p)(\mu - q)$，$a_{21} = -y(1 - y)qn$，$a_{22} = (1 - 2y)(s_g + qn - xqn - c)$。

进一步得到五个局部均衡点在 a_{11}、a_{12}、a_{21}、a_{22} 处的取值情况，具体如表8.2所示。

表8.2　　　　　　　　　　　局部均衡取值情况

均衡点	a_{11}	a_{12}	a_{21}	a_{22}
$(0, 0)$	$b - \Delta s_p + q(f + l_p)$	0	0	$s_g - c + qn$
$(0, 1)$	$b - \Delta s_p + \mu(f + l_p)$	0	0	$s_g - c - qn$
$(1, 0)$	$-[b - \Delta s_p + q(f + l_p)]$	0	0	$s_g - c$
$(1, 1)$	$-[b - \Delta s_p + \mu(f + l_p)]$	0	0	$s_g - c$
(x^*, y^*)	0	A	B	0

表8.2中，$A = [s_g - c + qn][q(f + l_p) - \mu(f + l_p)](s_g - c)/(qn)^2$，$B = qn[b - \Delta s_g + q(f + l_p)][b - \Delta s_g - \mu(f + l_p)]/[(q - \mu)(f + l_p)]^2$。

若各局部平衡点为演化稳定策略（ESS），则应满足 $\mathrm{tr}J = a_{11} + a_{22} < 0$ 和 $\det J = a_{11}a_{22} - a_{12}a_{21} > 0$ 两个条件。根据行业协会与劳动者参与治理的不同概率 p、q，可从以下五种情况分析 ESS。

（1）当 $p < p_0$ 且 $q < q_0$ 时，局部均衡点（0, 0）为 ESS，其中 $p_0 = 1 - k(s_g - c_0 + qn)$，$q_0 = [(\Delta s_p - b) - \varepsilon(f + l_p)]/(1 + \varepsilon)(f + l_p)$。这表明，一方面，当中观的行业协会和微观层面的劳动者参与治理概率较低的时候，政府考虑到监管成本、监管手段等因素可能选择放松监管；另一方面，由于平台的社会责任缺失且缺少外部监督，平台可能选择不自律。

（2）当 $p > p_0$ 且 $q < q_0$ 时，局部均衡点（0, 1）为 ESS。这表明，随着行业协会参与程度的加深，政府部门的监管成本也会随之下降，此时理性的政府部门倾向于选择积极监管策略。但由于劳动者较少参与到用工关系的治理中，平台被曝光的风险较小，因此其仍然在用工中选择不自律。

（3）当 $p < p_1$ 且 $q < q_1$ 时，系统的 ESS 为（1, 0），其中 $p_1 = 1 - k(s_g - c_0)$，$q_1 = \dfrac{\Delta s_p - b}{f + l_p}$。此时，一方面，中观层面的行业协会未能在平台用工治理中发挥积极作用，政府即使选择积极监管策略，也面临监管成本高昂的困境，因此政府部门将采取放松监管作为自己的最优策略选择；另一方面，劳动者积极参与到平台用工行为的监督中，此时平台在用工中的一些违规行为很容易被曝光，因此其将采取合规行为作为自己的最优策略选择。但由于此种情形极度依赖劳动者的参与，在现实中难以出现。

（4）当 $p_0 < p < p_1$ 且 $q_0 < q < q_1$ 时，系统的 ESS 为（0, 1）或（1, 0），这也意味着系统没有稳定的演化结果，其最终演化方向由 p、q 的取值大小决定。一方面，尽管行业协会参与治理的程度保持在一定水平，并能够有效降低政府积极监管所花费的成本，但减少的幅度比较有限，难以促使政府因此选择积极的监管策略；另一方面，当平台劳动者的参与水平处于中等水平时，企业也并不必然采取自律的行为策略。

（5）当 $p > p_1$ 和 $q > q_0$ 同时成立时，局部均衡点（1, 1）为 ESS。此时，协会和劳动者都积极参与到治理过程中，这大大地降低了政府部门的用工监管成本，政府部门选择积极监管的态度。相应地，平台如果选择不自律策略则会面临其用工上的违规行为被曝光、处罚的风险，因而平台将采取合规行为作为自己的最优策略选择。

根据上述分析，可以得到以下命题。

命题：行业协会和劳动者参与的积极性 p、q 对平台用工协同治理博弈系统的稳定演化点有重要影响。只有当行业协会的参与度 p 和劳动者参与度 q 足够大，即 $p > p_1$ 和 $q > q_0$ 同时成立时，政府才会倾向于选择严格监管，而平台也会倾向于选择自律策略，其中，$p_1 = 1 - k \, (s_g - c_0)$，$q_1 = \dfrac{\Delta s_p - b}{f + l_p}$。

进一步，通过分析上述 p_1、q_1，可以发现 k、s_g、f、l_p、b 越大，则 p_1、q_1 越小，理想均衡点（1，1）越容易出现。也就是说，政府的监管能力越强、积极监管的政策收益越大、平台企业不自律时所遭受的损失越高、平台自律所能获得的收益越强，系统就越容易演化至平台用工关系协同治理的理想均衡点（1，1）。

8.2.3 数值仿真模拟

为了进一步验证上述分析的有效性，将政府部门和平台演化博弈的动态行为可视化。为此，运用 Matlab 软件对上述几种情形下的博弈均衡结果进行模拟，以反映政府和平台策略的演化趋势。

情形 1：$p < p_0$ 且 $q < q_0$。设 $p = 0.3$，$q = 0.3$，省略其余非关键参数（下同）。图 8.4 描述了平台企业与政府策略选择的演化均衡过程。可以看出，平台企业和政府部门的策略向着（0，0）点演化，即平台选择不自律策略，政府部门选择放松监管策略。这种情况比较接近于我国在 2016 ~ 2018 年平台用工监管方面面临的困境。在这一阶段各互联网平台快速扩张，政府对于平台用工监管采取相对宽松的态度，不仅是出于鼓励创新而避免"管死"的考虑，同时也与政府部门的监管能力滞后于平台发展有关系。同时，在这一阶段，网约车、外卖等领域的互联网平台企业提供的高额补贴不断吸引着司机、骑手加入，可观的劳动收入也使平台劳动者相对忽视了除收入外的其他权益诉求。相应地，平台的许多用工行为都游走在

制度的"灰色地带",因而其用工的合规性欠佳。

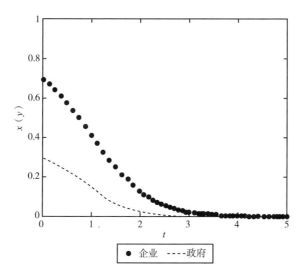

图 8.4 (0, 0) 点的系统仿真

情形 2: $p > p_0$ 且 $q < q_0$。设 $p = 0.7$、$q = 0.1$。图 8.5 描述了该情形下平台企业与政府策略选择的演化均衡过程。从图 8.5 中可以发现,平台企

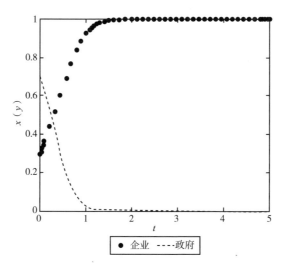

图 8.5 (0, 1) 点的系统仿真

业和政府部门的策略向着（0，1）点演化，即平台选择不自律策略，政府部门选择严格监管策略。在这种情况下，中观层面的行业协会逐渐开始发挥作用，借助其在专业知识上的优势能够更好地为政府部门提供相关的信息，这能够帮助政府部门降低积极监管所需的成本。但是，劳动者在通过平台提供劳务过程中缺少维权意识，难免会被平台利用，从而出现用工中的违规行为。例如一些骑手、快递员等在不知情或不情愿的情况下被注册成为"个体工商户"，以规避用工主体责任。

情形3：$p < p_1$ 且 $q < q_1$ 的情形。设 $p = 0.4$、$q = 0.4$，图8.6描述了该情形下平台企业与政府策略选择的演化均衡过程。从图8.6中可以看出，平台企业和政府部门的策略向着（1，0）点演化，即平台选择自律策略，政府部门选择放松监管策略。在这种情形下，劳动者对自身劳动权益具有一定的关注，一旦遭遇侵权会倾向于通过各种渠道进行维权，甚至退出平台就业。"理性"的平台在长短期利益的权衡之下，会对自己的用工行为进行调整，逐渐从不自律走向自律。

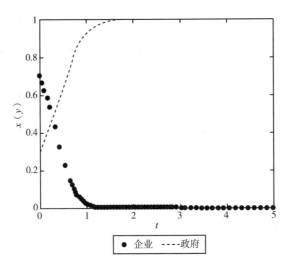

图8.6　（1，0）点的系统仿真

情形4：$p_0 < p < p_1$ 且 $q_0 < q < q_1$。设 $p = 0.5$、$q = 0.5$，图8.7给出了该情形下平台企业与政府策略选择的演化均衡过程。从中可以看出，平台企

业和政府部门各自策略呈现周期性变化趋势，此时演化系统不存在稳定点。

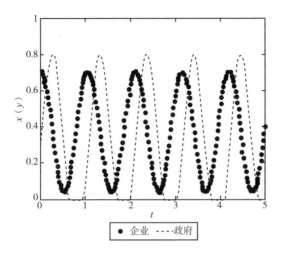

图 8.7　混沌状态的系统仿真

情形 5：$p > p_1$ 和 $q > q_0$。设 $p = 0.85$、$q = 0.85$，图 8.8 描述了该情形下平台企业与政府策略选择的演化均衡过程。从图 8.8 中可以看出，平台企业和政府部门各自的策略选择向着（1，1）点演化。在此情形下，由于行业协会和劳动者均积极参与治理，政府部门的用工监管成本大幅度降低，

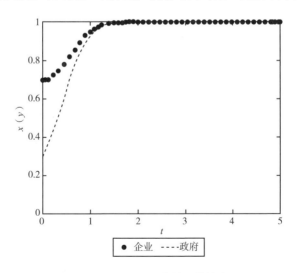

图 8.8　（1，1）点的系统仿真

此时政府部门的最优策略选择是积极监管，而用人单位如果在用工方面违规，其违规行为被曝光的风险较高，因而其也将采取自律、合规作为自己的策略选择。仿真图形印证了模型分析的结果，只有当行业层面和劳动者层面参与程度足够高的时候，对于促进平台用工的治理才具有积极作用。

8.2.4 管理启示

针对平台劳动关系模糊背景下平台用工过程中可能存在的违规行为，本章引入反映行业协会和平台劳动者参与治理的关键参数，构建了政府、平台两方演化博弈模型，对于行业协会与平台劳动者如何参与治理如何影响系统演化稳定状态进行了系统分析，从而为有效引导协会与劳动者参与治理过程，充分发挥多元协同治理模式的积极作用提供理论依据。

研究结果表明，平台用工多元主体协同治理的实施，需要政府部门积极发挥以行业为背景的行业协会与平台劳动者在治理过程中的作用。一是要发起成立外卖、快递等重点行业的行业协会，引导其充分利用自身的专业知识，积极参与平台用工行为的治理，履行其自身职责。二是强化平台劳动者权益维护的主体意识，拓展其诉求表达、权益维护的渠道。为此，需要相关政府部门引导成立行业性、区域性工会组织，一方面加大对劳动法律法规宣传教育的力度，增强其法律意识和自我保护意识，另一方面可发挥工会在平台劳动者诉求表达、冲突处理以及权益维护等方面的作用。总之，政府部门应充分利用各参与主体的优势作用，综合考虑影响协会与公众发挥作用的各方面因素，形成共同参与、协作长效的多元协同治理体系。

第9章

共享经济背景下模糊劳动关系
治理的对策建议

9.1 政府层面

9.1.1 规范平台用工类型

9.1.1.1 建立第三类法律关系——类劳动关系

正如前述分析所提到的，我国现有的劳动"二分法"框架会使平台劳动者的权益保护处于全有或全无的局面，不利于新就业形态劳动者的权益保护，劳动法二元框架已不适应于共享经济下的平台用工模式，因此亟须打破现有的劳动法律框架。借鉴英、德、加拿大等国家劳动法律体系建设的经验，我们认为增设第三类劳动关系，即类劳动关系，是可行的解决路径之一。尽管 2021 年出台的"维护新就业形态劳动者权益的意见"比较模糊地将介于劳动关系与民事关系之间的模糊劳动关系界定为"不完全符合确定劳动关系的情形"，但由于该意见缺少法律的强制性，且未建立明确新型劳动关系的认定标准，因此很难真正从法律层面上解决平台劳动者的权益保障问题。

为此，本书建议将平台用工纳入我国《劳动合同法》全日制用工与非全日制用工的分类框架。同时，参照国内外认定第三类劳动关系的判别标准，结合平台用工的特点，从劳动者对平台的经济从属性与平台对劳动者的控制性两个方面建立判别标准，进而将不同的平台劳动者划分为高控制—高依赖型、低控制—低经济依赖型、低控制—高依赖型以及高控制—低依赖型四种。其中，高控制型或低控制型劳动者主要根据平台对劳动者的控制程度区分，如网约车司机、外卖骑手就是平台控制程度较高的劳动者，而自由摄影师则是受平台控制程度较弱的劳动者；劳动者对平台依赖程度的高低则主要根据其对于平台的经济依赖程度来区分，一般来说，专职平台劳动者的经济依赖性较高，兼职劳动者的经济依赖性较低。因此，如果按照上述标准进行区分，那么，受平台的算法控制程度较大同时劳动者对平台的经济依赖性较强，如专职网约车司机、专职外卖骑手等，就属于高控制—高依赖型劳动者，他们与平台相关企业之间的关系可界定为类劳动关系，这也与"维护新就业形态劳动者权益的意见"中的"不完全符合劳动关系的情形"相对应。由于这类劳动者表现出"部分从属"特征，即具备经济从属性但缺乏人格从属性，因此应从法律层面为其提供低于雇员法定权益的"部分劳动保护"。

9.1.1.2 建立平台不同用工关系类型的认定标准

与设立类劳动关系的构想相配合的是，平台用工类型认定标准的建立。事实上，"维护新就业形态劳动者权益的意见"由于缺乏对"不完全符合劳动关系"的认定标准，由此带来了隐蔽雇佣、诱导平台企业的"去劳动关系"行为等现象的发生，对于不同用工类型的边界，过宽或过窄的界定都可能带来一定的负面效应。结合平台用工的特点，不同平台用工类型的认定标准可从劳动给付的自主性、技术依赖性、经济依赖性、劳动给付的期限和持续性等方面来构建。参考刘善仕等（2021），本书从控制性和经济依赖性两个方面建立不同平台用工类型的判定标准。

1. 建立控制性和经济依赖性相结合的认定标准

参考不同国家对劳动关系的主要认定标准，可从劳动关系的控制性、从属性对平台从业者进一步分类。其中，控制性是从用人单位的视角提出的，强调用人单位对劳动者的组织管理，而从属性则是从劳动者的视角强调劳动者相对于用人单位高度的依附性。不过该判定标准尚为初步构成，未来仍有待于在实践中不断摸索和完善。

（1）控制性标准。

卡尔·马克思的劳动学说认为，控制是劳动者实际劳动过程中最基本的问题，为实现剩余价值最大化的资本家就必须掌握工人劳动过程中的控制权，以此来激发劳动力的最大潜力，最终实现剩余价值最大化的目标。①劳动控制权指企业作为雇主能否控制雇员即劳动者的工作过程和结果，在工作中表现为是否为劳动者指派任务、监督其劳动过程、考核劳动成果等。与传统的劳动过程控制不同，平台用工模式下平台企业依靠基于算法和系统对劳动者进行柔性的劳动控制，但是对于不同性质的平台用工而言，平台对劳动者的控制程度存在较大差异。比如，同样依托平台就业，外卖骑手、网约车司机与网约家政服务、网约自由摄影师等职业显然受平台的控制程度就存在差异。对此，可从自主定价权、服务控制和监督评价三个方面来判定不同平台对劳动者的控制程度。一是自主定价权，自主定价权是指劳动者是否享有对任务自主定价的权利，如劳动者不能决定服务价格，则说明平台占有主体地位，平台对薪酬具有控制权；二是服务控制，它是指平台企业是否对劳动者在 App 上劳动服务的工作量例如接单率有控制，若达不到要求会被取消接单的资格等；三是监督评价，主要是指劳动者是否受到消费者评价体系的监督，一些平台通过顾客评分和投诉对劳动者实现间接控制，劳动者看不到顾客但顾客可以很容易查看劳动者的

---

① 《资本论》节选本［M］. 北京：人民出版社，1998.

评分，这实际上是一种隐蔽监控。根据上述三个方面可以判定平台对于劳动者的控制程度，如果从用人单位的角度来看控制程度较强，那么也意味着劳动者对于用人单位具有一定的从属性。

（2）经济依赖性标准。

从属性标准是我国认定劳动关系的核心标准，其中从属性标准主要包括人格从属性、经济从属性。人格从属性体现为在雇主的控制下，劳动者不能自由决定其劳动的时间、空间以及内容，但在平台用工模式下，劳动者对平台的人格从属性下降，如一些劳动者可同时在多个平台的 App 上接单，实现跨平台就业，同时自主决定工作时长，此时其对同一平台的人格从属性就较弱。在这种情况下，可借鉴德国、加拿大、西班牙等劳动"三分法"国家的判别标准，设置经济依赖程度的阈值来判定劳动者的经济从属性。在德国，劳动者要被认定为类雇员，必须从单一客户获得的收入超过个人收入的 50%，在西班牙这一比例为 75%，在加拿大则为 80%。但是，很难保证同一收入来源比例适用于不同收入的劳动者，而且在实践中较难证实该数据。因此，也可考虑借鉴我国对非全日制用工的认定标准来衡量经济依赖性。按照《劳动合同法》的规定，如果劳动者在同一用人单位的平均工作时间不超过 4 小时，且每周工作时长不超过 20 小时，那么劳动者与用人单位之间存在非全日制用工关系。参考这一标准，可用平台劳动者为单一客户工作的时长作为衡量经济依赖性的指标：如果平均每天工作时间不超过 4 小时且每周工作时长不超过 20 小时，那么认为其对该平台具有较低的经济依赖性；反之，则该劳动者对平台的经济依赖性较强。

2. 平台劳动者的分类

如前所述，根据平台用工关系的控制性和经济依赖性标准，将平台劳动者划分为高控制—高依赖型、低控制—低依赖型、低控制—高依赖型以及高控制—低依赖型四种，如图 9.1 所示。其中，高控制型的劳动者往往也是接受算法管理的平台劳动者，而自由职业者则是控制程度较低的劳动者。高控制—高依赖型劳动者相对应的即是第三类劳动者。不过，在实际的司法实践中，对平台劳动者是否属于类劳动关系主体，仍然需要结合人格从属性、劳务给付的时间、期限等因素综合进行判定。

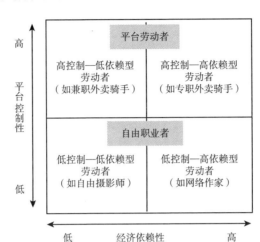

图9.1　不同平台用工类型的划分

9.1.2　明确平台劳动者劳动权益清单

在设立类劳动关系的基础上，需要进一步明确需要为类劳动关系主体（即第三类劳动者）提供哪些劳动保护，这实际上是在劳动者权益保护与平台企业发展这两个政策目标之间寻求平衡的结果。一是应坚持适度倾斜原则，对第三类劳动者保护水平应当弱于典型劳动者而强于民事自雇者；二是坚持突出重点权利原则，优先甄选那些与劳动者生存关系最为紧密的基础权利、核心权利；三是坚持逐步推进原则，应优先保护那些相对成熟、争议较小、有一定规范基础的权利。在上述原则基础上，为第三类劳动者配置个性化劳动权利，其中包含的法律保护内容在水平上应比劳动关系稍低，但强于纯粹民事关系的劳动权益。通过提供既非不足、又不过度的适中劳动保护，在保护劳动者和共享经济发展之间寻求平衡。

根据前述对不同平台控制性和经济依赖性相结合的判别标准，对平台用工中高控制—低依赖型的平台劳动者，即依托平台从事劳务的兼职平台劳动者以及自由职业者配置共性的劳动权益，包括最低工资、劳动安全、社会保障权利等，这些都是作为劳动者基本的生存保障权利，也是国际劳工组织 2015 年发布的《关于从非正规经济向正规经济转型建议书》等文件中所提到的劳动者应享有的基本权利。而对于作为类劳动关系主体的平台劳动者，应重点保障其工作时间和劳动强度、职业安全健康权、集体行动权等最紧迫、劳动者最关切的权利。平台劳动者应享受的劳动权益如表 9.1 所示。

表 9.1　　　　　　　　不同类别的平台劳动者应享受的劳动权益

劳动者类型	平台与劳动者之间的关系	重点保障的权益	共性保障的权益
高控制—高依赖型平台劳动者	不完全符合劳动关系	工作时间和劳动强度 集体行动权利	最低工资 劳动安全 社会保障 职业伤害保障
高控制—低依赖型平台劳动者、自由职业者	民事关系	—	

注：相较于民事关系的情形，对于平台与劳动者之间不完全符合劳动关系的情形通过重点保障的权益给予劳动者倾斜保护。

9.1.3　完善适应新就业形态的社会保障制度

9.1.3.1　制定弹性化的参保政策，扩大新就业形态劳动社保覆盖范围

针对平台劳动者等灵活就业人员收入不稳定的特点，设计弹性化的参保缴费政策。在缴费周期上可允许其按照月缴、季缴、年缴等缴费方式；在缴费基数上，可探索以单笔订单交易金额作为基数按比例扣缴社保，以缓解缴费基数较高给劳动者带来的经济压力；针对灵活就业人员可能存在中断缴费的情形，设计合理灵活续缴保费的规则，以使其尽可能充分缴纳可负担的保费。通过破除新就业形态劳动者参保缴费的制度障碍，提高其参保的积极性。

另外，需要指出的是，尽管目前我国的社保对灵活就业者的参保秉持

自愿原则，但仍然有必要适当提升社保缴费制度的强制性。尤其是针对特定的平台用工类型，例如针对高控制—高依赖型平台劳动者，可创新实行按单缴费方式，使平台、代理商、劳动者共担缴费责任，从而尽可能扩大对新就业形态劳动者的社保覆盖范围。

9.1.3.2 完善社会保险关系衔接机制，提高制度的便携性

为适应灵活就业人员工作流动性大的特点，应进一步打通其社保转移接续的通道，例如，劳动者社保缴费的异地转移和两种基本养老保险之间的转移。

一是建立全国统筹的社保机制和数据库以及面向灵活就业者的"个人保障账户"，实现"五险合一"管理和社保基金"跟人走"。解除个人社保的统筹部分与缴纳地的关联，研究制定统筹部分如何转移接续的办法。可借鉴德国、美国在基本养老保险制度中所采取的"薪点制"，个人历年缴费金额折算成衡量其对社会共同体的贡献值的"薪点"计入个人账户，提高社保权益的便携性，从而从根本上解决劳动者流动带来的社会统筹转移接续难的问题。

二是考虑到平台劳动者在正规就业与灵活就业之间转换的可能性，应该进一步完善不同类型养老保险之间的可转换机制。虽然国家已有职工与居民养老保险之间的衔接机制，但在现行政策下当参保人从职工养老保险转入居民养老保险时会面临福利损失[①]。为此，应完善需要重新考虑两种制度衔接时单位缴费部分在统筹账户的转移规则，针对灵活就业人员可允许其在统筹账户上的缴费进入个人账户，并以分段计算、合并计发的方式实现保险待遇的衔接，以充分保障劳动者作为参保人的权益。

---

① 按2014年人社部出台的《城乡养老保险制度衔接暂行办法》的规定，当劳动者参加职工养老保险不满15年的情况下，如果因各种原因需转为居民养老保险，只能将个人账户转为居民养老保险个人账户，不能享受统筹账户待遇。

9.1.3.3 建立面向灵活就业人员的专属商业养老保险

以平台劳动者为代表的灵活就业人员工作转换相对频繁，其工作的不稳定性与养老保险"缴费期长、领取期远"的属性存在天然的错配。在这种情况下，应大力发展第三支柱养老保险，积极引入社会力量，开发适应新就业形态从业人员需求的专属商业养老保险。与基本养老保险普惠性、保基本的功能不同，专属养老保险应定位于补充功能，因此其应该以自愿为原则，满足劳动者在保险上的个性化需求；同时，为更好契合新就业形态的特点，该保险在制度设计上应降低参保门槛，在缴费、待遇领域等环节都应更灵活化。

为推动各方积极参与，政府应充分发挥其引导作用，参照对居民参加城乡基本养老金的补贴政策，为新就业形态从业者参保提供政策支持；同时也鼓励平台等为劳动者投保，从政策上给予类似企业年金的税收优惠扶持政策。此外，为提高保障水平，同时分散风险，可借鉴近年来我国城市定制型商业医疗保险（俗称"惠民保"）采取的多家保险公司联合承保的运营模式，引入共保联营制度，降低经营风险，从而更好平衡公共利益与商业盈利。

9.1.3.4 设立灵活就业人员独立统筹参保平台和专项社保基金

一方面，建立灵活就业人员独立统筹参保平台，探索"网上社保"模式，以适应新就业形态的特点，从根本上解决劳动者"不知参保"和"无处参保"的问题，也便于对灵活就业者数量和状态进行全面准确的统计和了解。另一方面，以政府主导、企业参与方式设立专项社保资金池，互联网平台以劳动者的接单量和实际工资额为基准，抽取适当比例的专款资金，按照政府财政相应要求进行比例配套。针对依托平台企业但受平台控制程度低的劳动者比如自由撰稿人，可以采取引导其自愿缴纳方式。另外，在资金管理上，可适当参考住房公积金账户的管理模式，实行专款专用，保障新就业形态劳动者的社保缴费与支付。

9.1.4 建立独立于工伤保险的职业伤害保障制度

通过对各地灵活就业人员职业伤害保障的不同模式的比较不难发现，模式之间的最大区别在于职业伤害保障制度能否与劳动关系解绑。结合试点情况来看，本书认为，劳动关系是传统的工伤保险模式所赖以依存的根基，如果将两者解绑相当于动摇了制度的根基，模糊制度的边界。因此，在现阶段标准劳动仍居于主导地位的情况下，应该遵循已有的工伤保险制度框架，不宜为纳入新就业形态从业者以解决局部问题而强行改变现有制度。同时，考虑到商业保险公司作为企业天然的逐利性与公共服务的公益性之间存在冲突，因此纯粹依靠社会力量的商业保险模式也并不合适。从不同地区的试点经验来看，江西九江所采用的新设保险模式虽然保障程度相对较低，但参保门槛低、灵活性较高、可操作性较强，比较适应新就业形态的特点，是现阶段比较适宜的选择。但是，考虑到职业伤害保险基金独立设置、独立运行的难度较大，因此可考虑设立独立于工伤保险制度但以该保险基金为依托的"职业伤害保险制度"，同时结合平台用工的特征，由政府、平台企业、平台劳动者三方共担义务，逐步推进新就业形态从业者的职业伤害保障建设，实现从无到有、从弱到强的权利保护。

第一，以强制参保为原则，覆盖范围应具备开放性。一方面，如果以自愿为原则让职业伤害保障成为可选条件，难以做到应保尽保，保障力度有限，因此对于外卖骑手等职业伤害风险较高的平台劳动者应该考虑强制参保。另一方面，保障制度的保障对象应该针对与平台及其关联企业未建立劳动关系的劳动者，而不单纯以是否建立劳动关系为依据。对于依托平台就业的兼职劳动者，即对平台经济依赖性较弱的劳动者，虽然其可能已经与全职就业的用人单位签订了劳动合同，但也要考虑到他们面临与全职平台劳动相同的职业伤害风险，同样应允许其参加职业伤害保险。此外，要扩大保险的覆盖范围，还应该取消户籍、与职工医保及养老保险捆绑等准入条件。

第二，建立多主体筹资方式，设置弹性化缴费方式。考虑到共享经济下平台及其关联企业与劳动者之间并不是标准劳动关系，因此针对平台劳动者职业伤害保险的筹资方式可突破传统的工伤保险完全由企业承担缴费责任规则，采取平台、劳动者和政府多主体筹资方式，以实现风险共担；而且根据平台劳动者不同的经济从属性，缴费主体也可有所区别。例如，专送骑手、全职网约车司机对平台具有较高的经济从属性，应该采取平台和个人共同缴费、政府补贴的缴费模式；对于兼职众包骑手、兼职网约车司机，则主要采取以个人缴费与政府补贴相结合的缴费模式；对跨平台就业的劳动者，则可由相关平台共担用人单位应承担的缴费责任。在缴费方式上，考虑到平台劳动者的收入波动性较大，可设置弹性化缴费周期，按年、按季、按月甚至按单缴费。

第三，引入社会力量，构建多层次的职业伤害保障体系。在职业伤害风险突出的行业，基本的职业伤害保险所能提供的保障有限。因此为满足不同风险偏好的劳动者的需求，可进一步引入商业保险公司等市场主体，鼓励其开发附加保险、积极发挥风险防御作用，从而作为社会保险的有力补充参与到新就业形态劳动者的职业伤害保障中。根据不同行业的平台劳动者特点，保险公司应结合实际，灵活设计缴费方式、界定保险责任，并为平台企业和劳动者设置更多选择权，这种多层次的职业伤害保障能够为高水平参保者提供较高的待遇水平。

9.1.5 加大平台用工监管力度

政府对于平台用工的治理应坚持包容审慎、底线监管的监管理念，按照"促进发展与规范管理并行、在发展中规范和在规范中发展并重"的原则，建立健全适应共享经济发展特点的新型监管机制，对于劳动者劳动报酬、劳动安全等相关的劳动权益保障，强化底线监管，防范化解互联网平台灵活用工的各类风险。

9.1.5.1 加强互联网平台相关企业用工的合规监管

一方面，通过建立互联网灵活用工平台"白名单"制度，规范平台及相关企业的资质审查，控制资格准入，杜绝市场乱象，同时对其制定的规章制度进行备案审查和登记，从而强化对网络平台、相关企业的资格审查和责任落实；另一方面，将平台用工纳入劳动监察，建立平台灵活就业劳动保障权益负面清单，劳动监察部门应明确最高工作时间、最低工资等平台劳动标准的底线要求，引导平台设定的算法规则满足劳动标准或监管标准的要求。

9.1.5.2 完善平台用工监管体系

积极推进协同共治理念，加强涉税监管。市场监管部门、税务部门以及平台企业所在重点园区管委会等相关部门应建立市场监管和税收征管联动机制，强化部门间信息分享。建立平台用工的监测机制，通过数字化监管平台搭建、平台企业用工情况报告等制度设计、平台劳动者就业信息数据库建设等，切实保护好新业态劳动者的合法权益。构建以信用为基础的平台用工监管机制，将平台企业的用工诚信情况纳入社会信用综合服务平台。

9.1.5.3 加强平台用工相关算法监管

一方面，建立算法监督制度，设计第三方算法审查流程，提升算法在事前设置、事中运行、事后优化中平台劳动者的话语权，探索算法规则等涉及劳动者利益的重要事项向劳动者公示制度，缓解"算法黑箱"；另一方面，构建平台算法问责制，通过问责惩戒推动算法主体对平台在用工算法中的失当问题进行整改，促使平台算法沿着"向上向善"的方向不断发展优化，从而破解缺乏主观过错认定机制下的算法监管困境。

9.1.6 优化平台劳动者权益保障服务体系

9.1.6.1 优化新就业形态劳动者的社保经办服务

探索适用于新就业形态劳动者的社会保险经办服务模式，将劳动者的参保缴费渠道与基数、权益范畴与明细、待遇领取和结算等纳入经办服务中，以期为平台劳动者提供更为便捷的社保服务。以国家统一社保公共服务平台为依托，强化对平台劳动者社会保障情况的摸底调查，充分运用大数据技术实现参保人群的数据采集与分享，实现社保政策与需求精准对接；深化社会保障经办"一网通办、一网统管"改革，推动社会保障跨地区转接业务网上经办，探索建立医疗保险、养老保险等转移接续政策，提高新业态背景下社会保障办理的便利性。

9.1.6.2 推动职业培训体系与新就业形态全面对接

通过推进《中华人民共和国职业分类大典》修订，将新业态就业岗位供求信息纳入公共就业服务范围。动态更新职业分类，推动新职业发布和应用，加快平台就业者的新职业技能认定工作，支持鼓励符合国家政府规定条件的平台企业有序开展新型职业技能等级评定。探索建立新职业职称体系，健全职业技能等级制度，畅通新业态劳动者职称申报与评价渠道；对取得职称的平台劳动者，加大荣誉表彰力度，同时引导企业给予相应的津贴或补助，增强其提升技术技能后的获得感。

9.1.6.3 加大对新就业形态劳动者专业技能培训力度

通过国家政府相关部门牵头，联合行业协会、院校和互联网平台等组织，举办职业教育、岗位技能培训、职业技能竞赛等活动，提高平台劳动者职业技能水平。进一步加大对职业教育和培训资金的投入，允许对新业态从业者适度突破职业目录限制和劳动合同条件，将开展职业培训的平台企业纳入职业培训补贴范畴。通过联合办学并认证的方式为平台劳动者提供学习认证，增强其从事新职业的动力和稳定性，拓展新业态从业者的职业发展空间。

9.2　行业层面

9.2.1　推进行业工会联合会建设

团结权作为国际劳工组织倡导的"劳工三权"之一，对于克服平台就业模式下劳动者个体所处的议价劣势地位有重要作用。2021年12月24日出台的《关于修改〈中华人民共和国工会法〉的决定》明确指出，"工会适应企业组织形式、职工队伍结构、劳动关系、就业形态等方面的发展变化，依法维护劳动者参加和组织工会的权利"。这无疑为平台劳动者组建和参加工会提供了法律依据。借鉴2017~2018年上海快递、外卖等"八大群体"成立行业工会的经验，成立行业性工会联合会以实现平台劳动者的团结权，是一个比较合适的选择。

我国现行工会的组织体系由全国产业工会、地方产业工会及行业工会联合会构成，其中行业工会联合会一般隶属于基层，设立范围一般限定在地市及以下地域内，由同一行业或性质相近行业的企事业单位工会按照联合制、代表制的原则组织。考虑到新经济形态与传统经济形态的差异，因此其建设与运行模式上都与传统的工会有所不同。

9.2.1.1　协同推进建会入会，最大限度吸引平台劳动者入会

区别于西方国家，中国工会的基层建设动因不仅有"自下而上"的劳动者的团结权需求，更重要的是"自上而下"的国家政权建设需要。因此，新业态行业工会联合会的建设也需要以政府为主导。政府推动设立新经济形态行业工会联合会时，可按照"头部带动、行业跟进"的工作机制，分三步建会入会。一是利用区域工会组织资源与头部企业进行对话，

培育其行业龙头责任，由其带头建立工会；二是由头部企业带动与之签订合作协议的关联企业、其他平台组建工会；三是借助地区工会的组织资源，在行政区域内分别建立区县层面的联合工会和市级层面的工会联合会。新业态行业工会的组织结构如图9.2所示。通过上述的工作机制建会入会，尽可能多地吸纳平台劳动者。

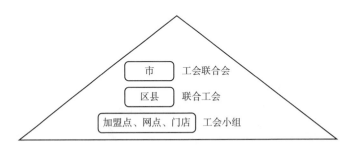

图9.2　新业态行业工会的组织结构

9.2.1.2　建立面向智慧化的行业工会运行模式

早在2015年，中华全国总工会就提出实施"互联网＋"工会行动计划，2018年中国工会十七大报告又提出"智慧工会"建设，提出要运用大数据等信息技术建设工会智能化服务职工体系。智慧工会具有网络组织化、服务普惠化的特点，通过提供网上便捷入会，教育培训、维权帮扶等普惠服务，实现线上线下互动融合，从而更好地联系劳动者，能够更好地克服平台劳动者分散化给工会工作带来的难题。此外，智慧工会建设应考虑与城市"新基建"互嵌，与不同领域的平台劳务资源数据对接，以防止平台企业的数据垄断。

9.2.2　构建"政府、行业性工会、行业协会"三方集中定价机制

赋予平台劳动者团结权不应仅停留在建立工会和加入工会，行业性工

会还应当积极发挥其组织力量，为劳动者劳动权益积极"发声"，推动相关劳动权益事项平等协商机制的建构，从根本上改变劳动者缺少劳动定价话语权的情况。

借鉴已有的新就业形态集体协商的经验，可探索建立政府、行业性工会与行业协会（或行业企业）代表三方参与的集中定价机制，围绕行业层面的工时标准、劳动定额标准，以及计件单价、订单分配、进入退出平台规则、劳动保护、奖惩制度等劳动者相关的切身利益开展民主协商，逐步形成行业层面的劳动基准和用工规范。这种实体性的劳动基准确定模式不以平台企业与劳动者之间存在劳动关系为前提，也弥补了当前平台用工领域劳动基准制度空白的缺陷。

根据平台用工的特点，集中定价的重点内容包括以下几个方面。

第一，平台劳动者的分类认定。可由行业工会与行业协会通过民主协商，确定不同行业的平台劳动者身份认定标准，在一定程度上有助于解决平台劳动者的分类难题。2018年，丹麦工人联合会就在与一家丹麦清洁服务平台的集体协议中，引入了平台工人身份的选择机制，规定如果劳动者的工作时长达到要求，即可拥有雇员的身份并享受到最低小时工资、养老金等相应待遇。借鉴这一经验，可由行业性工会与平台协商，明确平台劳动者获得不同身份及相应劳动权益的条件，这实际上也为增加平台劳动者的权益保护提供了新的思路。

第二，行业计件单价与服务费提取问题。在网约车、外卖等重点领域的平台用工中，计件单价、平台抽成等事关劳动者收入高低。考虑到平台劳动者在劳务定价上缺乏话语权，因此行业工会与平台企业应该围绕这些事关劳动者利益的重要事项进行集体协商，以增加劳动者在收入上的话语权。以安徽蚌埠外卖领域为例，据《工人日报》报道，2020年以来，外卖行业工会与平台围绕特殊时期，如疫情期间、春节期间骑手每单单价开展集体协商，使骑手每单单价增加4～10元，骑手的收入也大幅增加。

第三，劳动者职业安全健康保障、工作数据保护等相关内容。一方面，为降低重点领域的平台劳动者的职业风险，行业工会应根据行业的职业安全健康风险，与平台企业围绕如何购买职业伤害保险、保障程度以及与职业安全健康相关的服务规则进行集体协商，以避免平台单方面制定不合理的管理制度。另一方面，对于涉及身份、位置等劳动者个人的数据是否是合理的收集范围、如何保护等，也应当由行业工会与平台进行协商，以保障劳动者的个人信息安全。

9.2.3 探索建立行业劳动争议调解机制

互联网平台企业既把算法作为其控制快递员、外卖骑手等的手段，又将客户或消费者评价作为对劳动者的约束责任，造成平台企业在劳资关系里完全"隐形"。然而，当劳动者在遇到合法权益保障受损感到不公不满、急迫需要解决问题或出现劳动用工争议时，用工平台很可能成为并未解决实际问题的"仲裁者"。在缺乏健全的行业劳动争议调解组织的背景下，新就业形态劳动者缺乏公开、公正、公平的争议解决端口。

对此，可由行业工会组织积极参与成立新型劳动用工劳动争议调解机构，建立并优化劳动争议调解平台，利用互联网平台探索打造"线上 + 线下"双调解模式，使平台劳动者在遇到用工纠纷时，能第一时间找到行业调解组织，使矛盾化解在基层，促进劳动关系和谐稳定。

9.2.4 加强行业自律机制建设

健全劳动法律法规、补齐制度短板，完善平台监管机制，是平台用工关系和谐的前提。法治可看作是"事后"之治，那么行业自律一定是"事前"之治，只有法治和自律相结合，才能有效维护平台劳动者权益、真正实现用工关系的和谐。

自律的核心是规范行业的用工行为，协调劳资双方的利益关系。建立行业的自律机制，是一项系统工程，需要平台企业、监管部门、行业协会的广泛参与。一是由行业协会发起发布行业自律公约，倡导头部企业"自律"，自觉承担对平台劳动者应尽的责任和义务。自律条款的提出应有政府监管部门的参与，行业协会、平台企业与监管部门共同围绕算法、劳动风险、劳动者数据采集范围等参与制定的约束性条款才能保证约束有力，避免片面化。二是借鉴美团2022年、2023年发布骑手权益保障社会责任报告的经验，头部的平台企业定期发布用工报告，推进用工算法规则等相关信息公开，接受社会广泛监督。三是发起成立行业协会，由行业协会内的平台企业协商共同制定并推广行业用工规范，明确行业在工作时间、休息休假等方面的最低标准，规范平台企业的用工行为。总之，通过多方参与、合力监督的形式督促新业态自我监管，共同推动新业态的不同行业用工向标准化方向迈进。

9.3　平台企业层面

9.3.1　树立人力资源管理的生态系统观

传统观念认为，企业的人力资源管理实际上是维持雇佣关系的一系列管理活动。虽然由于认定标准模糊，平台劳动者与平台相关企业之间是否存在劳动关系尚不明确，但是平台在用工生态系统中仍然需要开展招聘、薪酬管理、绩效评价等各种人力资源管理活动来加强对平台劳动者的管理。这种管理超越了法律意义上用人单位对员工的管理，而是体现为平台、关联企业、劳动者和资源需要者之间的多边交换关系。因此，从平台生态系统的视角来看，平台应突破传统人力资源管理的理念和边界，强调通过管理协调平台与其利益相关者之间的多边关系，从而实现价值的共创共享。在这种情况下，一方面，平台应积极引导平台劳动者向半自治的参与者转变。例如，美团在招募环节依靠老骑手推荐招募新骑手就是其重要的招募渠道之一；邀请骑手反向给商户打分，从而引导商户提升自身的服务能力，这些都体现了劳动者的责任自治管理模式。另一方面，平台还应该从人性的底层逻辑出发，兼顾业务发展与人性化管理，在理性的管理中体现对劳动者的人文关怀，使其真切体会到工作的意义与价值。

9.3.2 以满足情感需求为导向，加强平台劳动者心理契约管理

共享经济下，由于平台劳动者与平台及其关联企业之间存在弱契约关系，二者的关系以经济交换为主，社会情感的交换相对缺乏。同时，劳动者也存在不稳定的职业轨迹带来的不安全感。在这种情况下，平台企业应着重从共建心理契约的角度出发开展人力资源实践，使平台劳动者感知到平台企业的组织支持。

9.3.2.1 建立"线上+线下"沟通机制

平台企业应深刻认识到，对劳动者的心理契约的管理应关注其作为一个社会人的情感需求，因此有必要建立"线上+线下"沟通机制。"线上"沟通机制主要是指构建以平台劳动者为核心的社群，通过社群使劳动者形成强连接的社交网络，使其在圈层化的互动中分享与工作相关的文化，有利于提高劳动者对当前工作的认同感。"线下"沟通机制主要是打造企业与平台劳动者之间的对话机制，通过主动倾听、细致沟通去了解平台劳动者的事实诉求，进一步改进规则，增进情感交流，使劳动者真正参与平台生态系统价值共创。

9.3.2.2 建立多样化的关怀计划

近年来，国内头部平台企业都从人性关怀的角度先后启动了对平台劳动者的关怀计划，如曹操出行的"曹操家园关爱金"、饿了么的"蓝骑士基金"、美团的"同舟计划"，提升了平台劳动者的获得感、幸福感、安全感。未来还应该针对需求复杂多元的不同年龄阶段、不同家庭背景的平台劳

动者开发更多的关爱项目，使劳动者有自主选择的空间，并在物质帮助的同时加强对劳动者的精神和情感上的关怀，为其形成虚拟空间的"家的温度"。

9.3.2.3 加强平台劳动者职业生涯管理

平台企业应从职业生涯周期的角度，评估平台劳动者的工作效率与年龄增长之间的关系，探索提供不同平台劳动者可能的职业生涯发展路径，帮助其找到职业生涯发展的前景，最大程度降低职业风险的危机。此外，可建立与职业技术学校、政府相关部门的合作机制，加强平台劳动者职业技能的培训，提升其基础素质和技能水平。

9.3.3 构建负责任的平台算法

9.3.3.1 转变算法管理的思路：从"监控"到"赋能"

共享经济下的算法管理将劳动细致分解，进而制定精确的劳动规则，同时全面监控并要求劳动者严格执行，这种"泰勒主义2.0"版本的劳动控制实际上削弱了劳动者工作自主性。为此，平台应该尝试将算法管理的思路从"监控"向"赋能"转变。据美团官方微信公众号公布的消息，2022年5月美团宣布"改变派单的算法设置，给予骑手一定接单选择权"，就是一种算法赋能劳动者的思路。平台的管理者们应当意识到，共享经济能成功，本质原因还在于共享经济模式融合了各项资源，调动了数字经济下较为零散的劳动者的就业积极性，同时也通过市场进出的自由度和收入灵活性保护了劳动自主性。因此，不能冠以传统思维，如果仅仅将互联网下的数字算法视为实现"泰勒主义2.0"的单一技术跳板，则可能使平台失去其在数字时代的独特优势，取而代之的将是更具包容性的新商业模式。

9.3.3.2 用"算法取中"代替"最严算法"

"算法取中"的实质是平衡好平台效率与劳动者保护之间的关系。对于平台而言，首先，应加强涉及用工的算法规则的透明度，将算法规则向当地相关工会组织、行业协会和劳动者公示，并充分听取工会或劳动者代表的意见建议。其次，改进基于算法的"最严"考核指标，合理确定考核要素，避免超强度劳动及由此带来的安全风险。例如，美团将骑手配送的"时间点"改为"时间段"就体现出算法的"人性化"。在算法管理之外，还应重视平台劳动者申述机制等相关配套机制的建设，为劳动者因天气等异常客观原因导致订单未按时送达时获得免责的机会。总之，对于平台而言，"算法取中"是一个长期命题，需要不断优化迭代，使冰冷的算法更加"人性化"。

9.4 劳动者层面

从劳动者的角度来看，由于工作时间、工作场所的不固定性及工作方式的独立性，新就业形态劳动者之间较少有围绕合约性质等进行信息交流的机会，在"独立语境"中不得不让渡出一部分劳动权利，这也削弱了劳动者的集体话语权。因此，新就业形态劳动者应注重强化劳动权益维护的主体意识，尤其是集体维权的主体意识。在劳动法律尚未明确界定平台劳动关系的情形下，大多数的平台劳动者与平台之间更像是平等的合作关系，与占据垄断地位的平台企业相比，"原子化"的劳动者个体处于绝对的弱势地位，这阻碍了其集体身份认同的形成。因此，平台劳动者群体应增强集体合作意识，积极追求共同利益和劳动者团结，在行业性工会组织中积极表达诉求、维护权益。这样的良性抗争不仅是为劳动者个体，还能够推动平台用工治理朝着积极的方向发展，从而为整个新就业形态劳动者群体争取合法权益。此外，平台劳动者还可以借助自媒体、论坛等积极分享市场信息、传授工作经验，这不仅有利于促进自己的工作境遇的改善，还有助于增强群体归属感。

第 10 章

结论与展望

10.1　研究结论

近年来，共享经济的蓬勃发展催生出众包这种用工模式，由此带来了"平台＋个人"的新型用工关系，这种介于劳动关系和劳务关系之间的用工关系，喻示着传统劳动关系"二元论"的终结，使我国传统劳动关系的协调机制难以有效治理共享经济下的模糊劳动关系，以外卖平台为代表的平台频繁遭遇劳工诉讼，劳动监管、劳动者权益保障等问题凸显，影响了劳动关系的整体和谐。本书围绕共享经济发展所产生的模糊劳动关系，研究如何对其进行有效规范、协调、治理，以期形成有利于劳动关系和谐化的对策建议。具体研究结论包括以下几个方面。

第一，模糊劳动关系形成于众包用工这种特定的用工模式。按照我国现有判定劳动关系的从属性标准，由于众包模式下的平台劳动既有劳动自主性也有一定从属性，由此产生了介于独立劳动和从属劳动的中间状态，在这种中间状态下，平台劳动者与平台之间的关系处于制度缝隙，未被现行的基于标准化劳动的劳动法律制度覆盖，导致劳动者因劳动权益保障缺位并由此引起劳动争议、劳资纠纷等问题。

第二，模糊劳动关系在用工主体上具有双边市场属性和轻资产性，就业主体的原子性和重资产化，用工方式的高弹性和社会化，就业方式的网约性和非标准化，用工管理上重绩效但轻责任并存，就业契约去劳动关系化等特征。这些不同于标准劳动关系的特点，给我国传统宏观层面的劳动关系三方协调机制，以及微观层面以劳动合同和集体协商机制为主的劳资协调机制带来了巨大的挑战。

第三，本书对外卖骑手劳动情况的调查研究发现，"平台＋个人"的新型关系中存在劳动合同签订率低、劳动关系认定困难，社会保险覆盖不到位、社会保障水平较低，劳动者工作强度较大、劳动基准保护不足，职业技能培训不足，职业发展空间有限，话语权缺失、集体维权困难等问题。宏观层面现有法律制度存在短板以及微观层面劳资力量失衡是造成这些问题的主要原因。

第四，本书运用质性研究方法构建了模糊劳动关系的影响因素概念模型，并进一步运用案例实证分析方法进行了验证。研究发现，对模糊劳动关系影响最大的三个因素分别是劳动保障、经济收入和话语权。除此以外，顾客评价和顾客行为也对模糊劳动关系产生一定影响，这说明消费者在平台劳动秩序中扮演着重要角色。

第五，通过对近年来我国对平台用工关系治理政策的梳理、总结，本书发现，目前在模糊劳动关系的治理机制方面存在劳动者劳动权益保障政策滞后、治理主体单一以及传统监管机制面临冲击等问题。在借鉴其他国家治理经验的基础上，提出应运用生态系统的思维角度搭建包含政府、行业以及平台在内的模糊劳动关系协同治理框架。

第六，本书从政府层面、行业层面以及平台企业层面提出了模糊劳动关系治理的对策建议。政府层面的建议包括规范平台用工类型、明确平台劳动者的劳动权益清单、构建与平台用工相适应的社保政策等六大方面。行业层面则应重点推进行业工会联合会建设、构建"政府、行业性工会、行业企业代表"三方集中定价机制、建立行业争议调解组织以及加强行业自律机制建设。平台企业层面的对策建议包括：树立人力资源管理的生态观；实施以满足情感需求为导向的心理契约管理；构建负责任的平台算法。

10.2 研究展望

本书针对如何治理共享经济发展所催生出的模糊劳动关系，进行了初步的宏观和微观整合的系统化研究，在新用工关系的治理方面提出了一些有益的制度规则。但是，共享经济下"平台＋个人"新型关系形成的时间并不长，实践上关于这种关系的治理规则仍然处于探索阶段，因此未来还有大量有待进一步深入研究的领域，具体包括以下四个方面。

第一，宏观层面上不同平台用工类型如何判定以及相应的劳动权益保障体系的研究。2021 年国家八部委出台的《关于维护新就业形态劳动者劳动保障权益的指导意见》将新就业形态划分为符合劳动关系、不完全符合劳动关系以及已有平台的自由职业者三种类型，但并未明确具体的判定标准，也没有对后两种劳动者所能享受的劳动权益进行区分。本书虽然提出了设立类劳动关系的构想，并尝试建立了基于经济依赖性和控制性的判定标准，但这种标准不够全面、细化，实践效果也尚未可知。未来应结合法学学科知识，运用劳动关系的从属性理论对平台用工不同类型的边界进行探讨，进而设计差异化的平台劳动者权益保障政策。

第二，从生态观的视角研究平台企业的社会责任治理，以及微观层面上平台应该实施管理变革，最终实现劳方与资方的良性互动。本书虽然引入了平台系统的思维，并提出了平台在用工方面的两层次社会责任，但却缺乏完整性的、连续性的、系统性的案例研究作为支撑。未来可以采用案例研究方法、扎根理论等，选择以具体的平台型企业作为研究对象，从微观层面进一步探讨平台在用工方面履行社会责任、实施负责任的管理变革的情况，从而推动平台用工的微观治理机制研究走向更深层次，也能够为生态化视角的协同治理机制给予更多的验证性支持。

第三，在研究方法方面，可进一步融合质性方法和量化方法探究"平台＋个人"新型关系的影响因素。本书综合运用了质性方法和实证分析方法对模糊劳动关系的影响因素进行初步的刻画，但是在研究设计上相对比较简单，没有对不同的关系类型、职业类型进行区分，因此得到的相关结论也比较粗略。事实上，从研究方法来看，学界在模糊劳动关系治理方面的研究仍然以定性研究为主、定量研究和实证分析相对较少。未来应考虑利用大样本的问卷调查进一步完善不同"平台＋个人"关系的影响因素，为不同类型平台劳动者劳动权益保障政策的差异化设计提供理论依据。

第四，拓宽平台用工关系调查的行业、地区，以全面掌握模糊劳动关系状况，以提升结论的普适性和丰富性。结合项目实际，本书在对模糊劳动关系现状进行分析时，主要以成渝两地的外卖骑手为对象展开调研，在调研的地区选择和行业选择方面存在局限性，访谈和问卷的样本量都偏少，影响了数据的全面性和准确性。未来，应该将调查对象拓展到更多地区、更多行业，扩大调查覆盖面、增加样本容量，以提高结论的普适性。此外，还可以对平台用工关系的区域差异、行业差异、岗位差异进行进一步探讨。

附　录

附录1　外卖骑手劳动关系状况的访谈提纲

一、访谈说明

您好！受国家社科基金项目委托，项目组拟对外卖骑手的劳动关系状况进行跟踪调研。很感谢您百忙之中抽出时间进行访谈。本次访谈采取匿名形式，并对您的回答进行严格保密，仅用于学术研究。

二、基本问题

1. 基本情况（年龄、籍贯、家庭等）。

2. 您为什么选择这份职业？

3. 您加入平台时需要经过怎样的程序或者提供什么资料？

4. 您属于全职还是兼职？与平台企业签订的何种用工合同？

5. 平均工资水平怎么样？主要由哪几个部分构成呢？薪酬获取方式？

6. 您是否了解自己的工作性质？觉得自己是否属于传统劳动用工？为什么？

7. 自由安排工作和休息时间的灵活度如何？有无固定工作休息场所？

8. 有无社会保险或者社会福利（工作补贴、津贴等）？安全保障措施有哪些？

9. 企业有没有监管制度？对你们的考核程度怎么样？

10. 在这份工作中您最担忧的问题？是否出现交通等意外事故？如果有，事故责任承担情况？

11. 本人或同事在工作中出现劳动纠纷或受到顾客投诉时，以何种方式解决？

12. 您了解哪些比较有效的维权渠道？您曾维权或者将来需要维权时主要考虑哪些因素？

13. 若发生劳动争议，您倾向于使用通过怎么的维权方式？

14. 您希望从平台或者政府相关部门获得怎么的维权帮助？

附录2　外卖骑手劳动关系状况的调查问卷

您好！受国家社科基金项目委托，项目组拟对外卖骑手的劳动关系状况进行跟踪调研，恳请您百忙之中予以协助支持填写本调查问卷！这份问卷是匿名调查，所有回收的问卷只用于数据分析，不涉及个案，而且仅供学术研究之用，不用于任何其他用途，不对外公开，请您根据自己的实际情况作出回答。

感谢您的参与和支持！

一、个人基本情况

1. 您的性别

○男　　　　　　　　○女

2. 您的年龄

○16～20岁　　　　○21～35岁　　　　○36～60岁

3. 您的户籍

○农村　　　　　　　○城镇

4. 您的受教育程度

○初中及以下　　　○高中、中专　　　○大专及以上

5. 您目前的婚姻状况

○已婚已有一孩　　○已婚已有二孩　　○已婚未育　　　○未婚

6. 外卖骑手是否是您第一份工作（设置：如选择"是"，直接跳到第8题）

○是　　　　　　　　○否

7. 您的上一份工作所属行业

○加工制造业　　　○建筑业　　　　　○服装纺织业　　○其他

二、工作情况

8. 您的职业性质

○专送　　　　　　　○众包

9. 您选择外卖骑手职业的主要因素

○薪酬待遇高　　　　○工作时间自由　　　○进入门槛低

○发展前景好　　　　○亲朋好友推荐　　　○方便照顾家庭

10. 您的从业时间

○1 年以下　　　　　○1～3 年　　　　　○3 年以上

11. 您的月平均收入情况

○4000 元及以下　　　○4001～6000 元　　○6001～8000 元

○8001～10000 元　　○10000 元以上

12. 您签订的用工合同性质

○劳务合同　　　　　○劳动合同　　　　　○合作协议　　　○分包协议

○委托协议　　　　　○其他　　　　　　　○不清楚

13. 您每日工作时长

○4 小时以下　　　　○4～6 小时　　　　○7～8 小时

○9～10 小时　　　　○10 小时以上

14. 您每月工作天数

○5 天及以下　　　　○6～15 天　　　　　○16～20 天

○21～25 天　　　　　○25 天及以上

15. 您或同事工作中发生事故的情况

○本人发生过意外情况　　　　　　　　○同事发生过意外情况

○本人和同事都没有发生过意外情况

16. 您认为发生意外的主要原因

○配送时间紧张，超时需扣费　　　　　○配送时需要抢单

○工作量大、容易疲劳、安全意识不强　○顾客太远、顾客催单

17. 您参加养老保险的情况

　　○城乡居民基本养老保险　　　　　　○城镇职工基本养老保险

　　○未参加养老保险

18. 您是否参加工伤保险

　　○是　　　　　　　　○否

19. 您参加职业培训的情况（如选择"未参加培训"，直接跳转到第
　　22 题）

　　○参加过 1 次培训　　　　　　　　○参加过 2～5 次培训

　　○参加过 5 次培训以上　　　　　　○未参加过培训

20. 您参与培训的主要内容

　　○技能培训　　　　　○安全教育　　　　　○规章制度

　　○客户服务

21. 您为未来职业生涯的规划是

　　○晋升为站长、配送经理　　　　　○未来会跳槽从事其他职业

　　○没有想法、选择边做边看　　　　○未来自己创业

22. 如发生劳动纠纷，您倾向于选择的应对方式

　　○与平台协商　　　○寻求政府相关部门的帮助　　　○自认倒霉

　　○诉讼　　　　　○其他

23. 您是否参加工会组织

　　○参加了工会　　　○有工会未参加

　　○不清楚有没有工会，所以没有参加

24. 您是否就平时工作中的问题、意见等与平台及相关企业进行沟通

　　○是　　　　　　　　○否

三、用工关系满意度

25. 我对于自己与平台等相关用人单位之间的整体关系

　　○非常满意　　　　○比较满意　　　　○一般满意　　　　○较不满意

○非常不满意

26. 我对于目前自己在平台工作得到的收入

○非常满意　　　○比较满意　　　○一般满意　　　○较不满意
○非常不满意

27. 我对目前平台等用人单位提供的福利

○非常满意　　　○比较满意　　　○一般满意　　　○较不满意
○非常不满意

28. 与付出的劳动相比，我对我自己的收入水平

○非常满意　　　○比较满意　　　○一般满意　　　○较不满意
○非常不满意

29. 我对自己每天在平台的工作量和工作节奏

○非常满意　　　○比较满意　　　○一般满意　　　○较不满意
○非常不满意

30. 我对平台等用人单位提供的劳动保障（养老、医疗等）

○非常满意　　　○比较满意　　　○一般满意　　　○较不满意
○非常不满意

31. 我对平台等用人单位提供的劳动安全保护措施

○非常满意　　　○比较满意　　　○一般满意　　　○较不满意
○非常不满意

32. 我对于目前在平台工作的整体稳定性

○非常满意　　　○比较满意　　　○一般满意　　　○较不满意
○非常不满意

33. 我对于自己在工作遇到问题时，与上级之间的沟通

○非常满意　　　○比较满意　　　○一般满意　　　○较不满意
○非常不满意

34. 我对于自己在平台考核等重要规章制度制订中的话语权

○非常满意　　　○比较满意　　　○一般满意　　　○较不满意

○非常不满意

35. 我对于工会在维护劳动者劳动权益方面发挥的作用

○非常满意　　　　○比较满意　　　　○一般满意　　　　○较不满意

○非常不满意

36. 我对于平台未来的发展前景

○非常满意　　　　○比较满意　　　　○一般满意　　　　○较不满意

○非常不满意

37. 我对于自己在平台等用人单位获得的职业培训机会

○非常满意　　　　○比较满意　　　　○一般满意　　　　○较不满意

○非常不满意

38. 我对于自己在平台等用人单位获得的晋升机会

○非常满意　　　　○比较满意　　　　○一般满意　　　　○较不满意

○非常不满意

附录3 模糊劳动关系影响因素
的访谈提纲（平台管理者）

一、访谈说明

您好！受国家社科基金项目委托，项目组拟对平台劳动者的劳动关系状况进行跟踪调研，感谢您百忙之中参加这次访谈。我们会对您的回答严格保密，并且访谈结果仅用于学术研究。所以，期盼能得到您诚挚的回答。

二、主要访谈问题

1. 您是什么时间到公司来工作的？

2. 您是如何看待平台上接单的劳动者与平台的关系的？

3. 您觉得公司与平台劳动者的工作关系如何？

4. 公司在薪酬管理时是否考虑了本地的最低工资水平呢？

5. 平台劳动者之间收入差距大吗？

6. 据您所知，你们公司和相关联的企业与平台劳动者签订的是哪种类型的合同？

7. 据您所致，你们公司的关联企业是否给平台劳动合同购买保险？什么保险？是如何缴纳的呢？

8. 公司以前采取了哪些具体措施来改善平台劳动者的劳动条件？

9. 平台劳动者在工作过程有哪些渠道可以表达自己意见建议？

10. 公司制定涉及平台劳动者切身利益的管理制度时（比如考核要素），会不会听取他们的意见？或者会不会公示？

11. 平台劳动者与公司之间存在发生劳动争议的情况吗？你们是如何调解情况的？

12. 您所在企业有没有设立代表平台劳动者利益的工会？

13. 公司平时有没有给平台劳动者提供一些在职教育和培训的机会呢？

14. 您觉得消费者的评价对于平台劳动者的工作重要吗？

15. 您认为影响公司和平台劳动之间关系的因素有哪些？

附录4 模糊劳动关系影响因素
的访谈提纲（平台劳动者）

一、访谈说明

您好！受国家社科基金项目委托，项目组拟对平台劳动者的劳动关系状况进行跟踪调研，感谢您参加这次访谈之中。我们会对您的回答严格保密，并且这次访谈结果也仅用于学术研究。希望得到您诚挚的回答。

二、主要访谈问题

1. 您是什么时间从事这份工作的？出于什么考虑从事的这份工作呢？

2. 请您简单介绍一下自己每天的工作流程情况？

3. 您每年年收入如何呢？你与其他平台劳动者之间收入差距大吗？

4. 您怎么看待自己与平台之间形成的工作关系的？

5. 您与平台或者关联的企业签订的是哪种类型的合同？

6. 您为自己购买保险了吗？或者平台（关联企业）有没有帮你们买保险？

7. 平台平时有没有采取一些措施，帮助改善你们的工作条件（比如减少工作时间、增加安全保障）？

8. 您平时通过哪些渠道向上级表达自己意见建议呢？

9. 平台制定一些跟你们切身利益相关的管理制度（比如考核办法）会不会听取你们的意见？或者会不会公示？

10. 您或者您周围的同事跟平台（关联企业）发生过劳动争议吗？你们怎么处理的？

11. 您有没有参加过工会？

12. 您平时有没有参加过平台组织的一些在职教育和培训？您是否希望获得能够提高自己职业能力的培训机会？

13. 顾客的评价会对您的工作产生什么影响？

14. 您觉得哪些因素会影响您跟平台以及关联企业之间的关系？

附录5 模糊劳动关系影响因素的访谈提纲 (消费者)

一、访谈说明

您好！受国家社科基金项目委托，项目组拟对平台劳动者的劳动关系状况进行跟踪调研，感谢您参加这次访谈之中。我们会对您的回答严格保密，并且这次访谈结果也仅用于学术研究。希望得到您诚挚的回答。

二、主要访谈问题

1. 您平时使用××平台？您多久使用一次？
2. 您在平时使用××平台时，看重服务的什么？
3. 每次服务结束您会对提供服务的人进行评价吗？
4. 您怎么看待××平台与平台劳动者之间关系？
5. 您作为消费者，希望××平台为消费者多做些什么？
6. 您和××平台上提供服务的劳动者之间是否出现过纠纷？当时怎么解决的？
7. 当您对服务质量不满意的时候，您是否向平台投诉过？

附录6　平台用工关系影响因素的调查问卷

您好！受国家社科基金项目委托，项目组拟对平台劳动者模糊劳动关系状况进行跟踪调研，恳请您百忙之中予以协助支持填写本调查问卷！这份问卷是匿名调查，而且是纯学术性的问卷，所有回收的问卷只用于数据分析，不涉及个案，而且仅供学术研究之用。请您按照自身情况据实填写。

第一部分：个人基本情况

1. 您的性别

○男　　　　　　　○女

2. 您的年龄

○ 25 岁及以下　　○ 26 ~ 30 岁　　○ 31 ~ 35 岁　　○ 35 岁以上

3. 您的户籍

○本地城镇　　　　○外地城镇　　　○本地农村　　　○外地农村

4. 您的受教育程度

○初中及以下　　　○高中、中专　　○大专及以上

5. 您目前的婚姻状况

○未婚　　　　　　○已婚

第二部分：对个人与平台工作关系的主观感受

6. 对于自己与平台之间的工作关系（请在您认为最符合的选项上打√）

○非常满意　　　　○比较满意　　　○一般满意　　　○较不满意

○非常不满意

7. 您如何看待下列因素对自己与平台之间工作关系满意度的影响（请在您认为最符合的选项上打√）

题项	影响非常大	影响较大	一般	影响较小	影响非常小
经济环境对于我与平台之间的工作关系	○	○	○	○	○
技术环境对于我与平台之间的工作关系	○	○	○	○	○
顾客评价对于我与平台之间的工作关系	○	○	○	○	○
顾客行为（如投诉）对于我与平台之间的工作关系	○	○	○	○	○

8. 请您根据自身感受，对下列因素的满意程度进行评价

题项	非常符合	比较符合	一般	比较不符合	非常符合
我对于经济收入感到不太满意	○	○	○	○	○
我对于劳动保障感到不太满意	○	○	○	○	○
我对于自身未来的发展（如职业发展、技能提升）不太满意	○	○	○	○	○
我对于自己在平台或关联企业制定与劳动者切身利益相关规章制度中的话语权不太满意	○	○	○	○	○
我对平台及其关联单位提供的组织支持感到不太满意	○	○	○	○	○
我对自己在工作中的自主性不太满意	○	○	○	○	○

参 考 文 献

[1] 阿里研究院. 数字经济 2.0 [R]. 2017.

[2] 白春雨, 胡晓东. 我国企业劳动关系和谐指数评价指标之研究 [J]. 中国劳动关系学院学报, 2012, 26 (3): 18 - 24.

[3] 班小辉. 超越劳动关系: 平台经济下集体劳动权的扩张及路径 [J]. 法学, 2020 (8): 160 - 175.

[4] 布雷弗曼. 劳动与垄断资本 [M]. 方生等译. 北京: 商务印书馆, 1978.

[5] 常凯. 平台企业用工关系的性质特点及其法律规制 [J]. 中国法律评论, 2021 (4): 31 - 42.

[6] 常凯, 郑小静. 雇佣关系还是合作关系? ——互联网经济中用工关系性质辨析 [J]. 中国人民大学学报, 2019, 33 (2): 78 - 88.

[7] 陈龙. 两个世界与双重身份——数字经济时代的平台劳动过程与劳动关系 [J]. 社会学研究, 2022, 37 (6): 81 - 100, 228.

[8] 陈龙. 平台经济的劳动权益保障挑战与对策建议——以外卖平台的骑手劳动为例 [J]. 社会治理, 2020 (8): 22 - 28.

[9] 陈龙. "数字控制"下的劳动秩序——外卖骑手的劳动控制研究 [J]. 社会学研究, 2020, 35 (06): 113 - 135, 244.

[10] 陈万思等. 参与式管理对和谐劳资关系氛围的影响: 组织公平感的中介作用与代际调节效应 [J]. 南开管理评论, 2013, 16 (6): 47 - 58.

[11] 陈威如, 余卓轩. 平台战略: 正在席卷全球的商业模式革命 [M]. 北京: 中信出版社, 2013.

［12］陈微波．互联网平台用工关系治理的理论建构：三种理论视角的比较与反思［J］．社会科学，2021（10）：80－86．

［13］陈晓宁．论非标准劳动关系的法律规制［J］．时代法学，2010，8（3）：69－75．

［14］陈渊泽，李晏．平台用工的非标准劳动关系准入路径与规制举措研究［J］．北京市工会干部学院学报，2022，37（3）：47－54．

［15］程延园．劳动关系（第3版）［M］．北京：中国人民大学出版社，2011．

［16］程延园．《劳动合同法》：构建与发展和谐稳定的劳动关系［J］．中国人民大学学报，2007（5）：104－110．

［17］崔莉，雷宏振．共享经济第三方平台企业战略合作行为的演化博弈分析［J］．江西财经大学学报，2018（4）：43－52．

［18］崔岩．就业质量视角下的外卖骑手就业脆弱性研究［J］．山东社会科学，2021（5）：93－99．

［19］董保华．论非标准劳动关系［J］．学术研究，2008（7）：50－57．

［20］董志强．平台灵工经济：性质与挑战［J］．求索，2022（4）：117－125．

［21］杜连峰．新就业形态下和谐劳动关系治理：挑战、框架与变革［J］．河南社会科学，2022，30（2）：115－124．

［22］方长春．"第三类劳动"及其权益保障：问题与挑战［J］．学术前沿，2022（8）：52－62．

［23］房园园，王兴化．新时期非典型雇佣的发展趋势及策略分析［J］．技术经济与管理研究，2009（5）：70－72．

［24］费威．共享经济模式及其监管制度供给［J］．经济学家，2018，11（11）：75－82．

［25］冯骅，王勇．网约车监管的改革方向：实施双重监管体系［J］．企业经济，2020（2）：139－145．

[26] 关博. 加快完善适应新就业形态的用工和社保制度 [J]. 宏观经济管理, 2019 (4): 30 – 35.

[27] 郭传凯. 共享经济属性的回归与网约车监管思路的选择 [J]. 山东大学学报 (哲学社会科学版), 2017 (3): 82 – 88.

[28] 何勤等. 共享经济下平台型灵活就业劳动者就业选择影响因素差异研究——以"微工网"为案例 [J]. 宏观经济研究, 2019 (8): 142 – 155.

[29] 何勤等. 人工智能引发劳动关系变革: 系统重构与治理框架 [J]. 中国人力资源开发, 2022, 39 (1): 134 – 148.

[30] 何圣, 王菊芬. 和谐劳动关系评价指标体系的构建及对上海的分析 [J]. 市场与人口分析, 2007 (5): 51 – 56, 9.

[31] 黄浩. 数字经济带来的就业挑战与应对措施 [J]. 人民论坛, 2021 (1): 16 – 18.

[32] 黄龙. 新就业形态劳动者参加和组织工会权利与路径研究 [J]. 中国人力资源开发, 2022, 39 (12): 74 – 83.

[33] 黄再胜. 平台权力、劳动隐化与数据分配正义——数据价值化的政治经济学分析 [J]. 当代经济研究, 2022 (2): 77 – 87.

[34] 黄再胜. 网络平台劳动的合约特征、实践挑战与治理路径 [J]. 外国经济与管理, 2019, 41 (7): 99 – 111, 136.

[35] 黄宗智. 中国发展经验的理论与实用含义: 非正规经济实践 [J]. 开放时代, 2010 (10): 134 – 158.

[36] 贾旭东, 衡量. 扎根理论的"丛林"、过往与进路 [J]. 科研管理, 2020, 41 (5): 151 – 163.

[37] 蒋大兴, 王首杰. 共享经济的法律规制 [J]. 中国社会科学, 2017 (9): 141 – 162, 208.

[38] 蒋建武, 戴万稳. 非典型雇佣下的员工 – 组织关系及其对员工绩效的影响研究 [J]. 管理学报, 2012, 9 (8): 1178 – 1182.

[39] 金荣标. 平等权视域下非标准劳动关系的法律规制——劳动关

系统一立法的视角［J］．求实，2015（8）：75-82.

［40］金世育．上海新业态行业工会建设：实践、困境与路径创新［J］．工会理论研究（上海工会管理职业学院学报），2021（5）：18-29.

［41］雷晓天，柴静．从"发展中规范"到"规范中发展"：互联网平台用工治理的演进过程与机制［J］．中国人力资源开发，2022，39（5）：6-24.

［42］李培智．我国非标准劳动关系问题探讨［J］．中国人力资源开发，2011（3）：84-86，103.

［43］李三希等．中国平台经济反垄断：进展与展望［J］．改革，2022（6）：62-75.

［44］李文冰等．互联网平台的复合角色与多元共治：一个分析框架［J］．浙江学刊，2022（3）：127-133.

［45］李文明，吕福玉．分享经济起源与实态考证［J］．改革，2015（12）：42-51.

［46］栗志坤等．非典型雇佣关系的新制度经济学分析［J］．生产力研究，2009（14）：16-18.

［47］廉思，牟文成．域外学者对网约工研究的最新动态及其对中国的启示［J］．中国青年研究，2020（7）：112-118，104.

［48］林建武．算法与自由：平台经济中的自由劳动是否可能？［J］．兰州学刊，2022（5）：50-58.

［49］刘东梅等．非典型雇佣关系研究述评与展望［J］．重庆科技学院学报（社会科学版），2016（9）：36-39，58.

［50］刘善仕等．平台劳动者：分类、权益及治理［M］．北京：中国法制出版社，2022.

［51］龙立荣等．平台零工工作者的人力资源管理：挑战与对策［J］．中国人力资源开发，2021，38（10）：6-19.

［52］娄宇．平台经济从业者社会保险法律制度的构建［J］．法学研究，2020，42（2）：190-208.

[53] 娄宇.新就业形态人员的身份认定与劳动权益保障制度建设——基于比较法的研究 [J].中国法律评论,2021 (4):61-71.

[54] 卢珂等.基于三方演化博弈的网约车出行市场规制策略 [J].北京理工大学学报 (社会科学版),2018,20 (5):97-104.

[55] 马名杰,戴建军,熊鸿儒.数字化转型对生产方式和国际经济格局的影响与应对 [J].中国科技论坛,2019 (1):12-16.

[56] 马晔风,蔡跃洲.数字经济新就业形态的规模估算与疫情影响研究 [J].劳动经济研究,2021,9 (6):121-141.

[57] 迈克尔·哈珀.美国劳动法:案例、材料和问题 [M].北京:商务印书馆,2015.

[58] 毛宇飞等.互联网使用、就业决策与就业质量——基于 CGSS 数据的经验证据 [J].经济理论与经济管理,2019 (1):72-85.

[59] 孟泉.从中心论到互构论:构建基于核心概念的劳动关系分析框架 [J].中国人力资源开发,2018,35 (5):134-142.

[60] 孟泉,雷晓天.“十四五”时期我国劳动关系治理的发展方向与策略选择 [J].中国人力资源开发,2020,37 (12):34-44.

[61] 孟泉.利益平衡与逻辑平衡——劳动关系平衡理论探讨及其启示 [J].中国人力资源开发,2013 (19):6.

[62] 明亮等.成都市和谐劳动关系状况调查研究 [J].中共成都市委党校学报,2014 (3):83-87.

[63] 欧洲时报.优步首次承认工会 英国网约车司机将经历什么改变?[EB/OL].(2021-05-27) [2022-06-20].http://www.oushinet.com/static/content/europe/britain/2021-05-27/847517738980352000.html.

[64] 潘旦.互联网“零工经济”就业群体的劳动权益保障研究 [J].浙江社会科学,2022 (4):89-95,159.

[65] 潘文轩.人工智能技术发展对就业的多重影响及应对措施 [J].湖湘论坛,2018,31 (4):145-153.

[66] 彭倩文,曹大友.是劳动关系还是劳务关系?——以滴滴出行

为例解析中国情境下互联网约租车平台的雇佣关系 [J]. 中国人力资源开发, 2016 (2): 93 -97.

[67] 澎湃新闻. 平台与骑手间用工模式解析 [EB/OL]. (2018 -01 -22) [2019 -5 -20]. https: //m. thepaper. cn/baijiahao_12528639.

[68] 澎湃新闻. 如何保护困于系统的外卖骑手? 来看看其他国家的做法 [EB/OL]. (2020 -09 -10) [2022 -06 -20]. https: //www. thepaper. cn/newsDetail_forward_9109832 Ross School of Business Working Paper Series, No. 1298, 2015.

[69] 戚聿东等. 数字经济时代新职业发展与新型劳动关系的构建 [J]. 改革, 2021 (9): 65 -81.

[70] 戚聿东, 李颖. 新经济与规制改革 [J]. 中国工业经济, 2018, 360 (3): 5 -23.

[71] 秦建国. 和谐劳动关系评价体系研究 [J]. 山东社会科学, 2008 (4): 62 -66, 74.

[72] 闪电新闻: 加快探索新就业形态劳动者权益保障新途径 [EB/OL]. (2023 -3 -10) [2023 -3 -20]. https: //baijiahao. baidu. com/s? id = 1759947890869358939&wfr = spider&for = pc.

[73] 沈超红, 胡安. 共享经济背景下政府规制与供给意愿关系研究 [J]. 经济与管理评论, 2018, 34 (6): 47 -59.

[74] 沈锦浩. 嵌套激励与闭环监控: 互联网平台用工中的劳动控制 ——以外卖行业为例 [J]. 中国劳动关系学院学报, 2020, 34 (6): 63 - 71.

[75] 孙瑜, 渠邕. 员工视角的劳动关系满意度评价指标体系构建 [J]. 社会科学战线, 2014 (9): 58 -64.

[76] 汤闶淼. 平台劳动者参加社会养老保险的规范建构 [J]. 法学, 2021 (9): 164 -175.

[77] 唐烈英, 陈永福. 从静态到动态: 劳动关系治理思维的变革 [J]. 西南民族大学学报 (人文社科版), 2018, 39 (10): 87 -93.

[78] 田思路，贾秀芬．契约劳动的研究——日本的理论与实践 [M]．北京：法律出版社，2007．

[79] 田思路，刘兆光．人工智能时代劳动形态的演变与法律选择 [J]．社会科学战线，2019（2）：212–221，282，2．

[80] 田思路，郑辰煜．平台从业者职业伤害保障的困境与模式选择：以外卖骑手为例 [J]．中国人力资源开发，2022，39（11）：74–89．

[81] 涂永前．零工群体劳动权益保护研究：域外实践及我国的应对 [J]．政法论丛，2021（2）：64–76．

[82] 汪敏．新业态下劳动与社会保险政策的检视与选择 [J]．社会保障评论，2021，5（3）：23–38．

[83] 王德才．伙伴关系实践对劳资冲突的影响——机制与情境因素研究 [J]．管理评论，2018，30（1）：89–97．

[84] 王健．APP 平台用工中的网约工身份认定与劳动关系重构 [J]．兰州学刊，2019（6）：46–55．

[85] 王节祥，蔡宁．平台研究的流派、趋势与理论框架——基于文献计量和内容分析方法的诠释 [J]．商业经济与管理，2018（3）：20–35．

[86] 王茜．平台三角用工的劳动关系认定及责任承担 [J]．法学，2020（12）：176–191．

[87] 王倩．德国法中劳动关系的认定 [J]．暨南大学学报（哲学社会科学版），2017，39（6）：39–48，130．

[88] 王全兴．"互联网＋"背景下劳动用工形式和劳动关系问题的初步思考 [J]．中国劳动，2017（8）：7–8．

[89] 王全兴，刘琦．我国新经济下灵活用工的特点、挑战和法律规制 [J]．法学评论，2019，37（4）：79–94．

[90] 王全兴，王茜．我国"网约工"的劳动关系认定及权益保护 [J]．法学，2018（4）：16．

[91] 王天玉．超越"劳动二分法"：平台用工法律调整的基本立场

[J]. 中国劳动关系学院学报，2020，34（4）：66－82.

[92] 王天玉. 互联网平台用工的合同定性及法律适用 [J]. 法学，2019（10）：165－181.

[93] 王天玉. 互联网平台用工的"类雇员"解释路径及其规范体系 [J]. 环球法律评论，2020，42（3）：85－100.

[94] 王天玉. 试点的价值：平台灵活就业人员职业伤害保障的制度约束 [J]. 中国法律评论，2021（4）：51－60.

[95] 王晓晖. 劳动过程理论：简史、核心理论及在中国的运用 [C]. "新一轮西部大开发与贵州社会发展"学术研讨会暨贵州省社会学学会2010年学术年会论文集，2010：991－1001.

[96] 王永洁. 就业形态与平台劳动者工作满意度研究 [J]. 劳动经济研究，2022，10（1）：115－138.

[97] 王永丽，李菁. 金融危机下的和谐劳动关系研究——基于广州市百家企业的调查 [J]. 管理世界，2011（4）：173－174.

[98] 魏顺等. 基于双因素理论的企业劳动关系评价指标研究 [J]. 中国人力资源开发，2014（15）：26－31.

[99] 温海红等. 新就业形态从业人员社会保险参保及影响因素分析 [J]. 决策与信息，2022（9）：61－70.

[100] 吴清军，刘宇. 劳动关系市场化与劳工权益保护——中国劳动关系政策的发展路径与策略 [J]. 中国人民大学学报，2013，27（1）：80－88.

[101] 吴清军. 整合式还是多元化？——劳动关系研究范式的争辩与研究发展趋向 [J]. 中国人民大学学报，2015，29（4）：34－42.

[102] 吴思嫣，崔勋. 员工的间接和直接参与：理论背景溯源与研究展望 [J]. 现代管理科学，2013（4）：9－11.

[103] 夏炎等. 数字经济对中国经济增长和非农就业影响研究——基于投入占用产出模型 [J]. 中国科学院院刊，2018，33（7）：707－716.

[104] 肖红军. 构建负责任的平台算法 [J]. 西安交通大学学报

（社会科学版），2022，42（1）：120 – 130.

[105] 肖红军，李平. 平台型企业社会责任的生态化治理 [J]. 管理世界，2019，35（4）：26.

[106] 肖红军，阳镇. 平台企业社会责任：逻辑起点与实践范式 [J]. 经济管理，2020，42（4）：37 – 53.

[107] 肖竹. 第三类劳动者的理论反思与替代路径 [J]. 环球法律评论，2018，40（6）：79 – 100.

[108] 肖竹. 劳动关系从属性认定标准的理论解释与体系构成 [J]. 法学，2021（2）：160 – 176.

[109] 谢鹏鑫，曾馨逸. 共享经济平台从业者劳动关系认定的国际比较及启示 [J]. 中国劳动关系学院学报，2020，34（3）：10.

[110] 谢玉华等. 互联网移动平台的动态劳动控制过程：基于滴滴出行的案例研究 [J]. 湖南大学学报（社会科学版），2022，36（1）：57 – 65.

[111] 谢增毅. 平台用工劳动权益保护的立法进路 [J]. 中外法学，2022，34（1）：104 – 123.

[112] 新华社新媒体. 意大利检方认定外卖骑手是雇员，要求企业提供劳动权益保障 [EB/OL].（2021 – 02 – 25）[2023 – 3 – 20]. https：//baijiahao. baidu. com/s？id = 1692655579012024344&wfr = spider&for = pc.

[113] 徐冠群，袁晓川. 情感劳动的双重控制与情感的商品化——基于"虚拟恋人"劳动实践的传播政治经济学研究 [J]. 青少年研究与实践，2022，37（1）：87 – 99.

[114] 徐晋，张祥建. 平台经济学初探 [J]. 中国工业经济，2006，8（5）：40 – 47.

[115] 徐景一. 算法机器与资本控制：劳动过程理论视域下的平台劳资关系与资本积累 [J]. 社会主义研究，2022（3）：32 – 39.

[116] 徐景一. 算法主导下的平台企业劳动关系与治理路径 [J]. 社会科学辑刊，2021（5）：164 – 171.

[117] 许可. 平台是不是雇主——化解平台劳动悖论的新思维 [J]. 文化纵横, 2022 (1): 87-96.

[118] 闫冬. 社会化小生产与劳动法的制度调适 [J]. 中外法学, 2020, 32 (6): 1614-1633.

[119] 闫慧慧, 杨小勇. 平台经济下数字零工的劳动权益保障研究 [J]. 经济学家, 2022 (5): 58-68.

[120] 燕晓飞等. 非正规就业劳动力教育培训的多主体博弈分析 [J]. 东北师大学报 (哲学社会科学版), 2013 (2): 144-147.

[121] 阳镇. 平台型企业社会责任: 边界, 治理与评价 [J]. 经济学家, 2018 (5): 79-88.

[122] 杨红梅, 马跃如. 非标准劳动关系中劳动者权利保护体系的缺陷与完善 [J]. 湖南科技大学学报: 社会科学版, 2014 (1): 74-79.

[123] 杨丽, 唐伶. 我国劳动关系的调整机制研究——基于一元论的方法 [J]. 企业经济, 2017, 36 (2): 88-95.

[124] 杨伟国, 李晓曼, 吴清军, 等. 零工就业中的异质性工作经历与保留工资——来自网约车司机的证据 [J]. 人口研究, 2021, 45 (2): 102-117.

[125] 杨学敏等. 互联网平台协同监管模式构建: 从单一化到整体性——基于复杂适应性系统理论 [J]. 电子政务, 2023 (3): 19-31.

[126] 杨云霞. 分享经济中用工关系的中美法律比较及启示 [J]. 西北大学学报 (哲学社会科学版), 2016, 46 (5): 147-153.

[127] 叶嘉敏, 李少军. 共享经济视域下网约车平台用工劳动关系从属性认定标准研究——以 "权重位序法" 为核心进路 [J]. 河北法学, 2020, 38 (11): 184-200.

[128] 于凤霞. 我国平台经济监管的理论逻辑与政策实践 [J]. 中国劳动关系学院学报, 2022, 36 (3): 14-23.

[129] 于莹. 共享经济用工关系的认定及其法律规制——以认识当前 "共享经济" 的语域为起点 [J]. 华东政法大学学报, 2018, 21 (3): 49-60.

［130］虞华君，刁宇凡．企业和谐劳动关系调查与评价体系研究［J］．中国劳动关系学院学报，2011，25（3）：42－46．

［131］袁朝辉．新就业形态人员社会保险状况研究［J］．中国劳动关系学院学报，2021，35（1）：75－84．

［132］袁凌等．企业劳动关系的员工满意度调查与评价［J］．系统工程，2014，32（5）：29－36．

［133］袁凌，李晓婷．基于社会交换理论的企业非标准劳动关系研究［J］．当代财经，2010（8）：68－73．

［134］袁凌，许丹．中国企业劳动关系评价指标体系的改进［J］．统计与决策，2012（4）：30－33．

［135］岳经纶，刘洋．"劳"无所依：平台经济从业者劳动权益保障缺位的多重逻辑及其治理［J］．武汉科技大学学报（社会科学版），2021，23（5）：518－528．

［136］张成刚．共享经济平台劳动者就业及劳动关系现状——基于北京市多平台的调查研究［J］．中国劳动关系学院学报，2018，32（3）：61－70．

［137］张传洲．分享经济的现实演进及其发展逻辑［J］．技术经济与管理研究，2016，239（6）：98－102．

［138］张皓，吴清军．改革开放40年来政府劳动关系治理研究述评［J］．中国人力资源开发，2019（1）：13．

［139］赵海霞．企业劳动关系和谐度评价指标体系设计［J］．中国人力资源开发，2007（7）：85－88．

［140］赵红梅．网约平台从业者工作时间与劳动强度的立法规制［J］．人权，2021（6）：48－69．

［141］郑祁等．基础技能数字零工工时与职业伤害——基于外卖骑手数据的实证研究［J］．人口与经济，2022（5）：110－128．

［142］中国共享经济发展报告2016［R］．国家信息中心分享经济研究中心，2016．

［143］周文，韩文龙. 平台经济发展再审视：垄断与数字税新挑战［J］. 中国社会科学，2021，303（3）：103 - 118，206.

［144］朱小玉. 新业态从业人员职业伤害保障制度探讨——基于平台经济头部企业的研究［J］. 华中科技大学学报（社会科学版），2021，35（2）：32 - 40.

［145］左静等. 伙伴关系视角下的和谐劳动关系评价指标体系构建——以建立工会的企业为例［J］. 经济管理，2018，40（4）：5 - 19.

［146］Felson M. , Spaeth J. Corrununitive structure and collaborativeconsumption［J］. American Behavioral Scientist，1978，21（4）：614 - 624.

［147］Botsman R. The Sharing Economy Lacks a Shared Definition［J］. Fast Company，2013（21）：1 - 8.

［148］Botsman R. Rogers. What's Mine is Yours：How Collaborative Consumption is Changing the Way We Live［M］. New York：Harper Collins，2010.

［149］Gawer A，Cusumano M A. Industry Platforms and Ecosystem Innovation［J］. Journal of Product Innovation Management，2014，31（3）：417 - 433.

［150］Rochet J C，Tirole J. Platform Competition in Two - Sided Markets［J］. Journal of the European Economic Association，2003，1（4）：990 - 1029.

［151］Keith M. G，et. al. Mechanical Turk and the gig economy：Exploring differences between gig workers［J］. Journal of Managerial Psychology，2019，34（4）：286 - 306.

［152］Jabagi N. , et al. Gig - workers' Motivation：Thinking Beyond Carrots And Sticks［J］. Journal of Managerial Psychology，2019.

［153］Anne E. P. , Thomas N. On the Definition of "Contingent Work"［J］. Monthly Labor Review，1989（12）：3 - 9.

［154］Belous，R. S. How Human Resources Systems Adjust to The Shift

Toward Contingent Workers [J]. Monthly Labor Review, 1989, 112 (3): 7 – 12.

[155] Axel H. Contingent Employment [J]. HR Executive Review, 1995, 3 (2): 2 –14.

[156] Grip D A., Hoevenberg J., Willems E. A typical Employment in the European Union [J]. International Labor Review, 1997 (136): 49 –71.

[157] Abraham K. G., Taylor S. K. Firms' Use of Outside Contractors: Theory and Evidence [J]. Journal of labor economics, 1996, 14 (3): 394 –424.

[158] Dervojeda K, et al. Economy, Accessibility Based Business for Peer – to – peer Markets. Business Innovation Observatory [Z]. European Commission Case Study, No. 12, 2013.

[159] Rifkin J. The Zero Marginal Cost Society: The Internet of Things, the Collaborative Commons, and the Eclipse of Capitalism [M]. St. Martins Press, 2014.

[160] ILO. Digital Labour Platforms and the Future of Work: Towards Decent Work in the Online World [R]. International Labour Office, 2018.

[161] Golovin S. The Economics of Uber [J/OL]. http: //bruegel. org, 2014.

[162] Schor J, Fitzmaurice C J. Collaborating and Connecting: The Emergence of The Sharing Economy [J]. Handbook of Research on Sustainable Consumption, 2015: 410 –425.

[163] Demailly D, Novel A S. The Sharing Economy: Make it Sustainable [R]. Paris: Institute for Sustainable Development and International Relations, 2014.

[164] Bardhi F, Eckhardt G M. Access – based Consumption: The Case of Car Sharing [J]. Journal of Consumer Research, 2012, 39 (4): 881 – 898.

[165] Owyang J. People are Sharing in the Collaborative Economy for Convenience And Price [J/OL]. Web – strategist. com, 2014 – 3 – 24.

[166] Heinrichs H. Sharing Economy: A Potential New Pathway to Sustainability [J]. GAIA – Ecological Perspectives for Science and Society, 2013, 22 (4): 228 –231.

[167] European Commission. EP Question to the Commission, E010930/2015. Answer provided on 17 Sep, 2015.

[168] FrenkenK, Schor J. Putting the Sharing Economy into Perspective [Z]. Innovation Studies Utrecht (ISU) working paper series, 2017: S2210422417300114.

[169] Belk R. You are What You Can Access: Sharing and Collaborative Consumption Online [J]. Journal of Business Research, 2014, 67 (8): 1595 –1600.

[170] Morgan B, Kuch D. Radical Transactionalism: Legal Consciousness, Diverse Economies, And the Sharing Economy Null [J] . Journal of Law and Society, 2015, 42 (4): 556 –587.

[171] Hamari J, et al. The Sharing Economy [J]. Journal of the Association for Information Science and Technology, 2016, 67 (9): 2047 –2059.

[172] Mair J. , Reischauer G. Capturing the Dynamics of the Sharing Economy: Institutional Research on the Plural Forms and Practices of Sharing Economy Organizations [J]. Technological Forecasting and Social Change, 2017: 11 –20.

[173] Codagnone C. , Martens B. Scoping the Sharing Economy: Origins, Definitions, Impact and Regulatory Issues [Z]. Social Science Electronic Publishing, 2016.

[174] Zervas G, Proserpio D, Byers J W. The Rise of the Sharing Economy: Estimating the Impact of Airbnb on the Hotel Industry [J]. Journal of Marketing Research, 2017, 54 (5).

[175] Zervas G, et al. The Rise of the Sharing Economy: Estimating the Impact of Airbnb on the Hotel Industry [J]. Social Science Electronic Publishing, 2013.

[176] Hu Ming, Zhou Yun. Dynamic Type Matching [D]. Rotman School of Management Working Paper, No. 2592622, 2016.

[177] Katz V. Regulating the Sharing Economy [J]. Berkeley Technology Law Journal, 2015, 30 (4): 1067 – 1126.

[178] Kooiman J. Modern Governance: New Government – Society Interactions [M]. London: SAGE Publications Ltd, 1993: 109.

[179] Schmidt F A. Digital Labour Markets in The Platform Economy: Mapping The Political Challenges of Crowd Work and Gig Work [R]. Friedrich – Ebert – Stiftung, Bonn, 2017.

[180] Weil D. The Fissured Workplace: Why Work Became So Bad for So Many and What Can be Done to Improve It [M]. Cambridge, MA: Harvard University Press.

[181] Wood A J, et al. Good Gig, Bad Gig: Autonomy and Algorithmic Control in the Global Gig Economy [J]. Work, Employment and Society, 2019, 33 (1): 56 – 75.

[182] Dunn M. Digital work: New Opportunities or Lost Wages? [J]. American Journal of Management, 2017, 17 (4): 10 – 27.

[183] Kuhn K M, Maleki A. Micro – entrepreneurs, Dependent Contractors, and Instaserfs: Understanding online Labor Platform Workforces [J]. Academy of Management Perspectives, 2017, 31 (3): 183 – 200.

[184] Sander M H. Labor Relations: Process and Outcomes [M]. Boston: Little, Brown and Company, 1987.

[185] Katz H C, et al. Industry Relations Performance, Economic Performance and QWL programs: An Interplant Analysis [J]. Industry and Labor Relations Review, 1983, 37 (1): 3 – 17.

［186］Cutcher – Gershenfeld J. The Impact on Economic Performance of a Transformation in Workplace Relations ［J］. Industrial and Labor Relations Review, 1991, 44（2）: 241 – 260.

［187］Valizade D, et al. A Mutual Gains Perspective on Workplace Partnership: Employee Outcomes and the Mediating Role of the Employment Relations Climate ［J］. Human Resource Management Journal, 2016, 26（3）: 351 – 368.

［188］Rabinowitz S H. The Organizational Research on Job Involvement ［J］. Psychological Bulletin, 1977, 84（2）: 265 – 288.

［189］Spector P E. Measurement of Human Service Staff Satisfaction: Development of the Job Satisfaction Survey ［J］. American Journal of Community Psychology, 1985, 13（6）: 693 – 713.

［190］Harry W. The Dependent Contractor: A Study of the Legal Problems of Countervailing Power ［J］. The University of Toronto Law Journal, 1965, 16（1）: 89 – 117.

［191］Nicola C. The Changing Law of the Employment Relationship: Comparative Analyses in the European Context ［M］. Ashgate Publishing, 2007.

［192］Miriam A, Cherry, A. A. "Dependent Contractors" In The Gig Economy: A Comparative Approach ［J］. American University Law Review, 2017, 66（3）: 672.

［193］Mark A, et al. Employment Law ［M］. 5th ed. West Academic Publishing, 2015.